中华文化大博览丛书

寓意吉祥的

传统物品

鹿军士 编著

中国出版集团 现代出版社

图书在版编目（ＣＩＰ）数据

寓意吉祥的传统物品 / 鹿军士编著. -- 北京 ： 现代出版社，2018.1

ISBN 978-7-5143-6539-9

Ⅰ. ①寓… Ⅱ. ①鹿… Ⅲ. ①风俗习惯－介绍－中国 Ⅳ. ①K892

中国版本图书馆CIP数据核字(2017) 第284985号

寓意吉祥的传统物品

作　　者：鹿军士

责任编辑：李　鹏

出版发行：现代出版社

通讯地址：北京市定安门外安华里504号

邮政编码：100011

电　　话：010-64267325　64245264（传真）

网　　址：www.1980xd.com

电子邮箱：xiandai@vip.sina.com

印　　刷：天津兴湘印务有限公司

字　　数：380千字

开　　本：710mm×1000mm　1/16

印　　张：30

版　　次：2018年5月第1版　　2018年5月第1次印刷

书　　号：ISBN 978-7-5143-6539-9

定　　价：128.00元

习近平总书记在党的十九大报告中指出："深入挖掘中华优秀传统文化蕴含的思想观念、人文精神、道德规范，结合时代要求继承创新，让中华文化展现出永久魅力和时代风采。"同时习总书记指出："中国特色社会主义文化，源自于中华民族五千多年文明历史所孕育的中华优秀传统文化，熔铸于党领导人民在革命、建设、改革中创造的革命文化和社会主义先进文化，植根于中国特色社会主义伟大实践。"

我国经过改革开放的历程，推进了民族振兴、国家富强、人民幸福的"中国梦"，推进了伟大复兴的历史进程。文化是立国之根，实现"中国梦"也是我国文化实现伟大复兴的过程，并最终体现在文化的发展繁荣。博大精深的中国优秀传统文化是我们在世界文化激荡中站稳脚跟的根基。中华文化源远流长，积淀着中华民族最深层的精神追求，代表着中华民族独特的精神标识，为中华民族生生不息、发展壮大提供了丰厚滋养。我们要认识中华文化的独特创造、价值理念、鲜明特色，增强文化自信和价值自信。

如今，我们正处在改革开放攻坚和经济发展的转型时期，面对世界各国形形色色的文化现象，面对各种眼花缭乱的现代传媒，我们要坚持文化自信，古为今用、洋为中用、推陈出新，有鉴别地加以对待，有扬弃地予以继承，传承和升华中华优秀传统文化，发展中国特色社会主义文化，增强国家文化软实力。

浩浩历史长河，熊熊文明薪火，中华文化源远流长，滚滚黄河、滔滔长江，是最直接的源头，这两大文化浪涛经过千百年冲刷洗礼和不断交流、融合以及沉淀，最终形成了求同存异、兼收并蓄的辉煌灿烂的中华文明，也是世界上唯一绵延不绝的古老文化，并始终充满生机与活力。

中华文化曾是东方文化摇篮，也是推动世界文明不断前行的动力之一。早在五百年前，中华文化的四大发明催生了欧洲文艺复兴运动和地理大发现。中国四大发明先后传到西方，对于促进西方工业社会发展和形成，起到了重要作用。

中华文化的力量，已经深深熔铸到我们的生命力、创造力和凝聚力中，是我们民族的基因。中华民族的精神，业已深深植根于绵延数千年的优秀文化传统之中，是我们的精神家园。

总之，中国文化博大精深，是中华各族人民五千年来创造、传承下来的物质文明和精神文明的总和，其内容包罗万象，浩若星汉，具有很强的文化纵深，蕴含着丰富的宝藏。我们要实现中华文化的伟大复兴，首先要站在传统文化前沿，薪火相传，一脉相承，弘扬和发展五千年来优秀的、光明的、先进的、科学的、文明的和自豪的文化现象，融合古今中外一切文化精华，构建具有中国特色的现代民族文化，向世界和未来展示中华民族的文化力量、文化价值、文化形态与文化风采。

为此，在有关专家指导下，我们收集整理了大量古今资料和最新研究成果，特别编撰了本套大型书系。主要包括巧夺天工的古建杰作、承载历史的文化遗迹、人杰地灵的物华天宝、千年奇观的名胜古迹、天地精华的自然美景、淳朴浓郁的民风习俗、独具特色的语言文字、异彩纷呈的文学艺术、欢乐祥和的歌舞娱乐、生动感人的戏剧表演、辉煌灿烂的科技教育、修身养性的传统保健、至善至美的伦理道德、意蕴深邃的古老哲学、文明悠久的历史形态、群星闪耀的杰出人物等，充分显示了中华民族厚重的文化底蕴和强大的民族凝聚力，具有极强的系统性、广博性和规模性。

本套书系的特点是全景展现，纵横捭阖，内容采取讲故事的方式进行叙述，语言通俗，明白晓畅，图文并茂，形象直观，古风古韵，格调高雅，具有很强的可读性、欣赏性、知识性和延伸性，能够让广大读者全面触摸和感受中国文化的丰富内涵，增强中华儿女民族自尊心和文化自豪感，并能很好地继承和弘扬中国文化，创造具有中国特色的先进民族文化。

寓意吉祥的
传统物品

龙凤图腾

龙凤崇拜与舞龙舞狮

中华神龙

　　龙是古代传说中的一种神异动物，能大能小，能升能隐，具有兴云吐雾、隐介藏形的功能，飞腾太空、潜伏波涛之能，它与白虎、朱雀、玄武并称"四神兽"。龙是华夏民族的图腾，中华民族的象征，龙文化上下几千年，源远流长，对龙的崇拜深深地烙印在炎黄子孙的骨血里。

　　中华民族自称"龙的传人"，中国古代帝王也自称为"真龙天子"以示威严。龙文化蕴含着中国人民自古重视天人合一的宇宙观、阴阳交合的发展观和兼容并包的多元文化观，具有深刻的文化内涵。

人文初祖与神龙的交融

　　相传在四五千年前，中国南方的水乡泽国有一个以龙为图腾的百越族，他们在每年的农历五月初五，都要举行龙舟竞渡，以祭祀龙图腾。在祭祀过程中，人们用"五彩丝系臂"，并断发文身，以显示自

龙纹影壁

己龙子的身份。

百越族图腾的龙到底是什么样的动物呢？在神话传说中，龙是一种神异的动物。它的长相奇特，很像各种动物的大集合。

龙的身体修长，体表像蛇一样有鳞片，它的角像鹿一样，耳朵像牛，嘴上有两条像虾一样的须，也有两只又大又凸的圆眼睛，还拥有四只长得像老鹰一样的爪子，老虎一般的脚掌，背上有鱼鳍，嘴里含有一颗珠子。

宋代罗愿作的训诂书《尔雅翼》中曾这样形容龙的外貌说：

■ 中国龙雕刻

> 龙者鳞虫之长。王符言其形有九似：头似牛，角似鹿，眼似虾，耳似象，项似蛇，腹似蛇，鳞似鱼，爪似凤，掌似虎，是也。其背有八十一鳞，具九九阳数。其声如戛铜盘。口旁有须髯，颔下有明珠，喉下有逆鳞。头上有博山，又名尺木，龙无尺木不能升天。呵气成云，既能变水，又能变火。

百越族 是居于中国南方和古代越人有关的各个不同族群的总称。文献上称之为"百粤"。在其自身发展过程中，他们受到其周围古文化、特别是中原文化的影响，从而日益汇入中国古文化之中，为缔造中国的历史文化做出了自己卓越的贡献。

龙的这种融合了许多动物的奇异长相，并没有影

响人们对它的喜爱，君主帝王对龙的心仪更甚，几乎把一切都与龙联系起来。

比如，皇帝生气称为"龙颜大怒"，皇帝高兴就叫"龙颜大悦"，皇帝生病就叫"龙体抱恙"，皇帝的子孙是"龙子龙孙"，所有的皇帝也都会自称为"真龙天子"。

同时，皇宫中的一切器物、服饰、用具上也都打上了龙的印记，如"龙袍""龙衮""龙冠""龙座""龙床""龙辇""龙舟"和"龙船"等。

皇宫中最重要的装饰就是龙纹和龙雕、龙塑，如柱、脊、檐、梁、栏杆、藻井等无不布满龙纹。例如，仅故宫的太和殿内外各种龙饰、龙雕等各种形式的龙就有1.38万条。

为什么古代君王会如此狂热地喜爱龙呢？这还要从中国的"五帝"之首，被尊为中华"人文初祖"的轩辕黄帝开始说起。

传说轩辕是少典与附宝之子，本姓公孙，因有土德之瑞，故号"黄帝"。黄帝以统一华夏部落与征服东夷、九黎族而统一中华的伟绩载入史册。黄帝在位期间，播百谷草木，大力发展生产，始制衣冠、建舟车、制音律、创医学等，是中华文明的奠基者。

黄帝的诞辰是农历三月初三，中国自古就有"二月二，龙抬头；三月三，生轩辕"的说法。黄帝刚出

龙啸九天

龙辇 皇帝乘坐的马车。龙辇前面由6匹骏马驾驭，车身镶嵌有金银玉器、宝石珍珠；车身还雕刻有龙凤图案，尽显皇家的尊贵豪华气派。龙辇仅有皇帝和皇后可以乘坐，也是皇权至高无上的标志。龙辇相关记载始见于《史记·秦始皇本纪》。

生之时的外貌就被称为"龙颜有圣德"。

在黄帝还未统一天下时，曾与九黎族部落首领蚩尤开战。蚩尤发动了他铜头铁额、个个本领非凡的兄弟们，又召集了山林水泽间的魑魅魍魉等鬼怪，摆出了毒雾阵，把黄帝的军队围困起来了。

黄帝驾着谋臣风后发明的指南车，指挥军队冲出毒雾阵。蚩尤又派魑魅魍魉去作战，黄帝则叫兵士们用牛角军号吹出龙的声音，吓跑了这些鬼怪。

黄帝的手下有个叫应龙的，是龙的一种。中国古代杂传类著录《述异记》记载："龙五百年为角龙，千年为应龙。"应龙就是修行了千年的龙。

应龙在黄帝与蚩尤的对战中发挥了很大作用，它能呼风唤雨，帮助黄帝打败了蚩尤而立下大功。中国先秦重要古籍《山海经·大荒北经》记载说：

■ 青龙铜雕

蚩尤作兵伐黄帝。
黄帝乃令应龙攻之冀州
之野。应龙畜水。

中国第一部纪传体通史《史记·五帝本纪》记载说："黄帝使应龙杀蚩尤于凶黎之谷。"传说应龙立下战功后，由于消耗能量过大

寓意吉祥的传统物品

黄帝高擎龙旗

《史记·五帝本纪》《五帝本纪》是西汉史学家司马迁《史记》中的第一篇,记载的是远古传说中相继为帝的5个部落首领的事迹,同时也记录了当时部落之间频繁的战争,部落联盟首领实行禅让,远古初民战猛兽、治洪水、开良田、种稼谷、观测天文、推算历法、谱制音乐舞蹈等多方面的情况。

无力振翅飞回天庭,就悄然去了南方休养,蛰居在山泽里,因此南方总是雨水多又潮湿。

黄帝统一天下后,相传有一天晚上,他梦见有两条龙从黄河中出来,持一幅白图献给他。黄帝不解,就去询问天老。天老高兴地回答说:"这是天赐的祥瑞,河图洛书要出的前兆啊!"于是,黄帝便与天老等人游于河洛之间,沉璧于河中,杀三牲斋戒。

最初,河中一连三天大雾。之后,又是七天七夜的大雨。接着就有黄龙捧图自河而出,黄帝连忙跪接过来。只见图上五色毕具,白图蓝叶朱文,正是河图洛书。

黄帝知道黄龙必定是来传送上天旨意的,但是他不解河图洛书之意,就开始巡游天下,封禅泰山,寻访高人。他听说有个叫广成子的仙人在崆峒山,就前去向他请教。

广成子指点黄帝说："自你治理天下后，云气不聚而雨，草木不枯则凋。日月光辉，越发的缺失，而佞人之心得以成道，哪里值得我和你谈论至道呢？"

黄帝回来后，就自建了一个小屋，里边置上一张席子，一个人在那里反省了三个月。而后又到广成子那里去问道。当时广成子头朝南躺着，黄帝就跪着膝行到他跟前，问他如何才得长生。

广成子这时坐起身说："这下才算是问对了！"接着，他就告诉至道之精要。广成子的话，被记载在古籍《自然经》中：

009

华夏图腾

中华神龙

至道之精，窈窈冥冥，至道之极，昏昏默默。无视无听，抱神以静。形将自正，必静必清；无劳妆形，无摇妆精，方可长生。

■ 龙雕

赤湾天后宫龙纹雕刻

寓意吉祥的传统物品

目无所见，耳无所闻，心无所知，如此，神形合一，方可长生。

　　这段话的中心意思是说："道"是看不见、摸不着的客观规律，所以对外界瞬息万变、五光十色、影响身心健康的事物，千万不能执着，应该一切按客观规律而行，顺其自然，达到内心"必清必静"的程度，自然就可以健康长寿。

　　黄帝向广成子问道后，又登王屋山，得取丹经。并向玄女、素女询问修道养生之法。而后，回到缙云堂修炼。

　　根据《史记·封禅书》的记载：黄帝采来首山铜，在荆山下铸九鼎。鼎刚刚铸成，突然间就风云变色，万籁俱静，一条龙从云层中现身，飞向了黄帝。这条巨龙的眼睛像是一块硕大的墨玉，长啸声如狂风怒吼，遍布鳞片的躯体上闪烁着金光，长长的龙须轻轻飘动。

　　人们都惊呆了。这时，这条巨龙飞降到了地面上，温和地对黄帝说："你已经明白了河图洛书的寓意，也使中华文明进了一大步，玉帝十分欣慰，因此派我来接你升天，去觐见玉帝，让你功德圆满。"

黄帝一听，点了点头，就跨上龙背，并且对群臣说："玉帝要召见我了，你们多保重，再会。"

大臣和百姓们都十分舍不得黄帝，希望追随他，都说："请让我们追随您去吧！"然后爬上了龙背。

巨龙眨眨眼，一言不发地扭动着身躯，把那些人都甩了下来。又有人用力抓住了长长的、闪着银光的龙须。巨龙仍然没有理会，快速飞上天空，一下子就消失在云雾中了。

大家这时才明白，并不是任何人都有资格骑上龙背的，只有像黄帝那样尊贵、仁义、有大功德的人才能与龙并驾齐驱。由此，龙就成了皇帝君王的专属神物了。

随龙而去的黄帝也舍不得自己的子民们，他把平日不离身的弓扔下了凡间。就这样，人们只能靠黄帝的弓来怀念他。

后来，为了纪念这件事，人们就把当时铸造宝鼎的湖称为"鼎湖"，那把弓称为"乌号"。因为黄帝乘龙而去，不再归来，后来人们就把帝王的去世称为"龙去鼎湖"。

《帝王世纪》

为东汉著名学者皇甫谧所著。是专述帝王世系、年代及事迹的一部史书，所叙上起"三皇"，下迄汉魏。《帝王世纪》的内容多采自经传图纬及诸子杂书，载录了许多《史记》及两《汉书》阙而不备的史事，有很高的史料价值。

■ 金色龙雕塑

■ 龙形浮雕

寓意吉祥的传统物品

中国的另一位华夏始祖炎帝也和龙有着很深的渊源。中国专述帝王世系的史书《帝王世纪》上就记载说:

神农氏母曰任姒,有蛴氏之女,名女登。为少典妃。游于华阳,有神龙首感女登于常羊,生炎帝。

相传炎帝的母亲是在见到龙之后生下了炎帝,这个说法在东汉王符所著的点评时事的《潜夫论·五德志》中也有记载:

有神龙首出常羊,感任姒,生赤帝魁隗。身号炎帝,世号神农,代伏羲氏。

龙王 中国神话传说中在水里统领水族的王,掌管兴云降雨,为人间解除炎热和烦恼,是中国古代人民非常敬重的神灵。传说共有东海龙王敖广、西海龙王敖钦、南海龙王敖润、北海龙王敖顺这4个以海洋为区分的四海龙王。

这些说法,将炎帝的出生与龙联系在一起,即认为炎帝是一个"龙种",因此身份尊贵,注定要成为君王。后来,炎帝果然登临帝位,又制耒耜,种五谷,立市廛,为人民造福。

民间传说炎帝生下来时就具有龙的容颜,他的母亲女登曾在宝鸡姜水东岸的泉水中为炎帝洗澡,洗完澡后又骑上一条青龙,飞到蒙峪石洞隐居去了。随后,那眼泉水中出现了9条小龙,从此名为"九龙泉"。

据说，炎帝3岁时就曾拜见龙王，要求龙王施雨要均匀。在炎帝将升天的时候，各处的龙王都争抢着要把炎帝的肉体埋在自己管辖的地方。最后，湖南炎陵县的龙如愿以偿，并在炎陵山下洣水河边留下了龙脑石、龙爪石等遗迹。

在中国古代传说中，除了黄帝和炎帝外，君王与龙的渊源逸事还有很多。例如，"五帝"之二的颛顼，"乘龙而至四海"，巡行天下，无比威严；"五帝"之三的帝喾，"春夏乘龙"也是离不开龙的；"五帝"之四的尧帝，他的出生更与龙有着直接的关系，即其母庆都"出以观河，遇赤龙"，一阵"淹然阴风，而感庆都"孕而生尧。

尧出生后，在唐地曾梦见自己"御龙以登天，而有天下"，后来居然梦想成真，成为华夏部落的第四任首领。

"五帝"之五的舜帝，也是生成一副"龙颜大口黑毛"的模样。他对龙格外钟爱，给善于驯养龙的人

■ 建筑上的龙雕

寓意吉祥的传统物品

赐姓为"董"，专设畜龙之官，并在联盟议事会的"九官""十二牧"中封龙为"纳言"之职。

中国第一个奴隶制王朝夏王朝的奠基者——禹帝，则与龙有着更为直接的关系。在禹出生之前，还是尧在治理天下，当时世间暴发了大洪水，人们的生活极为艰难。禹的父亲鲧为了治理洪水，从玉帝那里偷出了一种能自己生长、永不耗减的土壤，叫作"息壤"。

结果这件事被玉帝发现了，玉帝对鲧进行了惩罚。据《山海经·海内经》里记载：

> 帝令祝融杀鲧于羽郊……三岁不腐，剖之以吴刀，化为黄龙。

鲧虽然被处死，但是他的躯体三年都没有腐烂。

■ 龙形雕刻

祝融用吴刀剖开鲧的肚子，立马飞出了一条黄龙，这
条黄龙就是禹。

■ 飞龙雕塑

禹继承了父亲的遗愿，成功地治理了水灾。中国
第一部浪漫主义诗歌总集《楚辞·天问》中，记载了
大禹治水时充分利用了龙：

禹治洪水时，有神龙以尾画地，导水所
注，当决者，因而治之也。

东晋王嘉所著的志怪小说集《拾遗记》也曾经记
载道：

禹尽力沟洫，导川夷岳，黄龙曳尾于
前，玄龟负青泥于后。

从这些文献的记载中可以看出，神龙曾以尾扫
地，帮助禹疏导洪水。这和应龙帮助黄帝作战一样，

《拾遗记》 东
晋方士王嘉所
著。共10卷，前
9卷记自上古庖
牺氏、神农氏至
东晋各代的历史
异闻，其中关于
古史的部分很多
是荒唐怪诞的神
话。汉魏以下也
有许多道听途说
的传闻，尤其宣
扬神仙方术等，
多诞谩无实，为
正史所不载。末1
卷则记昆仑等8座
仙山。

龙形雕刻

都是为了帮助能造福于百姓的英雄帝王，这正是人们喜爱龙的原因之一。

相传禹对龙的脾气秉性十分的熟悉，有一次"禹省南方，济乎江，黄龙负舟，舟中之人，五色无主"。但禹却镇定自若地说道："余何忧于龙焉？"这一点更说明了龙与古代君王之间亲密的关系。

正式把皇帝称龙是在秦代，秦始皇就被称为是"祖龙"。到了汉代，又有刘邦称龙体感应其母而生。汉代以后的历代君王，也总是把自己和龙联系在一起，从汉代到明清时期，各朝代以"龙"作为年号的就有20个。

总之，"人文初祖"与神龙的交融，虽然经不起自然科学的验证，但是从社会学和民族学、民俗学的角度来看，它确实是历史的记载，是原始宗教和图腾信仰。"五帝"与神龙交融在一起，是具有顽强生命力的一种龙文化现象，受到后来各个民族的认同和尊重。

阅读链接

传说有一天，明孝宗朱祐樘曾问文渊阁大学士李东阳："朕曾听说龙生九子的说法，那这九子各是什么动物呢？"才高八斗的李东阳竟然也不知道。他退朝后左思右想，最后列出一张清单。

按李东阳的清单，龙的九子是趴蝮、嘲风、睚眦、赑屃、椒图、螭吻、蒲牢、狻猊、囚牛。不过在民间传说中的龙子却远远不止这几个，狴犴、貔貅、饕餮等都被传说是龙的儿子。其实所谓龙生九子，并非龙恰好生九子。如果非要选出九子来的话，也应该选出其中在民间影响最大的九个。

皇帝龙袍上的龙图案

中华龙文化，博大精深。帝王的龙袍，也是处处蕴含着丰富的龙文化内涵。据史籍记载，周代有官名"司服"，这些官员专门"掌王之吉凶衣服"。周天子用于祭祀的那些烦琐的礼服，已经开始采用

乾隆皇帝的龙袍

中国古代丝织品龙袍

寓意吉祥的传统物品

成语 中国汉字语言词汇中一部分定型的词组或短句。成语有固定的结构形式和固定的说法，表示一定的意义，在语句中是作为一个整体来应用的。成语有很大一部分是从古代相承沿用下来的，代表了一个故事或者典故，在语言表达中有生动简洁、形象鲜明的作用。

十二章纹样。

十二章纹样传说在虞舜时期，就已经出现并使用了。它包括日、月、星辰、山、龙、华虫、藻、火、粉、米、黼和黻。据《虞书·益稷》篇中记载：

予欲观古人之象，日、月、星辰、山、龙、华虫作会，宗彝、藻、火、粉米、黻、黼、絺绣，以五彩彰施于五色，作服汝明。

《虞书》是记载最早的关于十二章纹样的书籍。《虞书》中的这种记载，大概是周代史官们对前代的追述。这样看来，上述的所谓日月等12种纹样，在周代以前就用画或绣的方法施之于皇帝的衣服上了。说明周代以前就已经使用十二章纹样，并且一经出现就成为皇帝的权力象征，具有政治意义。

十二章纹样的题材由来已久，原始社会的人们就观察到：日、月、星辰预示气象的变化；山能提供生活资源；弓和斧是劳动生产的工具；火改变了人类的生活方式；粉和米是农业耕作的果实；虎、猴、华虫即红腹锦鸡是原始人狩猎活动接触的对象；龙是中国古人早就崇拜的图腾对象；黼和黻是垂在身前的长方形织物。

章服制度的真正确立，是在东汉初年。以后各代帝王的礼服上都装饰有十二章纹样，只是十二章位置、色彩略有变化。

龙是中国许多原始氏族崇拜的图腾对象。在龙袍上的十二章纹样中，龙是中国古代的龙文化在皇帝纹饰服装方面的重要体现。

中国古代帝王的龙袍上绣9条龙是有讲究的，这是因为在中国文化中，"9"这个数字和龙一样，代表着最高的荣耀和尊贵，并且是至阳的虚数、极数。中国的成语"九五之尊"，就是用来形容皇帝的。因此，"9"也是和龙最贴合的数字。

无论是哪个朝代，龙袍都是要通身共计绣9条金龙，其中，4条正龙要绣得正襟危坐，一团威严，处于龙袍最显要的位置，也就是前胸、后背和两肩。

这4条行龙要绣得极富活力，有似动而非动的神韵，分别在前后的衣襟部位。这样前后望去都是5条龙，寓意着"九五至尊"。

从表面上一眼看去，龙袍的通身只有8条金龙，与史书上记载的有出入。于是有个说法认为：皇帝是真龙天子，本身就是一条金龙。

其实这第九条金龙就绣在龙袍里面的衣襟上，要掀开外面的衣襟才能看到。一般人哪敢去随便掀皇帝的衣服呢？皇帝本人也不会那么不顾礼仪，因此龙袍在皇帝穿上身时看上去就只有8条。

在中国历史上各个朝代的龙袍中，明代皇帝龙袍上的龙，形象更加完善。明代以前的帝王也有穿龙袍的，但与后来的龙袍明显不同。先秦的龙纹，形象较质朴粗犷，大部分没有肢

织锦缎龙袍

让在疏证周代官制的著作《周礼正义》里记载说：日、月、星辰、山、龙、华虫、黼、黻8种章纹在龙袍的上衣上；其余4种章纹藻、火、宗彝、米粉在龙袍的下裳上，并配以五色祥云、蝙蝠等。

■ 古代龙袍

这些各具含义的纹样装饰于帝王的服装，喻示帝王如日月星辰，光照大地。总之，这十二章纹样包含了君王至善至美的帝德。

古代帝王龙袍上象征最高等级的龙纹的出现，表明中国源远流长的龙文化，在帝王服饰上得到了鲜明的体现，也是中国服饰艺术演化的重要标志。

祥云 预示吉祥的云彩，是中国极具代表性的文化符号之一。祥云代表着渊源共生，和谐共融，最早出现在周代中晚期的楚地，云气神奇美妙，发人遐想，其自然形态的变幻有超凡的魅力，云天相隔，令人寄思无限。

阅读链接

传说从前有一条龙特别喜欢吃桃，就跑到王母娘娘的蟠桃会上偷了很多蟠桃吃。王母娘娘发现后很生气，又不忍心处罚它，就将一块玉石变成了蟠桃的样子。

那条龙没有发现，就将玉石也吞入了肚中。结果，又冷又硬的石头让这条龙觉得非常不舒服，它一反胃，就把那块石头吐了出来。据说那块石头落到人间之后，经受风吹雨打也丝毫不受侵害，后来从石头中蹦出来一只猴子，名叫孙悟空。

三大九龙壁的神奇传说

　　九龙壁不仅象征九州，而且象征生命的绵延与顽强。北京故宫九龙壁、北京北海九龙壁和山西大同九龙壁，它们并不仅是艺术品，而且有其龙文化含义在内。

　　北京故宫九龙壁位于紫禁城宁寿宫区皇极门外，是中国的3座九

■ 故宫九龙壁

龙壁中最著名的一座。壁长29.4米，高3.5米，厚0.45
米，是一座背倚宫墙而建的单面琉璃影壁，是乾隆皇
帝于1772年改建宁寿宫时烧造的。

■ 故宫九龙壁

　　九龙壁上面的9条龙，形体有正龙、升龙、降龙
之分，每条龙都翻腾自如，神态各异。为了突出龙的
形象，工匠们采取浮雕技术塑造烧制，富有立体感，
并采用亮丽的黄、蓝、白、紫等颜色，使九龙壁的雕
塑极其精致，色彩甚为华美。

　　九龙壁的上部为黄琉璃瓦庑殿式顶，檐下为仿木
结构的椽、檩、斗拱。壁面以云水为底纹，分饰蓝、
绿两色，烘托出水天相连的磅礴气势。

　　九龙壁的下部为汉白玉石须弥座，端庄凝重。
壁上9龙以高浮雕手法制成，最高部位高出壁面20厘
米，形成很强的立体感。纵贯壁心的山崖奇石将9条
蟠龙分隔于5个空间。

　　九龙壁上，黄色的正龙居中，前爪做环抱状，后

宁寿宫 建于单层
石台基之上，台
与皇极殿相接，
四周以黄绿琉璃
砖围砌透风灯笼
矮墙。宫面阔七
间，进深三间，
单檐歇山式顶。
檐廊柱枋间为
镂空云龙套环，
枋下云龙雀替，
皆饰浑金，堂皇
富丽。改建后的
宁寿宫成为紫禁
城内除坤宁宫以
外的另一处体现
满族风俗的重要
建筑。

寓意吉祥的传统物品

■ 故宫九龙壁

戗脊 又称"岔脊"，是中国古代歇山顶建筑自垂脊下端至屋檐部分的屋脊，和垂脊成45度，对垂脊起支戗作用。在歇山顶建筑中，垂脊的下方从博风板尾处开始至套兽间的脊，叫作"戗脊"。重檐屋顶的下层檐，如重檐庑殿顶和重檐歇山顶的第二檐的檐角屋脊也是戗脊，称"重檐戗脊"。

爪分撅海水，龙身环曲，将火焰宝珠托于头下，瞠目张颔，威风凛然。左右两侧各有蓝、白两龙，白为升龙，蓝为降龙。左侧的两条龙龙首相向；右侧的两条龙背道而驰，4条龙各逐火焰宝珠，神动形移，似欲破壁而出。

外侧的双龙一黄一紫，左端黄龙挺胸缩颈，上爪分张左右，下肢前突后伸；紫龙左爪下按，右爪上抬，龙尾前甩。两条龙动感十足，争夺之势活灵活现。右端黄龙弓身弩背，张弛有度，腾挪跳跃之体态刻画生动；紫龙昂首收腹，前爪击浪，风姿雄健。

阳数之中，九是极数，五则居中。"九五"之制为天子之尊的重要体现。北京故宫九龙壁整座影壁的设计，不仅将"九龙"分置于5个空间，壁顶正脊也饰9条龙，中央1条坐龙的两侧各4条行龙。

九龙壁的两端戗脊异于其他庑殿顶，不饰走兽，以行龙直达檐角。檐下斗拱之间用45块龙纹垫栱板使整座建筑以不同方式蕴含多重"九五之数"。此外，九龙壁的壁面共用270个塑块，也是"九五"的倍数。为了不损坏龙的头面，分块极为讲究。

北京故宫九龙壁的壁面上，从东数第三条白龙的腹部是用木料雕成型后钉上去的，其中还有一个扣人心弦的故事。

传说当年在烧制这座九龙壁的时候，由于工艺要求极高，烧制难度极大，工匠们忙得头昏眼花，一不小心把烧制这条白龙龙腹部分的琉璃砖摔坏了。由于当时已经没有足够的时间再烧制琉璃砖了，大家都十分着急。

这时，一位木匠总管冒着欺君之罪杀头的危险，连夜用金丝楠木雕刻成了那块龙腹，钉补上去，刷上白色油漆，使之同原来的白龙腹颜色相同，终于瞒过了前来检查的官员和皇帝，并使工匠们免去了一场灾难。

即使已经瞒天过海，工匠们说起这件事仍然是一身冷汗。他们以此为鉴，时时不忘嘱咐小学徒们说："做活一定要认真仔细啊！千万

故宫九龙壁

寓意吉祥的传统物品

■ 北海公园九龙壁

蟠龙 是指中国民间传说中蛰伏在地而未升天之龙，龙的形状作盘曲环绕。在中国古代建筑中，一般把盘绕在柱上的龙和装饰庄梁上、天花板上的龙均习惯地称为"蟠龙"。传说中，蟠龙是东海龙王的第十五个儿子，他时常偷跑到人间游玩，当他看见人间遭遇干旱，他便用法术帮忙人们，从而得到人们的敬仰。

不可马虎急躁！"

由于北京是多个朝代的王朝古都，堪称"真龙天子"聚集的所在地，因此蕴含的龙文化自然也是首屈一指的。

北京的北海也有一座九龙壁，是中国的九龙壁中最有特色的一座。它建于1756年，高5米，厚1.2米，长27米，两面有龙，升降各异，互不雷同。两面有由琉璃砖烧制的红、黄、蓝、白、青、绿、紫七色蟠龙18条。

北海九龙壁为五脊四坡顶，正脊上两面各有9条龙，垂脊两侧各一条，正脊两侧身上前后各一条。吞脊兽下，东西各有一块盖筒瓦，上面各有龙一条，5条脊共有龙32条。

北海九龙壁的252块筒瓦、251块陇陲、斗拱下面的82块龙砖上也都各有一条龙。如此算来，共计有龙635条。

这就让人感到奇怪了，既然称作"九龙壁"，为什么北海的这座九龙壁中的龙却大大超过"9"这个数字呢？这个怪事背后有一段鲜为人知的故事。

下令修建这座北海九龙壁的是乾隆皇帝。相传有一天，乾隆皇帝正在北海附近散步，突然，天空阴云密布，好像就要下大雨了，于是乾隆皇帝快步走到北海边上的一座亭子里面躲雨。

就在乾隆皇帝刚刚走到亭子里面的时候，天空便电闪雷鸣，地上狂风大作，瞬间，倾盆大雨下来了。这时，乾隆的随从惊呼："皇上，您看天边，有人驾着彩龙过来了！"

乾隆顺着随从所指的方向看去，果然看到远方的

吞脊兽 中国古代建筑屋顶的屋脊上所安放的兽件。它们按类别分为跑兽、垂兽、"仙人"及鸱吻，合称"脊兽"。其中正脊上安放吻兽或望兽，垂脊上安放垂兽，戗脊上安放戗兽，另在屋脊边缘处安放仙人走兽。脊兽有严格的等级意义。

■ 北海公园九龙壁

寓意吉祥的传统物品

■ 九龙壁之金龙

闪电划过灰暗的天空，留下了一道道转瞬即逝的金色线条，远远看去就像一条正在翻腾的金龙。由于灰云浓厚，闪电来得又快又急，像是有人在驾驭这些金龙一样。

乾隆皇帝想到这儿，并没有像随从们那样惊喜，他一反常态，勃然大怒说："何人如此大胆，竟然驾龙，这不是要骑在我的身上吗？"随从们一听这话，面面相觑，吓得大气不敢出。

就在这个尴尬的时候，也是乾隆的随从生死攸关之时，刑部尚书刘统勋来了。他是乾隆前期最为重要的内阁学士。当刘统勋知道乾隆皇帝发怒的原因之后，就跪在乾隆的面前说："恭喜皇上，这是吉祥兆头！"

乾隆面带怒气又疑惑地看着刘统勋说："你这话

学士 又称"内阁大学士""殿阁大学士"等，明清时期流行的中堂一称，一般是指大学士或首辅大学士。大学士拥有和宰相同样大的权力，负责主持内阁大政，还要参与国家大事的重要决策。大学士还要负责为黄帝起草诏令，批答奏章。

有什么凭据吗？"

刘统勋急忙回答道："当然有了，自古说龙生九子，可皇上治理的天下昌盛，以至于感动上苍，这才降下无数龙子，可见，皇上不仅能够统辖人间，现在连上天都在您的控制中了，这难道不是可喜可贺的事情吗？"

乾隆一听，想到自己能统辖人间和天上的龙，心里马上轻松了不少，也不生气了。

第二天，乾隆对负责修建北海九龙壁的主管说："上天都归我管了，所刻龙的数量就不要有什么拘束了。可如果把已经刻好的龙拆毁再重新建，那就太耗费民财和民力了。你就尽可能多地在已经建好的地方刻上龙吧！"

负责修建九龙壁的官吏听后，就让工匠在他认为能刻龙的地方都刻上，最后便有了九龙壁的635条龙了。

虽然九龙壁上刻了很多条龙，但是其正面只有9条腾云驾雾的大龙，因此，被称作"九龙壁"也就不为过了。

由于矗立在北海边上，因此自从北海九龙壁建好之后，就有人说九龙壁因水而动，时常变换自己的姿势，颇有些灵气了。自此以后，北海九龙壁的龙会动的这个传说就一代一代传下来了。

山西大同有一座九龙壁，是中国建造最早的九龙壁。这座九龙壁并不是最高等级的龙，它的主人也不是"真龙"，其规格等级都要远远低于北京后来建造的两座九龙壁。不过这座九龙壁

北海公园九龙壁

寓意吉祥的传统物品

大同九龙壁

山西琉璃 中国陶瓷工艺发展史上一个非常重要的品类，是陶瓷艺术继秦砖汉瓦之后在建筑领域广泛应用的典型范例。山西是中国琉璃的主产地，其琉璃艺术有悠久的历史传统。千余年来，这一行业相承不衰，留下许多优秀作品，其分布之广，匠师之多，在全国居于前列，是中国琉璃艺术之乡。

是当时的皇帝朱元璋赐给自己的第十三个儿子的。由于是建造给王爷的，因此这座九龙壁上的龙只有3个爪子，寓意比四爪真龙低一等的地位。

朱元璋的这第十三个儿子名叫朱桂，因为没有杰出才能，几经沉浮被封为代王。这个代王有一次看见"九龙腾飞"纹样那威风凛凛的样子之后，十分心仪，一回到山西就开始张罗人手，修建自己的九龙壁。

朱桂把山西琉璃派中的怀仁吴家窑琉璃匠的吴氏父子三人招来后，由于爱好排场，这位代王要求他们为自己烧制的九龙壁一定要比燕王府的龙壁长2尺、高2尺、厚2寸。工匠们无奈，只好应允。

半年以后，代王要求的这块九龙壁建成了，壁长45.5米，高8米，厚2.2米。端礼门外张灯结彩，鼓乐齐鸣。代王朱桂、老将军徐达及其女儿王妃徐氏登上城楼凭栏观赏，果然高大雄伟，辉煌夺目。

阳光下，九龙壁壁顶的琉璃瓦光彩耀眼，正脊上的两条金色卧龙，栩栩如生。壁面上9条琉璃彩龙，或盘曲回绕，搏浪戏珠；或昂首奋身，吞云吐雾。巨大的须弥座，上面中腰雕刻着狮、虎、象、鹿、狗、麒麟、飞马，有的奔腾如飞，有的翘尾回首，还有的款步而行，形象十分生动。

代王高兴得酒兴大发，狂饮一番，大声叫好。一会儿，浓云密集，天空阴沉，下起雨来。代王命人秉灯点烛，不一会儿红烛高烧、宫灯齐亮，透过雨帘，彩壁上九龙浴水，扑朔迷离，别有一番情趣。所以有"雨中戏龙"一说。

代王又叫了一声好，忽然空中电闪雷鸣，接连三声霹雳震耳。朱桂一惊，酒杯失手落地。他仿佛看见从天上下来一黑一黄两条飞龙，在壁前吐水如泉。

原来，这是因为天上的真龙听说有人想以不够资

正脊 又叫大脊、平脊，位于屋顶前后两坡相交处，是屋顶最高处的水平屋脊，正脊两端有吻兽或望兽，中间可以有宝瓶等装饰物。庑殿顶、歇山顶、悬山顶、硬山顶均有正脊，卷棚顶、攒尖顶、盝顶没有正脊，十字脊顶则为两条正脊垂直相交，盝顶则由4条正脊围成一个平面。

亲王 中国爵位制度中王爵的第一等，亲王的正室为亲王妃。汉朝开始，封皇子、皇帝兄弟为王。西晋开始，王爵分为亲王、郡王两等，亲王专封皇子、皇帝兄弟；郡王初为皇太子之子的封号，后多用于分封节度使等武臣，文官也有受封郡王者。

格的四爪龙挑衅，企图顶替打压故宫中的九龙壁，因此前来警示代王。龙的威严不可侵犯，九龙壁更不是凡人可以建造的。

在两条龙的翻滚之中，几道闪电劈了下来。代王十分惊恐，爬到桌子底下躲避。不一会儿，两条龙消失了，只剩下天边烧得通红的晚霞。

代王忙命人前去打探龙壁有无伤痕。回来的人禀报，龙壁之后的金泊仓三步之内被霹雷砸出了两眼井，井水一甜一苦。九龙壁前也被炸雷轰了一个坑，里面集满了一汪碧水。

代王心里又惊又怕，又不想让别人知道自家的九龙壁遭了天谴被人笑话，就在壁前让人砌了一个水池。从此，那9条龙倒映在水中，风吹水动，像游龙戏水，水池映衬着它们的4个爪子。

以上这些，就是中国的"三大九龙壁"。中国的龙壁有一龙壁、三龙壁、五龙壁、七龙壁、九龙壁等

■ 大同九龙壁局部

九龙壁之银龙

多种形式，这几种形式以九龙壁最为尊贵，在古代被建造在皇帝、王后以及亲王的宫殿正门的地方。

随着社会的发展，九龙壁的图案不再是皇帝、王爷的专属物，成了百姓住宅中影壁的一种，在寺院里面也经常可以看到九龙壁。

九龙壁主要使用琉璃、彩绘、砖雕等材质制作完成，整体有着极高的艺术价值，这几种里面尤其数琉璃制作的九龙壁最为有气势，色彩也更加艳丽，是中国影壁、照壁建筑艺术的一大发展。

阅读链接

中国南朝梁有一个叫张僧繇的画家。传说他在一个寺院的墙上画了4条龙，这4条龙都没画上眼睛。有人问他："为什么不给龙画上眼睛呢？"他说："画上眼睛，龙就会飞走。"

听的人不相信，偏要让他画上。张僧繇没有办法，只好用毛笔在龙头上点上了眼睛。谁知道，刚点完两条龙的眼睛，天上就电闪雷鸣，刮起了大风，下起了大雨，墙壁也震破了，那两条龙腾空而起，飞到天上去了，墙上就只剩下没点眼睛的两条龙了。

源远流长的龙文化内涵

中国龙文化源远流长，龙的形象已经深入到了社会的各个角落，龙的影响波及文化的各个层面，呈现出多彩多姿的景象。

楚王陵出土的玉龙

诗歌是中国文学中出现最早的形式，在上古的诗歌集《诗经》中，就已有关于龙的描述："龙旗十乘""龙旗阳阳"，展示了在盛大的祭祀活动中，绘有龙纹的旗帜迎风猎猎的神圣庄严场面。

在春秋战国时兴起的《楚辞》中，龙也是诗人幻想咏颂的对象。伟大的爱国主义诗人屈原在脍炙人口的《离骚》中，以真挚的语句、丰富的修辞表现了他

崇高的人格和强烈的忧国情怀。

■ 古代青铜嵌玉龙
首木枕

当屈原讲到他因不见容于楚国的群小而欲上天去求贤女、圣妃时，幻想自己也如仙人那样驾起龙车在彩云中遨游：

> 为余驾飞龙兮，杂瑶象以为车。
> 何离心之可用兮？吾将远适以自疏。
> 屯余车其千乘兮，齐玉轪而并驰。
> 驾八龙之婉婉兮，载云旗之委蛇。

这段话的意思是说：为我驾起那矫健的飞龙，乘上玉与象牙装饰的车辆。君臣心志不一，又岂能共处？不如我自己离去，适彼远方！我的车队有千辆，排列整齐，队伍威武，隆隆驱驰。每辆车有八条蜿蜒的神龙牵曳，车上飘动着五彩的云旗，我就这样远离人间而去。

在屈原的另一组诗《九歌》中，屈原将民间祀神

《诗经》 中国汉族文学史上最早的诗歌总集，先秦称为《诗》，共305首，取其整数称"诗三百"。共收录了公元前11世纪至公元前6世纪大约500多年的诗歌，诗的作者绝大部分已经无法考证。其所涉及的地域，主要是黄河流域，西起陕西和甘肃东部，北到河北西南，东至山东，南及江汉流域。

红山玉龙

寓意吉祥的传统物品

的巫歌进行了艺术的加工，注入了自己的炙热的情感，使诗句充满了奇幻瑰丽的浪漫色彩。诗中描写的仙人，大都有驾龙的神车，因而诗中有不少涉及龙的诗句。

汉代以后，由于帝王们的倡导和喜爱，"赋"这一文学体裁得到了很快的发展，但内容与风格上则变得绮丽空虚、百般铺陈，成了歌功颂德的文体。由于当时瑞符之说大行，而瑞符又以龙为最，于是，龙成了赋的主要题材。

唐宋时期的赋中也不时出现所谓的"龙赋"，个别大作家手笔的龙赋别有一番气象。如白居易的《黑龙饮渭水赋》，尽管完全是诗人的想象，但给人栩栩如生、神态毕现之感，有相当文学价值。"唐宋八大家"之一的王安石作《龙赋》，以龙喻人，别开生面。

在古代七言与五言诗歌中，诗人们大多是以龙喻人，直接咏龙并不多见。唐代诗歌总集《全唐诗》中，仅收录了唐初诗人李峤的一首《龙》：

衔烛耀幽都，含章拟凤雏。

西秦饮渭水，东洛荐河图。

带火移星陆，升云出鼎湖。

希逢圣人步，庭阙正晨趋。

除了这类在内容与艺术上直接描述龙的诗之外，

《九歌》《楚辞》篇名之一，是屈原根据民间祭神乐歌改作或加工而成，共有《东皇太一》《云中君》《湘君》《湘夫人》《大司命》《少司命》《东君》《河伯》《山鬼》《国殇》《礼魂》11篇。多数篇章描写神灵间的眷恋。

还有一些描写与"龙"有关的自然现象和民俗活动的诗，由于作者有细致的观察，显得生动、真实、细腻，有较高的艺术性。比如宋代欧阳修的《百子坑赛龙诗》，描写的就是民间祈雨的情景：

明朝老农拜潭侧，鼓声坎坎鸣山隈。
野巫醉饱庙门合，狼藉乌鸟争残余。

在这首诗中，欧阳修先写了降雨情形，然后写了祈雨灵验、农民万分欢欣的场面，场景活灵活现。

再比如陆游《龙挂》诗中，有"山摧江溢路不通，连根拔出千尺松"的句子，表面上写龙实际上形容的是龙卷风。诗句将龙这种神兽与自然力量相结合，使令人惊悸的气势和破坏力跃然纸上。

在中国古代小说中，龙也是个重要角色。中国小说源于志怪与传奇，而志怪传奇又与古代神话传说有渊源的关系，因此神话中的龙也就进了小说。较早的有《搜神记》《续玄怪录》《宣室志》等，最精彩的，是李朝威所著的《柳毅传书》。

《柳毅传书》中书生柳毅落第回乡，途经泾阳遇一龙女，发现龙女受夫家虐待，被赶到荒野上牧羊。柳毅同情龙女的遭遇，就替龙女给她的父亲洞庭君传信。

华夏图腾

中华神龙

唐宋八大家 唐宋时期8位散文作家的合称。唐宋八大家分别为唐代两家，宋代六家，即唐代的韩愈、柳宗元和宋代的苏洵、苏轼、苏辙、欧阳修、王安石、曾巩。唐宋文坛以他们的文学成就最高，流传最广，故称"唐宋八大家"。

■ 地动仪上的龙

■ 龙凤呈祥

脸谱 中国戏曲演员脸上的绘画，用于舞台演出时的化装造型艺术。脸谱的产生有悠久的历史。脸谱起源于面具，脸谱将图形直接画在脸上，而面具把图形画在或铸在别的东西上面后再戴到脸上。在中国古代，祭祀活动中有巫舞和傩舞，舞者常戴面具。

洞庭君的弟弟，也就是龙女的叔叔钱塘君性格急躁，听说侄女受欺负后十分生气，直接跑到泾阳处罚了龙女的夫家人，把龙女接回了龙宫，并要将龙女嫁给柳毅。

由于龙女父亲洞庭君嫌弃柳毅是个凡人，因此对他言辞傲慢，使柳毅很反感，就果断地拒绝了这门亲事。可是龙女早已爱上了柳毅，就化成凡人，变换自己的容貌自称是"卢氏女"，与柳毅终成眷属。

《柳毅传书》想象丰富，情节曲折浪漫，对龙女与钱塘君的刻画极为生动。这一故事广泛流传，以此为蓝本改编的戏曲元、明、清三代皆有。

明代神魔小说兴盛，小说对龙的描写及其情节多掺加了佛、道的内容，其中的龙往往是作者谴责、戏谑、嘲讽的对象。如《封神演义》中的"哪吒闹海"《西游记》中的"魏徵斩泾河老龙""孙悟空龙宫索要如意金箍棒"等。

清代小说现实主义艺术倾向强烈，出现了《红楼梦》这样的鸿篇巨制，以神魔为角色的小说急剧衰落，龙遭到冷落，只有蒲松龄的《聊斋志异》有10余篇与龙有关。虽然大多是乡间市井之语，但蒲松龄文笔精练生动，描写神韵盎然，文章十分精彩。

龙对中国戏曲艺术也产生了重要影响。在戏曲中，直接以龙为角色、以龙的故事为情节的并不多，仅有《柳毅传书》《张生煮海》和据《封神演义》改编的《陈塘关》《绝龙岭》《渭水河》等数出。此外，以龙为名的戏目也不少，如《锁五龙》《困龙床》《龙虎斗》《打龙袍》《双龙会》《龙凤呈祥》《游龙戏凤》等。这类戏中所以有"龙"字，因为戏中的主角是有龙性的人物，多是帝王之属。

在中国的戏曲行业中，有不少名词术语行话与龙有关，如龙套、九龙口、合龙、二龙出水、水龙吟、回龙等。京剧的脸谱有龙纹的成分，京剧的服装，俗称"行头"，更离不开龙纹。

数千年的龙文化，在中国民间也有深厚的积淀。数不清的民风与民俗及民族节日与龙有关。仅以汉族而言，正月十五元宵节，虽然节日来历与龙无关，但节日的庆祝则非有龙不可。

元宵节必舞龙灯，要扎鳌山或草龙，上布灯烛，二月初二为龙抬头日，旧俗在这一天要用草灰弯弯曲曲地由门外洒到厨房内，称为"引龙回"；小童在这一天开始入书房读书，称为"占鳌头"；读书人在这一天要理发，以取"龙抬头"的吉祥之意。

中国五月初五的端午节本来是源于远古的辟邪消灾的仪式，因为

吴越国金龙

■ 端午节龙舟赛

古人以五月为不祥之月，所以从远古时期开始就在端午节那一天举行祭龙仪式，但这个节日后来被附会成了纪念投江而死的诗人屈原。

民间传说，在屈原投江后，楚国人非常悲痛，划舟救助不及，只好向江中投祭粽子，以求水中蛟龙不啮食屈原躯体，但也有人称屈原死后，楚人以竹筒贮粉米投入江中祭祀，但大多被蛟龙吃了。

人们听说江中的蛟龙惧怕粽叶和五色线，于是改为以粽叶包米，用五色线捆扎，这就是粽子和端午系五色丝线的来历。这些说法孰是孰非已不可考，但都能看出与龙有关。

端午节赛龙舟在中国历史可谓悠久，其起源可能与上古时人们认为神仙乘坐龙舟飞行有关。古代赛龙舟的场面非常壮观，唐代大规模的龙舟赛，要有几十条龙舟参加。唐朝诗人张健封的《竞渡歌》，就描画了竞赛场面的精彩激烈：

五月五日天晴明，杨花绕江啼晓莺。
使君未出群斋外，江上早闻齐和声。

鼓声三下红旗开，两龙跃出浮水来。
棹影瀚波飞万剑，鼓声劈浪鸣千雷。

寓意吉祥的传统物品

后来，龙舟竞渡不仅成为中国南方水乡端午节必然进行的一项庆祝活动，而且已经走向世界，成了海内外"龙的传人"团结一致、共同振兴中华的一个象征。

在中国少数民族中，与龙有关的节日与民俗更是举不胜举。云南瑶族在正月初五过龙头节，备祭品祭祀龙王。哈尼族也有类似的节日。

贵州侗族在二月初二这一天要"接龙"，这一天全寨人要杀掉一头牛，每户分一块牛肉，名为"吃龙肉"。吃肉时还要唱"五龙归位"的酒歌，最后要将牛角埋于地下。

湘、黔交界地区的苗族在五月初五这一天过龙船节，在清水江赛龙舟，并伴有其他的庆祝活动。云南河口的瑶族有龙母上天节和龙公上天节。

鄂西土家族的六月初六为晒龙袍节，这一天家家都要将新衣物放在太阳下暴晒，同时还要有祭祀活动，并依据这一天的阴晴来判断下半年的雨水情况。

云南普米族每家都在深山密林处有自家的"龙潭"，到祭潭之时，每家都要到自己的龙潭边上住3日，并搭成一个"龙塔"，作为龙神居住的宫殿，然后将祭品献于塔前，再由巫师祈祷，求龙神福佑。仪式结束后，向龙潭投入用面和酥油制成的面人50个。

■ 龙形雕刻

中国各民族与龙有关的节日及风俗各有不同，各有特色，但又都是建立在上古时的龙能行云布雨、能福祸人间这一概念之上的，反映了中华民族文化多样性中的统一性，个性中的共性。

在中国的各个省区，都有与龙相关的名胜古迹或山川湖泊，每处又都有一段美妙的传说故事。龙与不少行业也有联系，这些行业往往以与龙有关的对联作为行业的标志。

这些对联对仗工整，音律和谐，用语精巧，读来妙趣横生。比如书店的对联会巧用"鲤鱼跳龙门"的典故招揽生意说：

广搜百代遗编，迹追虎观；
嘉惠四方来学，价重龙门。

一些珠宝店也会借用传统神话中，龙宫之中潜藏珍宝的说法来夸耀自家的珍贵首饰。可见，龙在中国文化中几乎无处不在。

阅读链接

相传在龙门还未凿开的时候，伊水被龙门山挡住了，就在山南积聚了一个大湖。居住在黄河里的鲤鱼听说龙门风光好，都想去观光，但龙门山上无水路，上不去。

无奈之下，一条红鲤鱼不惧危险，决定跳过龙门去。当红鲤鱼一鼓作气跳到龙门内的半空中时，一团天火从身后追来，烧掉了它的尾巴，红鲤鱼就变成了一条巨龙。其他鲤鱼们看到之后受到鼓舞，开始一个个挨着跳龙门山。可是除了个别的跳过去化为龙以外，大多数都过不去。后来，唐代大诗人李白写诗道："黄河三尺鲤，本在孟津居。点额不成龙，归来伴凡鱼。"

舞龙习俗

舞龙俗称"玩龙灯"，是中国民族传统体育项目之一。每逢喜庆节日，尤其是在元宵节期间，很多地方都有舞龙的习俗。中华民族是世界上人口最多的国家，世界上凡是有华人居住的地方都把"龙"作为吉祥之物，在节庆、贺喜、祝福、驱邪、祭神、庙会等期间，都有舞"龙"的习俗。

在舞龙时，舞者在绣球的引导下，手持龙具，随鼓乐伴奏做各种动作，完成龙的游、穿、腾、跃、翻、滚、戏、缠，及组图造型等动作和套路，充分展示了龙的精、气、神韵。

舞龙习俗的起源与传说

　　舞龙又叫"龙舞""玩龙""龙灯""龙灯会""耍龙""玩龙灯""盘龙灯""闹龙灯"等。从目前所有的资料看，龙的起源远远早于龙舞的出现，也就是说，尽管人们认为人类的求雨仪式是最古老的祭祀仪式之一，而龙的形象一直和求雨有十分密切的联系。

■舞龙表演

关于舞龙的起源，有这么几个传说。说是在很久以前，浙江的苕溪岸边有个荷花村，村前有一个荷花池，池塘里长满了荷花。每到夏季，碧绿的荷叶铺满水面，无数朵出水荷花，袅袅婷婷，鲜艳无比。

在荷花池边，住着一对勤劳善良的青年夫妇，男的叫百叶，女的叫荷花，夫妻俩男耕女织，相敬相爱。这一年，荷花怀了孕，过了10个月，孩子却没有生下来。

又过了一年，还是没有生下来，直到第九百九十九天，才生下了一个男孩儿。

百叶见孩子生得端正健壮，心里好生喜欢。但是再仔细一瞧，不禁大为惊愕，只见这孩子的胸口脊背上长着细细的鳞片，金光闪闪，耀人眼目。数一数，竟然共有999片。

旁边的接生婆细细一端详这个孩子，不禁大吃一惊，嚷道："哎呀，了不得，荷花这是生了个龙种啊！"很快，消息传遍了整个村子，人人都前来道贺。

这个消息很快就惊动了村里横行霸道的老族长，他的身边有一个丑孙子。这祖孙俩一听说百叶家里生下龙种，于是立刻手持钢刀要来砍杀。

乡亲们得到了消息，马上开始商量对策，最后想出一个办法说，

中秋舞龙灯

将孩子放在盆里，悄悄把他藏到门前的荷花池中。

这时，老族长和他的孙子带人冲进门来，孩子已经不见了。老族长见找不到龙种，于是便抓住百叶，逼他把孩子交出来。孙子见荷花长得美丽，心生一计，举起钢刀就杀死了百叶，把荷花抢到了家里。

老族长心想：龙种没有了爹娘，即使活着，也必定饿死。再说荷花会生龙种，将来龙种要是生在自己家里，这天下岂不就是他家的了。

荷花被抢到老族长家里后，非常想念丈夫和孩子，心里十分悲痛。老族长逼着荷花去淘米，荷花拖着淘箩走到池边，轻轻地搅动池水。忽然，一阵凉风吹来，在荷塘深处，荷叶纷纷倒向两边，让出一条水路来。

荷花抬头一看，自己的儿子就坐在盆里，安然无恙地向她漂过来。荷花真是又惊又喜，连忙将儿子抱到怀里，喂饱了奶水，然后仍然放回盆里。一阵凉风

族长 也叫"宗长"，是古代时家族的首领。通常由家族内辈分最高、年龄最大且有权势的人担任。族长总管全族事务，是族人共同行为规范、宗规族约的主持人和监督人。

吹来，盆又漂回到了荷花丛中。荷花知道自己的儿子没有饿死，心里十分高兴。

从此，荷花一日三次到池中淘米，就给儿子喂上三次奶水。这样喂了999天后，荷花的儿子渐渐长大了，满身龙鳞金光闪亮。到了夜里，这身金光在荷花池中光芒四射。

村子里的老百姓知道龙种没有被灭掉，心里都暗暗地高兴。老族长得知龙种竟活着并且在荷花池中，随即又生一毒计。

一天傍晚，荷花又到池边淘米。老族长祖孙俩躲在杨树丛里察看动静，只见碧波荡漾，花叶浮动，一阵凉风吹来，荷塘深处徐徐漂来一只盆，盆中坐着个满身金色的孩子，欢乐地举着双手向淘米的荷花扑过去。

荷花满心欢喜，正要伸手去抱，只见杨树丛中闪出个人来，举起明晃晃的钢刀直向孩子砍去。刹那间，只见孩子从盆里猛地跳起来，化成了一条金色的小龙，向池中跃去。

可是还是迟了，那一刀砍到了小龙的尾巴上。这时，荷花丛中停着的一只美丽的大蝴蝶，忽然飞过去，用身子衔接在小龙的尾部上，一对美丽的翅膀就变成了小龙的尾巴。

小龙长吟一声，霎时间，狂风大作，乌云翻滚，

春节舞龙表演

寓意吉祥的传统物品

■ 舞龙表演

满池荷花的花瓣纷纷扬扬地飞旋起来。在霹雳闪电之中，小龙的身体渐渐变大了，变成了数十丈长的巨龙，在荷花池上空翻腾飞跃。

这时，一阵龙卷风卷了过来，小龙腾空而起，乘风直上，飞入云端。这阵龙卷风好不厉害，那个砍龙尾巴的人被卷到了半空中，被抛得无影无踪。

老族长见孙子被风卷走了，随即"扑通"一声，吓得跌进荷花池淹死了。

荷花看见儿子化成一条蛟龙飞上了天空，她大声呼喊着，但小龙已经飞得无影无踪了。

自此以后，苕溪两岸每逢干旱，小龙就会来布云播雨。

当地百姓为了感谢小龙，就从这个池中采摘了49朵荷花，用了999叶花瓣，制作成一条花龙。因为不到1000叶，所以取名"百叶龙"。

龙卷风 是在极不稳定天气下由空气强烈对流运动而产生的一种伴随着高速旋转的漏斗状云柱的强风涡旋。龙卷风是大气中最强烈的涡旋现象，常发生于夏季的雷雨天气时，尤以下午至傍晚最为多见，影响范围虽小，但破坏力极大。

从此后，每年春节，老百姓就要敲锣打鼓来舞龙，这一习俗便沿袭了下来。

还有人说，舞龙的起源是这样的：在浙江金东区有一座奇灵山，山下有一条名叫灵溪的大溪流，人们每年都用灵溪的水来浇灌稻田。

有一天，县老爷和衙役正在巡视乡野的时候，忽然看见几名大汉扛着一个大笼子，上前一看，才知道笼中是一条大蛇，而且大蛇还在流着眼泪。

县老爷看了之后，不禁动了恻隐之心，于是就对几位大汉说："壮士们，这条大蛇能否卖给我？"几位大汉见县老爷要买这条大蛇，连忙应允。

县老爷将大蛇带回家中饲养，起初县老爷命人喂生肉给大蛇吃，结果大蛇都不吃。后来才知道大蛇只吃米粮，和人类一样，这种事让衙门中的人连连称奇。

日子一天天过去了。这年，夏天特别炎热，又不曾下雨，灵溪渐渐干涸了。百姓们天天对神明祈祷，希望老天爷能够降甘霖，以解干旱之苦。

县老爷见到这种情形，心中十分忧虑，天天对上苍祈祷：但愿上天早

衙役 衙门中的差役。衙役的地位低于吏员，主要负责衙门的站堂、缉捕、拘提、催差、征粮、解押等事务。清代的衙役分为皂班、捕班、快班、壮班，各班均有班头，或称"头役"，统领本班。衙役也有定额编制，但实际上的衙役数量都大大超过了编制。

■ 舞龙灯

■ 舞龙表演

寓意吉祥的传统物品

土地公 中国民间神灵之一，被视为财神与福神。据说他还能使五谷丰收，因此，很多人就把土地公迎进家里祭拜。一般家庭的厅堂五神中必供奉土地公，家中没有供奉土地公的，也在每月农历的初二、十六，在家门前设香案、烛台、供品祭拜。

降甘霖，解我一县百姓干旱之苦啊！

一天夜里，县老爷做梦梦到了本县的土地公。土地公对他说："由于你的善心感动了玉皇大帝，明天中午把大蛇放进灵溪，自然就会有雨水降临。"

县老爷醒后，便马上派人到灵溪烧香祝祷，并将大蛇放入灵溪当中。过了几天，果然下起雨来了，解了百姓的干旱之苦。

后来，人们为了答谢大蛇，不但烧香祭拜，还将大包大包的米丢进溪里，希望来年有个大丰收。

就在人们用米祭拜大蛇的同时，天气变得很奇怪，不是一连几天太阳将人晒伤，就是大雨连绵不断，此景让百姓们忧心忡忡。

一天，县老爷正在书房，为这几天来的怪天气烦恼时，忽然瞥见大蛇回来了。

大蛇对他说："我原本是奇灵山的巨龙，也是掌管米粮的天神。由于不慎犯了天规，被玉帝贬到人间来。后来，由于你的善心感动了玉帝，才让土地公放了我。但是，大家都把米粮丢进溪中祭拜，糟蹋了粮食，玉帝知道后大怒，要罚金东区大旱两年。"

县老爷一听，大吃一惊，连忙问道："有没有补救的方法呢？"

大蛇说："只要今后祭祀只用清水便可，不要用鸡、鸭、鱼肉，以免玉帝动怒。"

县老爷听完，谢过大蛇之后，便下令全县老百姓照大蛇的话去祭祀。但是，县里还是有些人并不遵照大蛇的指示，依然用鸡、鸭、鱼等荤食祭祀。

玉帝知道后，大为震怒，说："灵溪巨龙，你不是说金东区的人民已经知道悔过了吗？金东区的人民还在继续糟蹋粮食。来人，将灵溪巨龙斩了！"

就在巨龙被斩后，金东区天天下红雨，颜色简直和血一般。属下将这奇怪的现象禀告给县老爷，并且说："还有一件奇怪的事，就是在灵溪的岸边，从天上落下一条被分割的巨龙身体。"

■ 等待表演的舞龙队

052

寓意吉祥的传统物品

县老爷听完后，连忙赶到了溪边，一看，大声惊呼："这不是我的大蛇吗？我只知道人间难辨忠奸，岂知天上也是是非不分啊。巨龙啊巨龙，都是我们害了你呀！"

后来，人们知道后，都十分后悔曾经不听劝告。因此，每逢正月十五，乡亲们便舞龙，希望巨龙的身躯能接合起来，舞龙的习俗就流传了下来。

关于舞龙的来历，民间还有这样一个传说：一天，龙王腰痛难忍，龙宫中的所有药物都吃了，但是仍不见效。于是，龙王只好变成老头，来到人间求医。

当地有位神医有如华佗再世，一般人的病只要观察一下面色，就能将病情摸透八九分。这位神医给龙王把脉后，知道这个老头不是凡人，就说："您这样子我没法下药方。要是想让我医治，您还是现出原形吧！"

龙王听了这番话后，就瞬间变成了一条巨龙。

■ 舞龙

神医再次为龙王把脉后，就开始在龙王的身体上摸索起来，最后从龙王腰间的鳞甲中捉出一条蜈蚣。经过拔毒、敷药，龙王完全康复了。

为了答谢治疗之恩，龙王对神医说："您治好了我的病，我一定要报答。从今以后，只要照我的样子扎龙舞耍，就能保证此地风调雨顺，五谷丰登。"

这件事传出后，人们就开始按照龙的样子制作出了舞龙，每逢干旱就舞龙祈雨，并有春舞青龙，夏舞赤龙，秋舞白龙，冬舞黑龙的规矩。

舞龙练习

阅读链接

传说五龙庙5位龙爷中数白龙最小，大家都叫它小白龙。它生性活泼，喜欢异想天开，弄奇作怪。一日，它在五龙潭戏耍，突发奇想，一跃而跳上悬崖，摇身化作一个英俊少年，自称"龙娃"，连蹦带跳地走进龙潭峡谷里。他突然发现满沟海棠花鲜艳夺目，就把海棠轻轻拔下，趁着根上带的那一点点泥土，一棵一棵地栽在峡谷的石壁缝中。

这海棠一沾上石壁就活了，而且活得那么旺盛，那么有精神，原来光溜溜的石峡，一下变成了锦峡绣谷，充满了生机。

中国舞龙传统的发展

　　从远古时代开始，舞龙活动就开始出现了，并且一代又一代地流传了下来。传说，早在黄帝时期，在一种名为"清角"的大型歌舞中，就出现过由人扮演的龙头鸟身的形象，其后又编排了6条蛟龙互相

■ 舞龙

从中国舞龙传统发展历史来说，恐怕没有哪个朝代比汉代更加重要。因为汉代出现了形式比较完整的舞龙形象，并有了非常明确的舞龙求雨记载。

西汉思想家董仲舒在《春秋繁露·求雨篇》中，记载有：

> 鳏者九人，皆斋三日，服白衣而舞之……舞龙六日……以壬、癸日为大黑龙。

此文中出现了"舞龙"一语，对舞龙的细节，没有详细的描述。但从中能够知道的是，舞者的衣服与所做的龙颜色一致，舞者为五至九人，人数与龙的长度成正比。

汉代五行思想的盛行，也在舞龙祭祀中体现出

董仲舒 (前179—前104)，西汉思想家、儒学家，西汉时期著名的唯心主义哲学家和今文经学大师。汉景帝时任博士，讲授《公羊春秋》。他把儒家的伦理思想概括为"三纲五常"，其教育思想和"大一统""天人感应"理论，为后世提供了统治的理论基础。

■ 舞龙表演

来，也就是所谓：春舞青龙，夏舞赤龙或黄龙，秋舞白龙，冬舞黑龙。祭祀时如果日子不同，所舞之龙的颜色也就不同，而且舞者人数也不同。

除求雨之外，舞龙还广泛存在于汉代盛行的百戏中。东汉张衡《西京赋》里记载了生动的"鱼龙曼延"之戏：

> 海鳞变而成龙，状婉婉以昷昷。舍利颬颬，化为仙车，骊驾四鹿，芝盖九葩。蟾蜍与龟，水人弄蛇。奇幻倏忽，易貌分形。吞刀吐火，云雾杳冥。画地成川，流渭通泾。

沂南画像石墓有个乐舞百戏图。从图上看，左为杂技表演和乐队，右为戏车和马戏，而"鱼龙曼延"之戏处于画面的中部，表明这是百戏中的主要节目。

东汉 又称为"后汉"，是中国历史上的一个大一统朝代，东汉时的首都洛阳被称为"东京"，因此又以东京为东汉的代称。汉明帝和汉章帝在位期间，东汉进入全盛时期，史称"明章之治"。东汉时，蔡伦发明造纸术，张衡发明地动仪和浑天仪。佛教也在此时传入中国。

其中，龙、鱼、豹、大雀从右向左耸踊舞动，龙在最前面。鱼龙曼延之戏处于乐舞百戏图的中心，并以龙为首，反映了当时人们对龙舞的重视。

《汉仪》记述的百戏场面更大，舞龙也更壮观，龙长八丈，比沂南画像石刻的龙长得多，不可能由一两个人舞，必须有一队人协力合舞，其形式应当和后来的舞龙相近。在舍利兽、比目鱼的表演之后，舞龙以恢宏的气势，把演出推向高潮。

舞龙活动在汉代开始盛行，原因是多方面的。汉代社会经济有较大发展，国家强盛，艺术表演等文化娱乐活动有了坚实的物质基础。汉王朝与四方诸国交往甚多，在接待四夷使者时百戏大规模演出，也有耀武观兵之意。

此外，当时的汉王朝盛行神仙方术和广为宣扬的神灵怪异，因此在表演艺术中由人装扮或操纵那些现

百戏 古代的乐舞杂技表演。秦汉时已有，汉代称"角抵戏"。包括扛鼎、寻橦、吞刀、吐火等各种杂技幻术，装扮人物的乐舞，装扮动物的"鱼龙曼延"及舞蹈和器乐演奏与带有简单故事的"东海黄公"等，是综合性娱乐节目。唐和北宋时百戏十分流行。元代以后，百戏节目有所发展，内容更加丰富多彩。

龙舞翩跹
舞龙习俗

■ 舞龙表演

寓意吉祥的传统物品

■ 舞龙表演

实中并不存在的神灵动物，这就是汉代的乐舞百戏中"像人之戏"的来源。

在这些"像人之戏"里，最受欢迎的就是"鱼龙曼延"了。在百戏盛行的汉代，鱼龙曼延作为百戏中的精彩节目而备受重视，也就是舞龙的前身。

汉代是舞龙显性发展时期。从汉代开始，中国的舞龙正式登上了历史的舞台，从此不断演变和发展。

在经历了魏晋后，舞龙被北朝的皇帝当成了保留节目。隋代是中国古代舞龙活动发展史中的重要一页，起着承上启下的作用。

经过南北朝多年的割裂和战乱之后，一统江山的隋代天下太平，平安享乐的思想在人们日常生活中弥漫开来。包括舞龙在内的演出曾有更为盛大的场面。

从演出的内容来看，隋代的舞龙与汉代的鱼龙曼延之戏非常相似：都是先由舍利兽的戏舞开场，激水、鱼嗽水或喷雾，化为八九丈长的黄龙，黄龙起

魏晋 指中国古代东汉政权瓦解后，三国到两晋时期，也就是220年到420年；通常所说的魏晋南北朝时期，也就是220年到581年这段历史的前一阶段。"魏"指的是三国里的曹魏，"晋"指的是司马氏所建立的西晋与东晋。此时北方是"十六国"时代。

舞，下面的节目都是绳技，演出时配以音乐，等等。

到了唐代，舞龙又迎来史册上辉煌的一页。唐代人民安居乐业的社会生活和农业生产的蓬勃发展，都给舞龙运动以发展的契机。这种情况被诗人描绘得十分生动，如兵部员外郎李约的《观祈雨》：

桑条无叶土生烟，箫管迎龙水庙前。

朱门几处看歌舞，犹恐春阴咽管弦。

这首诗用对比的手法，写出了处于旱情严重侵扰的农民们在水庙前舞龙求雨的情形，诗中对于旱情的描写虽然寥寥几笔，却很传神。

诗中的"箫管迎龙"几个字，透露出此时的舞龙求雨，已经和从汉到隋的"百戏鱼龙"很不一样了，是一种具有独立表演性质的龙舞。

当然，龙和雨似乎天生就是紧密相连的，求雨时作龙、制龙、舞龙，是很古老的传统风俗。只不过唐代时农业获得了大发展，舞龙求雨的风俗也随之获得了生机。

这种情况渗透到唐代宫廷的重大祭祀活动中，每遇旱情，朝野都会采用

兵部 又称"夏官""武部"，中国古代官署的名称，其长官为兵部尚书，又称"夏卿"。兵部是中国古代吏、户、礼、兵、刑、工六部之一。兵部负责掌管选用的武官以及兵籍、军械、军令等。其长官为兵部尚书。

■ 舞龙表演

■ 中秋舞龙表演

正月 又称"孟春""端月""新月"或"开岁",是中国农历一年中的第一个月,也是新年的开始。在中国的文化中,正月是一年之中最值得庆贺、最吉利、最热闹,也是神灵显现最多的一个月份,因为正月时福神最多,因此正月初出生的人都是天生富贵之人,能逢凶化吉,事事顺心。

舞龙的方式祈祷上苍降下甘霖。最盛大的莫过于朝廷主持的"烛龙斋祭"。张九龄曾经作《奉和圣制烛龙斋祭》诗描写祭祀的场面之盛大:

精意允溢,群灵鼓舞。

蔚兮朝云,沛然时雨。

雨我原田,亦既有年。

烛龙煌煌,明宗报祀。

唐代时的舞龙运动发展水平应相对较高,因为唐代舞龙已经有了不少自身的变种,"烛龙"大概仅是基本舞龙形态的变化之一。

宋代又是深刻影响后来整个舞龙艺术的一个朝

代。但是，作为舞龙活动来说，在宋代民俗艺术中虽有发展，但主要特征则是继承。辛弃疾的《青玉案·元夕》，对正月舞龙表演的盛况做了准确描述，词曰：

> 东风夜放花千树。更吹落，星如雨。宝马雕车香满路。凤箫声动，玉壶光转，一夜鱼龙舞。

虽然这首词没有具体描述宋代鱼龙之舞是怎样的，舞中有没有神妙的动作变化，但它确认了宋代鱼龙之舞的存在。

凤箫鼓吹，连绵不绝，月色之下，鱼龙舞长夜。新年除夕的盛况，人们尽情尽兴的情态，美丽的元夕

鼓 中国传统的打击乐器，也是祭祀时使用的神器。鼓可以分为祭祀用的雷鼓、灵鼓、乐队中的晋鼓等。其中，专门用于军事的叫"汾鼓"。此外，路鼓、晋鼓等也用于军旅。中国上古时代的战鼓皆由鳄鱼皮制成，而鼓皮选用鳄鱼皮，是取鳄鱼的凶猛习性以壮鼓声。

龙舞翩跹

舞龙习俗

■ 舞龙表演

■ 舞龙表演

寓意吉祥的传统物品

月色，都在词家的笔下跃然而出。其中，"一夜鱼龙舞"中的"一夜"，点明了表演者和观赏者们尽兴至极，欲罢还休。

到了元明两代，舞龙活动的内容更加繁多。诗人阎尔梅在《丙午元宵》一诗中写道：

八宝龙灯舞万回，灯光趵璨百花台。

八宝龙灯在元宵节期间演出，想必盛况空前。这首诗歌所描述的百花台，点明了元明时期的舞龙活动已经从根本上摆脱了求雨祭祀的活动目的，而彻底转变成民间的一种娱乐活动。

清代舞龙在表演上追求形神兼备，特别强调回旋婉转之态，讲究飞腾冲天之象。所以明末清初文学家

元宵节 又称为"上元节"，是中国的民族传统节日，时间是农历的正月十五。正月是农历的元月，古人称夜为"宵"，而十五日又是一年中第一个月圆之夜，所以称为正月十五为"元宵节"。吃元宵、赏花灯、猜灯谜等是元宵节几项重要民间习俗。

李渔在《龙灯赋》里说：

　　　　行将飞而上天兮，旦宇宙而不夜。
　　　　不则潜而入海兮，照水国以夺犀。

　　以种类看，清代舞龙是中国舞龙活动发展史上的高峰。这从清代舞龙种类之多也可以得到证明。以上诗句已经点到的有火龙、烛龙、龙灯，此外还有"竹龙"。清人吴锡麟有专门的《竹龙》诗曰：

　　　　岂是葛陂化，金鳞闪几重。笑他骑竹马，又欲舞仙筇。赤手一群扑，青云何日从。叶公能好此，婉转叹犹龙。

　　舞龙的娱乐性、审美性的特征在以上诗句中传递得十分清晰，而这恰恰是清代舞龙对于中国古代舞龙的极大贡献。

赋 中国古代的一种有韵文体，起源于战国时期，盛于两汉。赋是由《楚辞》衍化出来的，多用铺陈叙事的手法，而且必须要押韵，这是赋区别于其他文体的一个主要特征。此外，赋是用来描绘客观事物的，所以风格要爽朗而通畅。

阅读链接

　　传说，当年龙娃在龙潭峡谷，任兴之所至，事事成功，于是受到鼓舞，最后竟然冒险到天上为人间偷来了天书，因此触怒了玉皇大帝，惹下大祸。玉皇大帝派二郎神来抓龙娃归案，龙娃手拿天书和二郎神奋力相争，把天书抖落了一地。二郎神一怒之下杀了小白龙，弃刀于地，把散落的天书收拾起来，提着小白龙的头回天庭复命去了。

　　后来，女娲听说小白龙冒死为她的子民而殉难，大为感动。于是，就收了龙娃的无头冤尸，唤回他的冤魂，封它为"无头冤神"，把他安放在山崖下的石洞中。

丰富多彩的舞龙习俗

　　在古人的心目中，龙具有呼风唤雨、消灾除疫的功能。而中国自古就是以农业立国，风调雨顺有着极为重要的意义。所以，古人极其希望得到龙的庇佑，由此也形成了多种祭祀时舞龙的习俗，同时伴随

舞龙表演

■ 舞龙表演

着神奇的传说，被不断传承。

舞龙头是一种舞龙活动，原是畲族的一种祭祀活动。器械只有龙头，没有龙身和龙尾。舞龙头由日、月、星等组成仪仗队。龙头是用木雕成，涂上色彩，显得古朴、庄严。

祭祖时，执龙头者随着鼓点做出各种动作，或进或退，或舞或止，或跳或蹲，有一定的章法。舞龙头表现了"九龙出世"及成长的过程，包含了"九龙出世""东海嫁水""行云布雨""深潭求亲"和"九龙归位"等套路的表演。

此外，龙头和绣球有的是用篾子编扎，用彩纸糊裱而成，直立安在木桶上。活动参加者为7人至10人，一人持绣球，其余人持龙头。在锣鼓声中，龙头随绣球翻滚、跳跃，集武术、杂技于一体，有各种造型，如迎龙伞、龙抢珠、龙珠伞大会串等。

绣球 一般由彩绣做成，是中国民间常见的吉祥物。在中国古代，有些地方有一个风俗，当姑娘到了婚嫁之时，就预定于某一天让求婚者集中在绣楼之下，姑娘抛出一个绣球，谁得到这个绣球，谁就可以成为她的丈夫。在很多地方，抬新娘的花轿顶上要结一个绣球，意图吉庆瑞祥。

寓意吉祥的传统物品

■ 舞龙表演

花棍 连厢棍，也叫"金钱棍""霸王鞭"，是满、蒙古、彝、白、苗、土家、汉等族摇击体鸣乐器，流行于全国各地，尤以中国北方、云南和中南一带盛行。用一根细木棍或细竹竿制作，棍长80厘米至100厘米。摇动花棍，铜钱或小铜钹撞击孔壁而哗哗作响。花棍表面涂以红、黄、蓝等色漆饰。

舞龙头的活动形式有平地和桌子上两种。平地套路有"龙王滚车""鲤鱼翻白""鲤鱼翻梁""猴子翻梁""小合包""大合包""雪花介顶""龙王成楼"等。桌上套路有"开四门""画眉四角""画眉跳对门""鲤鱼上滩""鲤鱼下滩""鲤鱼跳龙门"等。

在四川济州龙溪一带的羌族人民中，舞麻龙是流传于祭祖中的一项体育活动，有耍花棒、龙凤相会、神棍戏麻龙、跳神棍、麻龙追彩霞等套路动作。

表演者腰间系一串铜铃，女的手执一根扎有彩球和彩带的彩花棒，棒上镶铁环扣和铜铃；男的手中的彩棍，一端用麻扎成精美龙头，另一端用拖有7米多长的麻髯为龙身。

锣鼓声起时，龙首时低时昂，麻龙飞舞，花棍旋转，龙击花棍，球戏麻龙。龙身甩动中发出的"啪啪"响声，与腰间的铃声，棍上的铁环声、歌声、鼓声、呼喊声交织混合，风格独特。

仫佬族有舞草龙的习俗。草龙用禾秆草编成。编织者先编一条长长的草帘，编到最后，分3个叉略往上翘起，象征龙尾；把草帘的另一头反折一层做两个弯角翘起，形似龙头；中间每隔约两米扎一小捆椭圆形禾草，插上一根竹竿做龙身。

人们还在龙头前面单独做一个圆形草团作为龙宝或龙珠，再进行一些装饰，在龙头、龙身、龙尾挂上一些彩纸，便在村头村尾舞起来。

过完春节后，人们将草龙拿到河边烧掉，送龙回龙宫。平时如果村子里遇到什么灾害，或者久旱不雨，也扎草龙去河边焚烧，祈求龙王消灾、降福或降雨。

浙江开化的舞草龙又称"草龙""稻草龙"或"香龙"。草龙捆扎以稻草搓成粗大的绳索，再扎成

春节 中国最富有特色的传统节日，已有4000多年的历史。春节的活动均以祭祀神佛、祭奠祖先、除旧布新、迎禧接福、祈求丰年为主要内容，带有浓郁的民族特色。春节的时间一般指正月初一，是一年的第一天，又叫"阴历年"，俗称"过年"。

■ 舞龙表演

龙首龙尾，形同长龙，绳索上插上点燃的香枝。

相传，唐代便有迎草龙送龙神的活动，一直延传至今。每年中秋之夜，苏庄镇各村农民高擎香火草龙，或穿梭于村中大道，或起舞于晒场田野。

传说朱元璋在苏庄镇毛坦坞口村休整时，当地百姓为他献了宝马，并在中秋佳节迎舞草龙。朱元璋非常高兴，认为这是做天子的预

■ 舞龙表演

兆。登基后，朱元璋御敕当年舞草龙的毛坦坞口村为"富楼村"，并赐对联：

百世安居金溪富楼胜地

千年远脉越国传裔名家

对联 也叫"楹联"或"对子"，是写在纸、布上或刻在竹子、木头、柱子上的对偶句，对仗工整，平仄协调，是一字一音的中文语言独特的艺术形式。对联相传起于五代后蜀主孟昶，它是中华民族的文化瑰宝。

中秋节晚上舞草龙，是浙江开化县苏庄镇各村村民的一件非常重要的事。

白天，全村老小抱来刚从田里收割的新鲜稻草，扎成一条长达80多米的草龙摆放在祠堂里，并在草龙身上插满棒香。当夜色降临时，村民聚集在祠堂里，拿着火把，当族长一声令下，全村人一拥而上，去点燃草龙身上的香火。

点香火的传统在于，据说谁点燃的香火多，他家来年的收成就好。然后，村里的青年男女高举香火草龙，狂奔飞舞，穿梭在村庄小道上，起舞于稻田旷野中，皓月当空，火龙腾云驾雾，其景十分壮观。

舞草龙的习俗在广西壮族自治区的阳朔县兴坪镇也流传已久，相传甚远。每年只有在正月十三到正月十五这段时间才舞草龙，并在晚上才舞，草龙全身用稻草扎成，龙身有15节左右，每节都插有点燃的香，龙身在舞动时，点燃的香随风飘动流星般闪烁，非常漂亮。

每当草龙舞到某一户人家时，这家的人便会主动地为草龙插香和燃放鞭炮，以祈求来年平平安安，风调雨顺。

泼水龙是湖南湘西土家族祭神求雨的仪式，一旦出现旱灾，当地头面人物就会出来组织泼水龙，演出极其隆重。

祠堂 指族人祭祀祖先或先贤的场所。除了崇宗祀祖之用外，各房子孙平时有办理婚、丧、寿、喜等事时，便利用这些宽广的祠堂以作为活动之用。在中国古代，家族观念是相当深刻的，往往一个村落就生活着一个姓的一个家族或者几个家族，都会建立自己的家庙祭祀祖先。

■ 舞龙表演

■ 舞龙蜡像

寓意吉祥的传统物品

表演时，有龙头一个，龙身9节或11节，都不糊纸，不披布，只通插柳条，取"愿得柳枝甘露水"之意，并有鱼、虾、蚌、蛤等执事陪衬。

表演时，赤膊者沿街舞龙，围观者以水泼之，舞龙人被淋得全身湿透，以此祈求天降大雨，水越多则预示雨越大，因此周围村寨人人参加。

舞龙和执事者无特殊要求，但龙前执龙珠者须有武功，按"四门架子""八虎拳""苏秦背剑"和"猛虎跳涧"等套路表演，相沿成习。

土家族有舞草把龙的习俗，草把龙因龙用稻草扎成得名。用一大把稻草扎成有嘴、有角、有眼睛、有胡须的龙头，用一捆稻草索扎成与龙头颈一般粗尺多长的7节龙身，再用一把稻草扎成鱼尾形的龙尾，一共9节，用稻草间隔地连起来，每节插一根竹木杆为把，这就是草把龙。

舞草把龙，主要在土家农村山寨举行，每年农历五月至七月，为舞草把龙时间，舞龙的意义是娱乐中

端午节 又称"端阳节""午日节""五月节"等。端午节起源于中国，最初是中国人民以祛病防疫的节日，后来传说爱国诗人屈原在这一天死去，也同时成了纪念屈原的传统节日。端午节有吃粽子、赛龙舟、挂菖蒲、蒿草、艾叶、薰苍术、白芷、喝雄黄酒的习俗。

包含驱瘟、防火。

　　驱瘟一般是在农历五六月间，此时是田间稻草苗猛长期，天气炎热，病虫多发，其中毁灭性的病虫害为稻瘟病。古时的土家农民常以舞草把龙来驱逐稻瘟病，久之成习，聚众娱乐。

　　舞草把龙驱瘟，从村寨出发到田野，在每片稻田区、每丘田坎上都要依次顺路舞到。舞龙队伍，在吹牛角号、放三眼炮、敲锣打鼓、燃放鞭炮声中表演舞技，颇为壮观。在各自村寨的所有田间舞完后，将草把龙抬到溪沟边烧掉，谓之"送龙归海"。

　　迁火焰，是在农历的五月端午节前后或七月间稻谷即将成熟时在村寨举行。舞龙这天，全寨各家的堂屋中间放一盆水和一筛子五谷杂粮，等候舞龙队伍到来。

　　舞龙队伍中除了舞九节草把龙外，有一条将一丈长的竹子从中破成船形，在中间装一盆炭火的火焰，由两人抬着。另有射水、射箭和土老司3人及随后自由观众若干。

　　舞龙队在土老司领头下，从村头第一家开始，由上而下顺次进各

舞龙

■ 舞龙表演

家堂屋后，龙头向堂屋神龛做三点头行礼，接着绕堂屋一圈，再舞各种花样。

此时，射水人用射水筒吸盆中水，向东南西北中五方射水，意为灭火。土老司抓筛中五谷，向东南西北中五方各撒一把。撒到中方为堂屋大门外时，舞龙队出门舞到另一家堂屋。

全寨各家都舞到以后，把草把龙和火焰抬到溪沟边烧掉，浇水回海。舞龙迁火焰的意思是：请龙把火焰神迁出村寨，以免火灾保平安。

香火龙流传在湖南汝城已久，县志早有记载。据传，汝城香火龙最早起源于祀龙止雨、祀龙止水，其形象主要来源于当地寺庙中有关龙的壁画和雕塑。

香火龙的制作材料，以当地所产的稻草、棕叶、楠竹、向日葵秆、特制的龙香为主，所用工艺也是当地传统的扎制工艺。

县志 中国古代记载一个县的历史、地理、风俗、人物、文教、物产、气候等的专书。一般20年左右编修一次。中国最早的全国地方志，是813年唐代李吉甫编的《元和郡县图志》，共40卷，后有部分散失。中国现存的地方志达8000多种，约12万卷。

舞香火龙的招龙仪式，在每年正月的元宵节前后夜间进行。火龙有圆龙、扁龙，还有特制的龙，长度分为7节、9节、11节等，最高的4米多，最矮的也有3米。

香火龙制作材料简单、制作工艺精巧、工艺流程复杂、造型威武、气势恢宏，展演程序清晰、香火明丽、气氛热烈、场景壮观、群众参与性强，具有典型的地域标志性文化。

表演香火龙时，必有两龙，即母龙和子龙；两狮，即母狮和子狮陪随而舞，一狮在龙前引路，一狮在龙尾跟随。

香火龙的全身用竹子和稻草扎成。母龙长度一般为7节，子龙长度一般为5节，用当地特制的大约为半米长的"罗汉香"插满龙的全身。

当夜幕降临时，以土炮三响为号，鼓镲管弦乐器、花炮齐鸣，众人手持火把点燃龙身全部香火，抬龙出游，情景十分壮观。

香火龙的表演程序上有翻滚、喷水、沉海底、跳跃、吞食、睡眠等动作。沉海底和吞食表演技巧上难度较高。引路和尾随的两头狮子，除各自做翻滚跳跃的动作外，还做些引龙和随龙护驾的动作。

舞龙表演

民间舞香火龙常在虫灾发生的时候举行，点燃的香火插在龙身上，点点火光组成了一条金光闪闪的龙在夜空遨游。虫萤追逐龙身的点点火光飞来，香火龙穿街过巷，舞至田边地头，飞虫追逐香火，越集越多。

舞龙队伍在水塘边突然停下，猛地将草龙连头带尾，深深扎入水中，水淹没了龙，也淹没了飞扑香火的虫群。香火龙在除害虫这一点上，较其他形式的舞龙有更高的实用价值。

舞香火龙是汝城特有的一种民间艺术闹元宵的传统活动，全县所有村镇都舞香火龙，已有1000多年的历史。

在每年的元宵节前后，人们带着平安和丰收的期望，积极开展这种舞龙的活动，活动时全村的男男女女全部参加。香火龙用稻草、竹片扎成，把敬神用的，高约1米的香插在稻草扎成的龙身上，一般长达数十米。

夜幕初临时，全村人将"龙香"点燃，整个龙体在夜幕中火光四射，熠熠生辉，在手提火绣球的小伙子的指引下，由数十到数百个年

■ 舞龙表演

轻人一起将它舞起。全身红光闪闪的香火龙在村镇的大街小巷来回穿梭。

经过村民家时，每家每户都会点燃蜡烛、燃放鞭炮烟花，以示迎接龙的到来，象征着好运和一年的日子红红火火。

浙江省流行的"百叶龙"，是一种构思和制作均极奇巧的龙。百叶龙，顾名思义，是由百叶构成。而此叶不是一般的树叶和茶叶，而是一瓣瓣荷花的粉红花瓣组成。那一瓣瓣粉红娇艳的荷瓣，组成一朵朵硕大的荷花，一朵朵硕大的荷花，串成一条条冲天而起的巨龙。

百叶龙由17人两手分持特制的道具表演。开始时，演员手持荷花、荷叶形的道具分开站立，边唱边舞，表现蝴蝶飞舞于荷叶和荷花丛之中。

片刻后，演员分别将特制的道具翻转成龙头与龙尾，其他人以荷花的道具相配合形成龙身，随即一条花龙腾空而起，舞蹈既优美又别致。

舞者手执荷花灯、荷叶灯、蝴蝶灯，翩翩起舞。人们只见朵朵盛开的荷花，在片片荷叶中飘移和舞动，似一只美丽的蝴蝶在花丛中飞翔一样。

一段优美抒情的舞蹈后，舞者齐聚场中，突然

■ 舞龙灯

茶叶 中国南方的嘉木，茶树的叶子制成茶叶后可以泡水饮用，有强心、利尿的功效，是一种保健饮品。茶的口感甘甜，清新醇厚，香味持久，是中国各地普遍受欢迎的一种饮料，同时也是"世界三大饮料"之首。茶是中国人民对世界饮食文化的贡献。

寓意吉祥的传统物品

■ 舞龙表演

梨园 中国唐代训练乐工的机构。《新唐书·礼乐志》载："玄宗既知音律，又酷爱法曲，选坐部伎子弟三百，教于梨园。声有误者，帝必觉而正之，号皇帝梨园弟子。"可知为唐玄宗时宫廷所设。梨园的主要职责是训练乐器演奏人员，与专司礼乐的太常寺和充任串演歌舞散乐的内外教坊鼎足而三。

间，一条巨龙在人们的眼前腾跃而出。原来那一朵特大的茶花灯，背面绘制的是一个辉煌壮丽的龙头，朵朵荷花紧紧相扣连，组成龙身，片片花瓣，变成龙身上的片片鳞甲，美丽的蝴蝶成了抖摆的龙尾，而荷叶则成了朵朵白云。

那冲天而起的巨龙，在青翠滴绿的荷叶组成的绚丽云彩的簇拥下，俯仰翻滚，时而奋勇冲霄，体现无畏的力量，时而婀娜缠绵，表示有情有义的襟怀，给人以美不胜收的艺术享受。

事实上，制作百叶龙并不是很容易，长兴有一位出身梨园世家的石玉楼师傅，他家是造"龙"专业户。石师傅自小爱龙，凡游名胜古迹，必对龙的造型细细琢磨。

石师傅说，古时制龙都为四爪，清代开始才改为五爪金龙。为了能使百叶龙获得成功，他不知花了多少心血，光龙头就动了不少脑筋，一共有130多道工序，80多种材料，由一朵特大荷花精心构成。

至于龙的眼睛则难度更大，古人有画龙点睛之说，石师傅不仅能使龙眼有神，且开闭自如，眼珠又能转动，舞龙时，静则睡态可掬，动则活灵活现，栩栩如生。

龙鳞由900多片粉红色花瓣缀结，龙躯由大荷花分9段层层连接延伸，每段即一朵荷花，每朵用60多片布或透明的双条彩绸制成的花瓣叠成，龙躯长十五六米。

百叶龙龙尾制作工艺很高，当两只蝴蝶在荷塘边舞动时，龙尾是蝴蝶，当一朵大荷花和彩蝶紧跟时，随着雷声大作，荷花变成巨龙，蝴蝶又转眼变成了刚劲有力的龙尾，与龙躯衔接。

整条百叶龙的各个部位都具双重性质，既是龙躯龙头又是荷花。别具一格和设计巧妙的道具，使百叶龙更具江南神韵和独特意境，堪称"江南一绝"。

烧火龙又叫"舞火龙"，是流传于广东丰顺一带的独特的民间传统项目，一般在春节和元宵夜举行。

关于烧火龙，民间流传着许多故事。传说很久以前，丰顺一带来了条火龙，浑身喷火，兴妖作怪，从此，土地干裂，禾苗枯死，

舞龙表演

寓意吉祥的传统物品

■ 舞龙表演

农民心焦如焚。

这时，一对年轻夫妻挺身而出，带领大家凿山引水。然而，水通了，火龙又来了，它张开血口，喷出烈火，烧死了年轻夫妇，烤干了水的源头。

年轻夫妇留下的男孩儿张共，继承父志，到峨眉山求仙学法。三年后归来，与恶龙苦战三天三夜，用神火将恶龙烧死在洞里，他自己也力竭身亡。

从此，当地风调雨顺，五谷丰登。当地人民为纪念张共，庆祝丰收，每年元宵之夜要举行烧龙活动。年复一年，形成风俗。

烧火龙的"火龙"，是用纸扎成的，长15至20米，四周扎满五颜六色的鞭炮。起舞前，先燃响鞭炮，以引龙出海。然后一队赤膊袒胸和举着火棍的舞火龙者，随着快速的锣鼓声在场上快跑，反复三次，名叫"请龙"。

接着，火龙出场了，它在场上绕着大圈子，先从龙嘴中喷出火来，然后，龙身上扎着的鞭炮被点燃了，从头至尾，火光四射，霹雳连声。巨大的龙身就在烟火和爆响的包围之中，上下翻飞，左右腾舞，煞是好看。

此时，预先准备在场上的烟花架，朝天上射出串串烟花，五彩缤纷、璀璨夺目，从而把舞火龙推向高潮。

整个活动持续10多分钟，待烟火熄灭，火龙也被烧掉了。而舞火龙者的胳膊上、胸脯上灼起一个个血泡，以血泡最多者为吉利。

舞火龙也是广东的大路边镇与星子镇中秋节的传统习俗。据说，舞了火龙后村子可以逢吉避凶，风调雨顺。

从中秋节起，连续三天，大路边镇与星子镇都会舞火龙，特别是最后一天，舞火龙会达到高潮：一条条的火龙走街串巷，给各家各户带来好运气，然后聚集到镇中心，集中舞蹈。

不少慕名而来的人们，都携带着鞭炮等候火龙的到来。旁观者用鞭炮往赤膊的舞龙者身上丢过去，鞭炮在年轻人的身上炸开。但是勇敢的舞龙者却不在意，而且欢迎你这样。只要鞭炮不停，火龙就会不

■ 舞龙表演

灯笼 又名"彩灯"或"花灯"，是中国传统农业时代的文化产物，兼具生活功能与艺术特色，是汉民族民间文化的瑰宝。花灯起源自汉武帝设坛祭祀太一神时，彻夜点灯照明，此为元宵节点灯的开端。元宵节是中国传统的灯节，各式花灯鲜艳夺目。

停地舞下去。

第二天的白天可以看到带着一身伤口的年轻人，他们用红色的药草敷在伤口上，而在他们的脸上却呈现出一副自豪的神情。据说，谁脸上的药草敷得越多，来年的生活就越红火，运气越旺。

灯笼龙又叫"灯龙"，此种龙大都盛行在土家族聚居的集镇，一般在农历正月初三出灯，十五结束。灯龙由九节组成，意为老龙被斩为九段。龙头用竹条扎成架子，糊上白色清明纸，涂上各种颜色，形态逼真，有角、有嘴、有眼、有须。

龙身各节用细篾扎成圆筒形，外糊清明纸。龙尾亦用细篾扎成鱼尾形，用红布带将龙头、龙身、龙尾连接起来，并在龙头、龙身、龙尾各节内点一蜡烛灯，似为灯笼。

舞灯龙时非常热闹，前有2至4对排灯开道，标明此灯龙是哪个村寨或街道的巨龙，排灯后还有鱼、虾、蚌壳和灯笼等，在锣鼓、号角声中晃头摆尾，畅游各街头巷尾。

玩灯龙的动作有"黄龙下海""金龙抱柱""二龙

抢宝""老龙翻身""金龙过海"等。灯龙所到之处，鞭炮不断，烟花弥漫，围观者水泄不通。

有的人家为了迎接灯龙进屋，门前排列着大花筒鞭炮36对，鞭炮数万响，望胆大者进院一试。灯龙进入院内，四周门外的花筒炮、鞭炮腾空爆炸，烟花四起。此时，除灯龙各节有灯光外，其他灯光全熄。灯龙在鞭炮与焰火余光中飞舞，十分壮观。

舞灯龙者，大多赤膊绑腿，与巨龙翻腾融为一体。灯不熄，龙不停，鞭炮不断。一旦灯龙口中喷水，主人便拉着龙须挂彩披红，用上等佳肴款待舞龙队伍。

如果舞龙者胆小，怕烟花、鞭炮，到门前没龙抬头敬礼则退场的话，就得不到主人的彩绸，品尝不到上等佳肴。所以，舞灯龙者，都是眼快手快舞技高强的能手。灯龙进院，尽管焰火横飞，都烧不着龙身和人体。舞技不强者，也有舞着巨龙进院，光着竹圈出院的情形。

灯龙玩到农历正月十五日结束，从正月十三至十五是烧龙日。烧

▶舞龙表演

■ 舞龙表演

天条 在中国神话传说中，所有的神仙都要服从玉皇大帝和王母娘娘的掌管。天条就是玉皇大帝和王母娘娘为了维护天庭的秩序而定下的规矩和教条，违反了天条的神仙就会受到惩罚。

龙，是在溪河边或有水的沟边进行。烧龙时，把龙放在地上，众人把事先准备的花筒炮、烟花和鞭炮等火花直对龙身喷去。待龙燃烧完后，众人喊声连天，尽兴跳跃一阵，将灯龙残骸送入水中，浇水冲去，意为送龙归海。

板凳龙也是一种舞龙运动，相传源于汉代，由"舞龙求雨"的宗教活动演变而来。

相传，在很久以前，遇上了大旱，东海的一条水龙不顾一切跃出水面，下了一场大雨，但水龙由于违反了天条，被剁成一段一段扔向人间。

人们把龙体放在板凳上，并把它连接起来，人们称之为"板凳龙"。人们不分昼夜地奔走相告，希望它能活下来，舞板凳龙的习俗也由此产生。

龙舞还有干龙和湿龙之分，干龙多为娱乐，湿龙则为求雨。龙到之处，百姓必泼热水助威，舞者被烫得哇哇大叫，一身透湿。谁的叫声越高，谁家就越喜庆。

板凳龙有多种多式样的耍法，其中有独凳龙。一条家用普通花条板凳饰以彩龙，可由2至3人舞。一人玩时，两手分别执前后腿。两人玩时，一人执前两腿，另一人执后两腿。三人玩时，前两人各以侧手执一腿，后一人双手执两腿。舞动时按照规定套路，和着鼓点，有规律、有节奏地舞出各种花样。

还有多凳龙，每人各举一凳。前一名示龙头，最后一名示龙尾，其余为龙身。另由两人举宝珠逗引龙行进，数人协调行动，节节相随，时起时落，穿来摆去。

有时，一条龙从头到尾，要用80多条板凳相连，板凳与板凳之间用一木棍相连，每一根木棍有一人拿着，每条板凳上都扎着花灯以替代龙体，花灯上都画了自己喜欢的花、草、树、鸟等图案。

由于每只花灯都按自己的喜好所画，为此80多只花灯的图案竟各不相同，甚至五六条龙走在一起也找不出相同的图案。

到了夜晚，花灯内点燃烛光，形成一条长长的灯龙。有篾扎板凳龙，即用竹篾扎成龙形置于板凳之上，以木脚示龙爪，造型逼真。

耍板凳龙又分两种舞式，一为独凳龙，一为九节龙，即由9张板凳相接。耍独凳龙时，将板凳翻过来四脚朝天，一人出右手一人出左手

■民间舞龙表演

合抓一头，第三人双手抓住另一头的两只脚。

耍起来时，要求头尾相顾，配合协调。当头高时尾要随低，头向左尾则随向右摆。头往上引，耍尾者松手换位。舞龙尾的角色必须由步法灵、速度快、眼力好的角色担任。舞龙头的两人要求身高一致。

耍九节龙，由9条长凳组成，第一节为龙头，第九节为龙尾，其余为龙身。龙头在耍宝人的带领下，时起时落，穿来拐去，活像出水蛟龙。整条龙要求配合默契，节节相随。

板凳龙动作有"二龙抢宝""黄龙穿花""二龙戏水""金蝉脱壳""黄龙盘身"等。

板凳龙中，较为有名的一个分支是江苏兴化沙沟的民间板凳龙。沙沟板凳龙源自明末清初的东岳庙会，已有300多年的历史。

总之，各地舞龙习俗形式多样，内容丰富，通过舞龙来祈求神龙，以保风调雨顺、五谷丰登，已经成为华夏民族的传统。

寓意吉祥的传统物品

阅读链接

香港中秋舞火龙的起源有一段传说：很早以前，大坑区在一次风灾袭击后，出现了一条蟒蛇，四处作恶，村民们四出搜捕，终于把它击毙。不料次日蟒蛇不翼而飞。数天后，大坑便发生瘟疫。这时，村中父老忽获菩萨托梦，说是只要在中秋佳节舞动火龙，便可将瘟疫驱除。事有巧合，此举竟然奏效。从此，舞火龙就流传了下来。

在香港，中秋节舞火龙已有100多年的历史，这是值得珍视的。大坑区的舞火龙活动规模颇大，除总教练、教练、总指挥及指挥外，还有安全组，等等。轮番舞龙者达3万多人。

舞龙种类的发展与演变

舞龙是一种大型的团体性的习俗活动。在长期的发展演变中，舞龙也形成了许多不同的样式，主要有龙灯、布龙等。

龙灯也称"火龙"，这是流行最为广泛的一种龙舞。这种龙由篾竹扎成龙首、龙身、龙尾，上面糊纸，再画上色彩。

节日中点燃蜡烛，有的地方不点蜡烛，而是用桐油、棉纱或灯草做成的油捻。这种油捻燃烧很持久，龙灯舞动时五光十色，始终不会熄灭。

龙身有许多节，节数

舞龙表演

■ 舞龙表演

可多可少，但必须是单数。下面装有供舞者手持的木柄，龙前还有一人手举红色绸珠指挥舞龙。

如广东阳江的"鲤鱼化龙"，灵活奇巧，善于变幻，舞龙手身着可开可合的鲤鱼皮，观众起先看到的是一条条戏水之鱼，可随着明快的乐曲突然一变，鱼儿成龙，然后一条口中喷火的鲤鱼跃过龙身，象征鲤鱼跳龙门之意。

有的地方闹元宵，各路龙灯汇集竟达百余条，队伍长达一两千米。每条龙灯还伴有十番锣鼓，声闻十里，甚为壮观。

舞龙灯是瑶族人民逢年过节时跳的舞蹈，以祈求风调雨顺，人寿年丰。尤其大旱之年，更要组织举行盛大舞龙灯活动，盼望天降甘露，以保好收成。

出于对龙的崇拜和信仰，舞龙灯一直在瑶族人民的心目中占有重要的位置。所以，舞龙灯在瑶寨广泛流传，经久不衰。

瑶族民间曾有这样一段传说：在很久以前，瑶民世代在高山峻岭的山坡地开荒，刀耕火种，种出了各种作物。但经常受到毒虫、野兽的糟蹋损害，甚至连人们的生命也受到极大的威胁。

龙宫大帝为了给人间消灾除害，于是化身成一条

瑶族 中国一个古老的少数民族，主要居住在山区，自称"勉""金门""布努""炳多优""黑尤蒙""拉珈"等。瑶族有自己的语言，通用汉文。瑶族人的长寿、美容与医术有极高造诣水准，少数山区的极少部分瑶民还擅长茅山巫术。

色彩斑斓的巨龙，在山岭上空翻滚游动，浓雾滚滚，并放射出五颜六色的光芒，发出隆隆的巨大响声，久久地在山间回荡着。

从此之后，害虫、野兽再也没有出现，年年获得好收成，人们过着安居乐业的生活。人们为了感谢龙宫大帝的恩德，就用篾扎纸糊成一节节的龙灯，点燃灯火，举着龙灯欢快地起舞。此习俗一直流传至今。

每次举行舞龙灯时，首先要举行请龙仪式：众人举着已扎制好的龙灯，一齐到溪、河边，面对河流，洒酒点烛、烧香化纸后，再到土地神位处，点烛、烧香化纸，拜求土地神灵允许舞龙灯。然后，才开始串村过寨，从年初一开始，至元宵节通宵达旦地进行表演活动。

舞龙灯活动结束前，要举行送龙仪式：由舞龙者举着龙灯又回到河边，面对河水，洒酒点烛，烧香化纸，同时将龙灯点燃烧掉，以示送龙归海。

龙灯由龙珠灯1个、龙头灯1个、龙身灯7至9个、龙尾灯1个组成，另加鱼灯2个，牌灯4个，共18人组成龙队。每人手举1个灯，按次序排列。

龙珠灯在前引龙，龙头灯随着龙珠灯的晃动方向追逐；龙身灯一个接一个跟随着龙头灯走动和左右、上下晃动；龙尾灯紧跟在最后，不断地摆动；2个鱼灯随着龙的滚动，在两旁衬托配合自由地游动；4个牌灯分别在表演场地的边沿4个方位站立，不参与舞动。

舞龙表演

■ 舞龙表演

　　龙灯表演时，根据场地的条件，每套动作可舞两个方位，多数是按顺时针或逆时针方向转动做完一套动作后，便可以接着舞第二套动作，直至舞完为止。

　　舞龙灯以鼓、钹、京锣、云锣等乐器伴奏，有时也可加入一支或两支唢呐，跟着鼓点吹奏一些瑶族的曲调。在表演中，按舞龙动作的舞动状况，默契配合，最后进入高潮。

　　龙灯的制作精致，用篾扎成形，表面再用各色纸糊贴出一些瑶族花边、花纹图案。每个龙珠、龙身灯，都制扎有8个风耳，舞动起来能自行转动，灵活、轻巧。每个灯内还可以点燃灯火，夜间舞动时，龙灯迎风转动，人走灯移，五彩缤纷，宛如游龙，别具特色。

　　布龙也称"彩龙"。制作布龙，工艺复杂，要掌握编、插、织、嵌、镶、缠、挂、剔等10多种技巧，共有200多道工序，所需的材料达100多种。

制骨架的竹片、竹篾，要选择不易虫蛀的毛竹，制作龙衣的布料，要选择质地最牢固的，用以印染龙鳞等的染料，也要买最上乘的产品。

布龙能否制作得传神、逼真，很大部分体现在龙头，龙头是布龙制作的关键部位。从编扎龙头骨架，到制作龙角、耳朵、眼睛、牙齿、舌头，道道工艺，要十分尽心才行。

舞布龙主要在白天表演，节日中不点燃蜡烛，所以表演时腾飞欢跃，好似江海波翻浪涌，气势非凡雄伟，别具一格。舞龙时，顺势连贯表现巨龙盘旋欢腾，动作非常复杂。

舞布龙主要分形、舞、曲三部分。形，以彩色布为主要原料，配以竹、木等辅助材料，制成逼真，威武雄壮的布龙。

舞龙队员运用滚、翻、伸、跳等全身动作，舞出龙腾云驾雾、翻江倒海的动态，展示出龙灵活、气吞山河、搏击长空的雄姿，反映了人类勇敢拼搏的豪迈气概。

曲，有龙歌和伴奏音乐。节奏运用或缓慢，或激越，或如夜雨定叶，或如微风摇曳。描绘出龙由静到动，由开始、高潮，到结尾全过程。

■ 舞龙表演

■ 舞龙表演

奉化布龙因起源于奉化而得名，是全国很有影响的代表性龙舞之一。奉化布龙由敬神、请神、娱神，逐步演变成为富有特色的民间舞蹈，其舞姿优美、风格独特，具有强烈的艺术感染力，已有800多年的历史，是中华民族的古典舞。

奉化山川秀丽，有很多山涧渊潭。旧时，人们把这些深潭视为龙的隐身之处，称为"龙潭"。又把生长于潭中的蛇、鳗、蛙等水生动物视为龙的化身，尊称为"龙王"。

每当干旱，田地龟裂，禾苗枯萎之时，农民们就敲锣打鼓，成群结队去龙潭祈祷，向龙王求雨，待到旱情解除，又把它送回原潭，这成了定规。奉化的龙舞，到了清末，已经形成了一套固有的程式，以后更有发展，队伍也有扩大。

舞得活、舞得圆、神态真、套路多、速度快，是奉化布龙的主要艺术特征。奉化布龙的舞姿变化多端，整个舞蹈动作有盘、滚、游、翻、跳、戏等40多个套路和小游龙、大游龙、龙钻尾3个过渡动作。

具体舞蹈动作有盘龙、龙抓身、挨背龙、龙搁脚、左右跳、套头龙、龙脱壳、龙翻身、双节龙、背摇船、圆跳龙、满天龙、游龙跳、靠足快龙、弓背龙、龙戏尾、龙出首、快游龙、直伸龙、快跳龙、滚沙龙、大游龙、小游龙和龙钻尾等。

其中，许多不同的跳跃动作和躺在地上滚舞的技巧，都是民间艺人通过丰富的想象力创造出来的，并在实践中不断充实、提高和完善。

舞者速度快，调动的幅度也相当大，技艺娴熟，动作干净利落，灵活敏捷，所有的舞蹈动作都在龙的游动中进行，舞动时做到"人紧龙也圆，龙飞人亦舞""形变龙不停，龙走套路生"。舞得狂，舞得活，龙身圆，形态神。

动作间的衔接和递进十分紧凑，再加以热烈而奔放的锣鼓，只见龙在飞腾，人在翻舞，龙身迎风，呼呼有声，煞似蛟龙出海，令人屏息凝神，目不暇接，确有一种翻江倒海的磅礴气势。

奉化布龙以竹篾制成骨架，又用布料做龙面、龙肚，故名"布龙"。奉化布龙在形制上有9节、12节、18节、24节、27节不等，一人持一节。龙身既有龙面布，也有龙肚布，外观优美。

■ 舞龙表演

舞龙表演

　　12节以上的布龙制作得粗大结实，各节可以点燃红烛，夜间起舞时，五彩斑斓，犹如真龙凌空飞舞。但形体庞大，演出场所受限，唯有九节龙由于节数适中，形象矫健，舞动起来，显得灵活矫健，不择场地。在院子、厅堂随处可舞，深受群众欢迎。

　　舞龙作为一种民间艺术，是民俗文化的重要组成部分。通过龙文化的艺术展现，增强了中华文化的历史厚重感和民族的凝聚力。

　　中国的龙文化起源于上古农业社会的龙崇拜。龙在古人的原始信仰里是主水主雨之神。在传统观念里，舞龙可祈求龙王爷保佑当地风调雨顺。

　　舞龙最早是祈雨祭祀仪式的一部分。从上古到近代的很长历史时期，舞龙活动都含有对龙这个司雨大神的崇拜与信仰。

　　舞龙活动中的祈雨意味已经淡薄或消失，但在一些地方仍然保存着这种古老的观念，还存有送龙到江河的习俗。

　　在舞龙表演结束之后，对舞过的龙如何处置，各地有不同的习俗。有的地方把龙存放到庙中，下次舞龙之前举行仪式——"请龙"。

　　有的把龙头保存起来，把龙身烧掉。有的把龙全部烧掉，称为

"化龙"，再把灰烬倒入河流，让龙顺流回到大海。人们认为这样做，可使龙回到龙宫后，保佑这一带风调雨顺。

中国传统文化关于龙的观念是多重的，龙不仅是司雨、司水之神、华夏图腾，还是英勇、权威、尊贵的象征。在民间信仰里，舞龙除了能祈求风调雨顺，还能起到一般意义上的祈福辟邪的作用。在中国有些地方，人们甚至相信舞龙请灯可祈求生"龙子"添"龙丁"。

由于"灯"与"丁"谐音，中国很繁盛的灯俗里含有添丁求子的吉祥意义。而龙是权威、尊贵的神物，耍龙灯更含有祈求生"龙子"的意义。

在湖南、湖北一些地方，在龙灯舞到自家门前时，求子的妇女，就给耍龙灯的人交上钱物，请龙环绕自己的身体走几圈，有的还让一个小男孩骑上龙背，绕着厅堂转一圈，以求"真龙送子"。

安徽佟县流行中秋节小儿舞草龙，有孩子的人家都愿意让娃娃们出来舞一舞，没有孩子的人家找机会用新灯烛去换插在龙头上的灯烛，据说这样做便能得"龙子"。

浙江东阳、金华、贵州桐梓等地的龙灯会，流行"分子息"，即舞完龙灯会分灯或分糖果礼物；"挂红"，即村主或族长给龙头上披

舞龙表演

挂红绸被面；"抢红"，即谁家将此被面抢购到手，谁家就子孙兴旺。

"产龙蛋"，即舞龙者进屋后，将两个红鸡蛋送给主人，让主人放到被窝里；"放圆宝"，即将逗耍龙灯的"圆宝"在家中存放一年，来年灯会前奉还等习俗。

这些习俗虽带有迷信色彩，却反映了自古以来中国民间对龙文化的传承，体现了一种独具特色的民族心理的延续，以及一种超越时空的文化穿透力。

龙是中华民族的象征，每一个炎黄子孙都是龙的传人。人们在舞龙和观赏舞龙的活动中，增强了对龙的传人的认同意识和对民族文化的自豪感。

龙以其生动、神奇、威武的艺术形象，刚毅、强悍的品行特征，无所畏惧、勇往直前的奋进精神，成为中华民族奋发图强、坚毅拼搏的精神写照和独特标志。从舞龙活动诞生的那一天起，就体现了中华民族追求人与自然沟通和统一的宝贵精神，成为我们今天必须珍惜和吸取的思想财富。

阅读链接

在漳州城西南的郊外，有一座美丽的圆山，山下有一条滚滚东流的大江，相传江里住着9条美丽而又善良的金龙。小金龙们常在江里游泳、玩耍。人们就把这条江叫作"九龙江"。

有一天，天气晴朗，那9条小金龙正在大江里戏水玩乐，突然间，狂风大作，黑云滚滚，巨浪滔天，不知从哪里蹿来了一条恶龙，张牙舞爪地扑向小金龙们，好像一口就要把它们全部吞下去的样子。最后，机灵的小金龙们战胜了恶龙。在它们与恶龙战斗的地方，有两朵非常美丽的奇花，大家都不知道它的名字，因为它生长在水里，就把它叫作"水仙花"。

凤凰传说

凤凰，亦称为"丹鸟""火鸟""鹍鸡""威凤"等。凤凰是中国古代传说中的"百鸟之王"，与龙同为汉民族图腾，常用来象征祥瑞。凤凰的起源约在新石器时代，原始社会彩陶上的很多鸟纹是凤凰的雏形。中国发现的最早的凤凰图已有约7400年的历史。

龙与凤都是中国神话传说中的动物，也都是备受人们喜爱的祥瑞之兽。自古以来，中国流传着很多关于龙和凤的神话，古籍中也满是赞颂它们的诗文，君王们更是将这两种神兽视为天下太平、繁荣盛世的预兆。

代表和平与希望的凤凰

　　凤凰也叫作"丹鸟""火鸟""鹍鸡""威凤"等，是中国古代传说中的"百鸟之王"。凤凰与麒麟一样是雌雄统称，雄为凤，雌为凰，总称为"凤凰"，常用来象征祥瑞。

　　凤凰是传说中的神鸟，有着一身无与伦比、光辉灿烂的羽毛。凤

■ 凤凰剪纸

凰一般在太平盛世才会出现，因此常常有帝王将是否出现凤凰当成上天是否认为自己是圣贤之君的证明。

据中国最早的一部解释词义的专著《尔雅·释鸟》的注解，凤凰的特征是：

鸡头、燕颔、蛇颈、龟背、鱼尾、五彩色，高六尺许。

先秦重要典籍《山海经·图赞》中说，凤凰身上有5种像字纹一样的图案：

■ 剪纸丹凤朝阳

首文曰德，翼文曰顺，背文曰义，腹文曰信，膺文曰仁。

凤凰性格高洁，非晨露不饮，非嫩竹不食，非千年梧桐不栖，其种类繁多，不同的种类其象征意义也不同。传说中凤凰共有五类，分别是赤色的朱雀、青色的青鸾、黄色的鹓鶵、白色的鸿鹄和紫色的鸑鷟。

凤凰也叫"不死鸟"。这是因为神话中说，凤凰每次死后，会周身燃起大火，然后其在烈火中获得重生，并获得较之以前更强大的生命力，称之为"凤凰涅槃"。如此周而复始，凤凰获得了永生。

凤凰不仅能够死后再生，相传也能知天下之治乱

麒麟 是中国古籍中记载的一种动物，与凤、龟、龙共称为"四灵"，据说是神的坐骑。中国古人把麒麟当作仁兽和瑞兽。雄性称麒，雌性称麟，是一种吉祥的神兽，主宰太平和长寿。因为有深厚的文化内涵，中国传统民俗礼仪中，被制成各种饰物和摆件用于佩戴和安置家中，有祈福和安佑的用意。

■ 凤凰枕片

兴衰，是中国历史上王道仁政的最好体现，是乱世兴衰的晴雨表。古人曾分出5个等级，以凤凰的5种行止标志政治上的清明程度。于是历代帝王都把"凤鸣朝阳"和"百鸟朝凤"当成盛世的象征。

中国的"五帝"之首黄帝也期盼过凤凰的出现。中国杂编古籍《韩诗外传》记载说：

黄帝即位施惠。承天一道，修德，唯仁是纡，宇内和平，未见凤皇。唯思其象，凤昧晨兴，乃招天老而问之曰："凤象如何？"

《韩诗外传》

西汉学者、"韩诗学"的创始人韩婴著。是一部由360条逸事、道德说教、伦理规范以及实际忠告等不同内容的杂编，一般每条都以一句恰当的《诗经》引文作结论，以支持政事或论辩中的观点。它对《诗经》既不是注释，也不是阐发，是实际运用《诗经》的示范性著作。

天老是黄帝的辅臣，相传他见多识广，熟悉各种祥瑞之物。于是，他为黄帝描述出的凤凰，也就成了后人对凤凰的最初的印象：

夫凤之象，鸿前，麟后，蛇颈而鱼尾，龙纹而龟身。燕颔而鸡喙。

天老不但描绘了凤凰的长相，还告诉了黄帝凤凰送来祥瑞的5种现象。黄帝马上反省了自己："原来是这样！以我的所作所为，怎么配得上凤凰出现呢！"于是，黄帝便穿上黄袍，戴黄色冠冕，祈求凤凰的到来。

没多久，凤凰便遮天蔽日飞来。黄帝叩头再拜，说："皇天降祉，不敢不承命。"凤凰便栖于黄帝宫殿东园的梧桐树上，以竹为食。

其实，黄帝见到凤凰的传说在河图洛书之前就有。据说有一天，黄帝正在洛水上与大臣们观赏风景，忽然见到一只大鸟衔图放到他面前，黄帝连忙拜受下来。再看那鸟，形状似鹤，鸡头，燕嘴，蛇颈，龙形，骈翼，鱼尾，五色俱备。图中之字是"慎德，仁义，仁智"六个字。

冠冕 汉服中冕服里的冠式，也是中国古代最重要的冠式，始于周代，也称"旒冠"，俗称"平天冠"。与冕服、赤舄、佩绶等同时在祭祀等大典时穿用，是帝王、王公、卿大夫在参加祭典等典礼活动时所戴的等级最高的礼冠。

■ 凤凰琉璃摆件

凤凰画像砖

寓意吉祥的传统物品

黄帝从来不曾见过这种鸟，便去问天老。天老告诉他说，这种鸟雄的叫凤，雌的叫凰。早晨叫是登晨，白天叫是上祥，傍晚鸣叫是归昌，夜里鸣叫是保长。凤凰一出，表明天下安宁，是大祥的征兆。

与《韩诗外传》记载相近的，亦有相传。轩辕黄帝统一了三大部落，七十二个小部落，建立起世界上第一个有共主的国家。黄帝打算制定一个统一的图腾。在原来各大小部落使用过的图腾基础上，创造了一个新的图腾，这就是龙。

龙的图腾组成后，还剩下一些部落的图腾没有用上，这又如何是好呢？黄帝的妻子嫘祖是一位绝顶聪明的女人，嫘祖受到黄帝制定的新图腾的启示后，她就把剩余下来各部落的图腾，经过精心挑选，也仿照黄帝制定龙的图腾的方法：孔雀头，天鹅身，金鸡翅，金山鸡羽毛，金色雀颜色，组成了一对漂亮华丽的大鸟。

甲骨文 又称"契文""甲骨卜辞"或"龟甲兽骨文"，主要指中国商朝后期时，王室用于占卜记事而在龟甲或兽骨上刻的文字。甲骨文是中国已知最早的成体系的文字形式，它上承原始刻绘符号，下启青铜铭文，是汉字发展的关键形态。

造字的仓颉替这两只大鸟取名叫 "凤" 和 "凰"。凤，代表雄，凰，代表雌，连起来就叫"凤凰"。这就是"凤凰"的来历。

中国文化对凤凰的崇敬从文字演变上也可以看出来。在甲骨文中，"凤"与"风"两字是同一个字，其字形是一只头顶"辛"形符号的飞鸟。

中国古代时的东夷族落崇拜鸟，舜帝时期就以鸟为官名。但这个"鸟"的实质指的是与雨水有关的风，也就是风。尽管不一定有风就有雨，但云雨必须依靠风来行走天下，风是输送云雨的自然力量，因此同样会被渴望雨水的古人所崇拜。

由于风没有具体形象，无从刻画其形状，聪明的古人便借用飞鸟的形象来描述风。自然中的"风"与鸟类的"凤"有4点相似之处：

其一，鸟善鸣，凤也善鸣，风是许多自然界里声音的创造者；其二，风与鸟都是会移动的；其三，有些鸟为候鸟，季节性迁徙，风也有季节性；其四，鸟生活在草木茂盛的地方，突然飞起，转眼消失，风也是来无影去无踪。

所以，甲骨文"凤"和

东夷族 中原人们对东方民族的泛称，非特定的一个民族，所指代的概念随着中原王朝疆域的变化而屡屡变化。夷又有诸夷、四夷、东夷、西夷、南夷、九夷等称。随着东夷与华夏的融合，汉朝之后，东夷后来变成对东方国家的泛称。

百鸟之王

凤凰传说

■ 凤凰雕塑

寓意吉祥的传统物品

凤凰雕刻

"凤"字表示这样一个概念：其一，它供天驱使；其二，它的声音是拂过耳旁的风声；其三，它的形象类似于飞鸟，来去无踪；其四，它的功能是接受天的旨意行云布雨。

风既有柔顺的一面，也有威猛的一面，柔则清凉拂面，怒则飞沙走石、毁屋折树，而凤凰作为百鸟之王，可以象征祥瑞，也是上天旨意的传达者，同样值得敬畏。

由于凤凰是百鸟之王，因此常常也被用来象征女性中的杰出人物。中国唯一的女皇武则天，相传在她出生之后，曾有条乌龙摇头摆尾地向西山飞去；几乎是同时，一只凤凰也伴着彩霞飞来，在东山顶上长鸣一声，然后向北方飞去。这叫"龙凤呈祥"，是出贵人的预兆。

四川广元城中的凤凰山上坐落着一座凤凰楼，高42米，楼阁14层，与凤凰山连成一个整体，远看形似一只凤凰回首。到夜间，楼阁上彩灯通明，又恰似一只闪闪发光的金凤凰，被誉为"川北第一楼""川北明楼"。

这座凤凰楼也与女皇武则天有关。据说，624年

都督 中国古代军事长官的官职。最初都督负责主管监督军队，后来发展成为地方军事长官，又发展成为中央军事长官。大都督是一品官，不常置，属加官。加此官者，代表着持有天子威权的黄钺的高级将领。

武则天出生时，有一只凤凰绕房一周，然后向北方飞去。武则天的父亲当时是利州都督，马上将东山更名为凤凰山。

武则天在14岁时被唐太宗选入宫为才人，因此凤凰楼只修了14层，而且凤头回望南方，象征武则天想念家乡。唐高宗继位，武则天执掌朝政42年，因此这座凤凰楼高42米。

凤凰展翅剪纸

凤凰楼的风格既古朴典雅，又富丽华贵。它远眺恰似凤羽，色泽金黄光亮。楼内梯步呈方形，盘旋而上，直至楼顶。楼层分南北错落各半，因此，从楼里下部仰视，凤凰楼则是25层。

从外面看，那自上而下逐渐由北而南翘起的檐角，形成既往北飞、又回首南望的美姿，给人以灵动飘逸的感觉。象征着武则天虽北入唐宫，却又难舍故乡蜀地之意，是造型独特、宏伟壮观的天下名楼。

阅读链接

很久很久以前，在西湖南边的一座山脚下面，住着一个叫秋姑的女孩儿。有一年大年三十，鹅毛大雪漫天飞舞，北风呼啦啦地吼得怕人。风雪里来了个求乞的老婆婆，在她家宿了一夜。

第二天，老婆婆拿出一块白绫送给秋姑，说："把这块白绫绣起来吧。"秋姑接过来一看，只见那白绫上淡淡地描着一只凤凰。到了晚上，秋姑半夜醒来，见屋子里一片金光，仔细一看，那凤凰从图上下来了。从此，秋姑的生活就好起来了，也留下了"凤凰送福"的传说。

《凤求凰》的美好姻缘

由于凤凰也是雌雄统称，雄为凤，雌为凰，因此也就有了以凤凰来比喻恩爱夫妻的典故。在这些典故之中，最负盛名的就是司马相如为卓文君弹奏的那一曲辞赋《凤求凰》了。

■ 凤凰雕刻

司马相如原是汉景帝的弟弟梁孝王刘武的门客。在梁孝王死后，司马相如就回到老家成都，可是家境贫困，无以为生。他一向跟临邛县令王吉很有交情，便到临邛县去做客，受到王吉的礼遇。

王吉告诉司马相如说，临邛当地有位富人，名叫卓王孙，他有个女儿卓文君，生得聪明无比，美貌无双，如今在娘家守寡，与司马相如是天生的一双。司马相如听了，不好意思地摇了摇头。王吉却不以为然，他认为事在人为。

■ 凤凰图石雕

后来，卓王孙听说司马相如是有名的文人，也是县令的好友，就宴请了他，并顺便发了100多张请帖，邀请了很多县中的官员与有名望的人。于是，司马相如就带上自己从不离身的珍爱之物绿绮去了。

这个绿绮是中国的四大名琴之一，是别人转赠给司马相如的礼物。司马相如原本家境贫寒，家徒四壁，但他的诗赋极有名气。梁王慕名请他作赋，相如写了一篇《如玉赋》相赠。

这篇《如玉赋》辞藻瑰丽，气韵非凡，梁王极为高兴，就以自己收藏的绿绮琴回赠。这张绿绮是传世名琴，琴内有铭文曰："桐梓合精。"

司马相如得绿绮后，如获至宝。他精湛的琴艺配

门客 中国古代贵族的私人军师和谋士，也是贵族地位和财富的象征，起源于春秋时期。门客按其作用不同可以分为若干级，最低级只到温饱的程度，最高级别的门客则食有鱼，出有车。门客主要作为主人的保镖而发挥其作用，必要的时候也可以成为雇主的私人武装。

寓意吉祥的传统物品

凤求凰雕塑

古琴 也称"瑶琴""玉琴""七弦琴",是中国最古老的弹拨乐器之一。古琴有文字可考的历史有4000余年。古琴造型优美,常见的为伏羲式、仲尼式、连珠式、落霞式、灵机式、蕉叶式、神农式等。古代的名琴有绿绮、焦尾、春雷、冰清、大圣遗音、九霄环佩等。

上绿绮绝妙的音色,使绿绮琴名噪一时。后来,绿绮就成了古琴的别称。

宴会开始,卓王孙带领众宾客向司马相如敬酒,少不了说了许多奉承话。

正在大家喝得高兴的时候,王吉向大家介绍说:"相如先生是当今第一名流,不仅文章写得好,而且琴也弹得很好。今天有嘉宾美酒,何不请相如先生弹奏一曲呢?"众人听了,齐声叫好。

司马相如推辞了一番,便弹奏起来。他先弹了一支短曲,后来看到竹帘后面有一个影影绰绰穿白衣服的女子在听琴,知道是卓文君。

原来,卓王孙的女儿卓文君听说司马相如来做客,早就想见识一下这位大才子。她本来就喜爱音乐,听到琴声,就偷偷地躲在帘子后面看。

司马相如施展自己高超的琴技,弹起了一曲《凤求凰》，通过琴声，向卓文君表达了自己爱慕的心情，正像曲中的唱词所言：

有一美人兮，见之不忘。

一日不见兮，思之如狂。

凤飞翱翔兮，四海求凰。

无奈佳人兮，不在东墙。

将琴代语兮，聊写衷肠。

愿言配德兮，携手相将。

何日见许兮，慰我彷徨。

不得于飞兮，使我沦亡。

这一首唱词表达了相如对文君的无限倾慕和热烈追求的情感。白话文的意思是：

有位俊秀的女子啊，我见了她的容貌，就此难以忘怀。一日不见她，心中牵念得像是要发狂一般。

我就像那在空中回旋高飞的凤鸟，在天下各处寻觅着凰鸟。可惜那美人啊不在东墙邻近。

我以琴声替代心中情语，姑且描写我内心的情意。何时能允诺婚事，慰藉我往返徘徊，不知如何是好的心情？

希望我的德行可以与你相

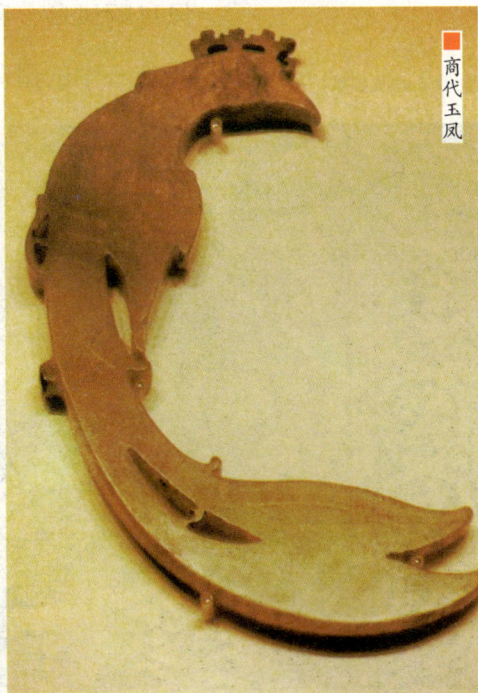

商代玉凤

配，携手同在一起。如果无法与你比翼偕飞，百年好合，这样的伤情结果会令我沦陷于情愁而欲丧亡。

司马相如接着弹奏吟唱：

> 凤兮凤兮归故乡，遨游四海求其凰。
> 时未遇兮无所将，何悟今兮升斯堂！
> 有艳淑女在闺房，室迩人遐毒我肠。
> 何缘交颈为鸳鸯，胡颉颃兮共翱翔！
> 凰兮凰兮从我栖，得托孳尾永为妃。
> 交情通意心和谐，中夜相从知者谁？
> 双翼俱起翻高飞，无感我思使余悲。

这一首写得更为大胆炽烈，暗约文君半夜幽会，并一起私奔。白话文的意思是：

凤鸟啊凤鸟，回到了家乡。行踪无定，游览天下只为寻求心中的凰鸟。未遇凰鸟时啊，不知所往。怎

■ 双凤麒麟石雕

能悟解今日登门后心中所感？

有位美丽而娴雅贞静的女子在她的居室。居处虽近，这美丽女子却离我很远。对她的思念之情正残虐着我的心肠。如何能够得此良缘，结为夫妇，做那恩爱的交颈鸳鸯？但愿我这凤鸟，能与你这凰鸟一同双飞，天际游翔。

凰鸟啊凰鸟，愿你与我起居相依，形影不离，哺育生子，永远做我的配偶，情投意合，两心和睦谐顺。半夜里与我互相追随，又有谁会知晓？展开双翼远走高飞，徒然为你感念相思而使我悲伤。

《凤求凰》全诗言浅意深，音节流亮，感情热烈奔放而又深挚缠绵，融《楚辞》"骚体"的旖旎绵邈和汉代民歌的清新明快于一体。以"凤求凰"为通体比兴，不仅包含了热烈的追求，而且也象征着男女主人公理想的非凡，旨趣的高尚，知音的默契等丰富的意蕴。

司马相如的这一曲《凤求凰》弹奏完毕以后，宾客们无不拍案叫绝，而深懂琴理的卓文君也听出了琴声中的意思，不由得为他的气派、风度和才情所吸引，也产生了敬慕之情。宴毕，司马相如又通过文君的侍婢向她转达心意，通过仆人送给卓文君一封求爱信。

卓文君不愧是一个奇女子，她接到求爱信后激

■ 精美木雕

司马相如（前179—前118），西汉大辞赋家，杰出的政治家。他是中国文化史，文学史上杰出的代表。工辞赋，其代表作品为《子虚赋》。作品辞藻富丽，结构宏大，使他成为汉赋的代表作家，后人称之为"赋圣"和"辞宗"。他与卓文君的爱情故事也广为流传。

出土瓷器五彩凤凰牡丹纹器盖

寓意吉祥的传统物品

动不已，但她知道父亲不会同意这门亲事，就在一天晚上偷偷地跑出来，投奔了司马相如。两人连夜乘车回到司马相如的家乡成都。

二人回到成都之后，面对家徒四壁的境地，大大方方地回临邛老家开酒肆，自己当垆卖酒，终于使得要面子的父亲承认了他们的爱情。

司马相如和卓文君这一段被人乐此不疲传颂的美好爱情，就成了后世人们追求爱情自由的典型代表。

阅读链接

传说在远古时代，百鸟都很敬重美丽的孔雀，奉它做百鸟之王。但孔雀骄傲起来，总是自以为是。

有一天，孔雀不小心把自己的羽毛烧着了，吓得到处跑，把火苗带到森林各处，引起大火。森林一起火，小动物赶紧放下正在做的事情都去救火，火很快被扑灭了，但是孔雀全身美丽的羽毛被烧得焦黑，凤鸟也因为救火被烧光了羽毛。为了表彰凤鸟救火的功劳，大家让凤鸟当森林的百鸟之王，并且每只鸟都将自己身上最漂亮的羽毛送给凤鸟，制作新的羽翼，凤鸟比以前更加漂亮了，改名为"凤凰"。

龙凤呈祥的起源与发展

　　凤和龙虽然都是祥瑞之物，但两者的形象和内涵却截然不同。龙令人感到威严而神秘，不可亲近，只可敬畏；凤象征着和美，安宁和幸福，乃至爱情，让人感到温馨、亲近、安全。

　　当龙和凤在一起时，就成了既威严又和美的象征，因此"龙凤呈祥"不仅在古代的皇家装饰上很受欢迎，也是中国最负盛名的传统吉祥

龙凤呈祥浮雕

磁州窑刻凤纹罐

秦穆公 嬴姓，名任好。东周春秋时代秦国国君。在位共39年，谥号穆。秦穆公在《史记》中被认定为春秋五霸之一。秦穆公非常重视人才，其任内获得了百里奚、蹇叔、由余、孟明视、西乞术、白乙丙等贤臣良将的辅佐，曾协助晋文公回到晋国夺取君位。

图案之一。关于这个吉祥纹饰的说法，是有来历的。

相传在春秋时代，东周秦国的国君秦穆公有个小女儿，生来爱玉，秦穆公便给她起名叫"弄玉"。弄玉生性自由浪漫，喜欢品笛弄笙，秦穆公疼爱她，便命工匠把西域进贡来的玉雕成笙送给她。自从有了玉笙，公主吹笙的技艺更加精湛。

弄玉长到十几岁时，已经是个姿容无双、聪敏绝顶的女孩了，秦穆公想招邻国的王子为婿，但弄玉不从，坚持对秦穆公说："如果对方不懂音律，不是善奏乐器的高手，我宁可不嫁！"秦穆公疼爱女儿，只好依从女儿。

一天夜里，公主倚栏赏月，用玉笙表达自己对爱情的神往。正吹得起劲，一阵袅袅的洞箫声和着公主笙乐响起。一连几夜，笙乐如龙音，箫声如凤鸣，合奏起来简直就是仙乐一般动听，整个秦宫都听得见，以至方圆百里。

秦穆公很好奇，向弄玉打听，公主说也不知道是谁在附和，只知道是从很远的地方传来的。秦穆公马上派出大将孟明寻找吹箫人。孟明一路走一路打听，一直找到华山脚下。

当地有一位樵夫告诉孟明说："我听说华山中峰

的明星崖隐居着一位少年，名叫箫史，他很会吹箫，箫声不仅动听，还能传到数百里之远呢。"孟明连忙到明星崖找到箫史，将他带回了秦宫。

当时正值中秋，秦穆公见箫史的箫也为美玉所制，非常高兴，便请来公主，两人一见钟情，便合奏起来。一曲不曾奏完，殿内画着的金龙、彩凤却都好像翩翩起舞起来，众人听得入痴，齐赞道："真是仙乐啊！"不久，弄玉和箫史就成婚了。

成婚之后，夫妻俩每日琴瑟和鸣，相敬如宾。箫史教弄玉用箫吹"凤鸣"，弄玉教箫史用笙吹"龙音"，学了有十几年后，他们真的把天上的凤引下来了，停在了他们的屋顶上。不久，一条龙也来到了他们的庭院里欣赏音乐。

这时，箫史感叹说："宫中的生活虽然富足，可我更怀念在华山幽静的生活啊！"弄玉笑着回答说："如果你已经厌弃了荣华富贵，我愿与你同去享山野清净！"说完，夫妻二人又合奏起来。

片刻之后，龙飞凤舞，天上祥云翻腾。弄玉乘上彩凤，箫史跨上金龙，一时间龙凤双飞，双双升空，龙凤呈祥而去！

笛　中国最具特色也是最古老的吹奏乐器之一。笛由一根竹管做成，里面掏空，外呈圆柱形，在管身上开有几个吹孔，靠吹气时操作吹孔而奏响。笛的音色清新又圆润，浑厚而柔和，共分为曲笛、梆笛、定调笛、玉屏笛、短笛和低音笛这六类。

■ 凤凰石刻

凤凰台

瓷器 中国是瓷器的故乡，瓷器的发明是中华民族对世界文明的伟大贡献。大约在公元前16世纪的商代中期，中国就出现了早期的瓷器。因为其无论在胎体上，还是在釉层的烧制工艺上都尚显粗糙，烧制温度也较低，表现出原始性和过渡性，所以一般称其为"原始瓷"。

后来，人们为了纪念弄玉和箫史的动人爱情故事，就用"龙凤呈祥"来形容夫妻间比翼双飞、恩爱相随、相濡以沫、百年好合的忠贞爱情。

"龙凤呈祥"也是一种典型的瓷器装饰纹样，描绘了龙与凤相对飞舞的画面。龙为鳞虫之长，凤为百鸟之王，都是祥瑞之物。龙凤相配便呈吉祥，习称"龙凤呈祥纹"。同时，龙纹和凤纹分别作为吉祥图案发展了很长时间。

最早的龙纹见于红山文化中的玉器，并有多处发现，但最有代表性的是内蒙古翁牛特旗三星他拉出土的玉龙。该玉龙长26厘米，身体卷屈，长吻前伸，有对称的鼻孔，所以有人认为龙头是由猪形演变来的，从而与原始农业生活有密切关联。

最早的凤纹还是鸟纹，多见于牙骨器的雕刻上。有一件鸟形匕，用象牙制成的，条形的牙匕上，刻着小身大尾的鸟，柄端成鸟首，鸟身和翅膀刻出羽毛状，背面有小孔，可以穿绳悬挂。

还有个被称为"双凤朝阳"的牙雕碟形器，表现一对相向的双鸟，钩喙，圆眼，抬首相望；中间饰以五环同心圆，上有火焰状纹饰，如太阳光芒。也有人认为不是太阳而是鸟卵，或称为"双凤朝卵"，寓意生育崇拜的含义。

原始时代的凤纹文物还有个双鸟纹骨匕，用兽肋骨刻成。柄部有两组鸟首纹样，每组以一圆居中，分别刻出两个反向的鸟首钩喙大眼，头颈外伸，有仪有爪，形成连体，因又称"连体双鸟纹"。

到了夏商，龙已经是中华民族的象征，留下了珍贵的古代工艺文化和民俗文化的史迹。在商周以及战国青铜器的纹样中，有不少交叠缠绕的小龙，以这些特征命名的为蟠螭纹、蟠虺纹等。

大体上在宋代以前，龙多与虎结合作为龙纹，有威武之意。宋代以后多表示天子、权力；在民间，则表示吉祥、喜庆、勇猛、神威等。在商代青铜器纹样中，龙纹并不十分显要，但有多种变化，如卷龙纹、双龙纹作为主要传承纹样。

凤纹是在商代后期出现的，比鸟纹更加华美，头上有冠，有的是长冠，垂直于颈部甚至是背部；有的是花冠，呈花朵状；有的是多齿冠，呈羽毛状。卷曲的羽尾有的显出孔雀翎羽，有的已和体干分开，作为主要传承纹样。

■ 凤鸟纹

■ 铜珐琅龙凤纹盘

寓意吉祥的传统物品

玄武 是一种由龟和蛇组合成的一种灵物。玄武的本意就是玄冥，"武""冥"古音是相通的。玄，是黑的意思；冥，就是阴的意思。玄冥起初是对龟卜的形容：龟背是黑色的，龟卜就是请龟到冥间去谘问祖先，将答案带回来，以卜兆的形式显给世人们。因此说，最早的玄武就是乌龟。

到了西周时期，凤纹已经是当时的流行纹样之一了。周代凤纹动态作回首卷尾状。西周穆王时的凤纹，头上冠羽飘动，身后羽尾飞舞，颈上、头上冠羽飘动，身后羽尾飞舞，颈上有垂鳞状羽片，腹前有漩涡状的翼纹，十分优美，应是此时期的代表作。

凤纹作为青铜器的装饰，在周代极为盛行。周代的纹样，也大量采用凤纹。这主要是因为商代尚迷信，以祭祀天和神为主要目的，而兽面纹能充分体现祭祀活动的威仪。

作为祥瑞的凤鸟，自然占据兽纹的主要地位。周代倡导礼治，宣扬社会的秩序和美好，作为"见天下大安宁"的凤鸟，更能充分表现这种社会观念。所以，周代昭、穆时期凤纹大量流行，以至于有学者将那段时期称为"凤纹时代"。

在传统纹样中，除了保守的北方燕国地区将饕餮纹作为主要纹饰之外，其余各国都在应用龙纹。此时的龙纹多作交缠穿插状，仍为蛇形长体，有交龙纹、多头龙纹等，有鸣叫状、飞舞状。

当时的饕餮纹简化，向汉代的俯首纹过渡，而龙纹和凤纹，已是汉代四神纹中青龙和朱雀的雏形，向定型化转变。

汉代的龙纹多为单体，四肢劲健，体为游龙形，作行走状。头扬，有的身有翼。常作为四神之一，与白虎、朱雀、玄武配位系列图案。

汉代的凤纹也是单体，或伫立，头有高冠，孔雀尾；或做飞舞状，展翅扬足，称为"舞凤"。一般为四神之一，称为"朱雀"，凤鸟口中多衔珠。

到了魏晋南北朝时期，龙凤纹大体仍传承汉代纹样的特点，变化较少。龙纹和凤纹多是作为四神系列图案单独应用，为青龙、白虎、朱雀、玄武。

受外来文化影响，当时的凤纹的羽尾夸大如鳞片状。又受佛教影响，凤常常立于莲花之上。这一时期的工艺文化，具有浓厚的宗教氛围。

隋唐时期是中国历史上国势强盛，经济繁荣，文化发达的时代，也是中国历史上的一个转折时期。龙纹至隋唐时代已完全成熟，可以分为两类：一类出现于墓室石刻、碑石之上，其身份以通天神兽为主；另一类广泛出现于实用器皿、建筑构件之上，其身份以吉祥瑞兽为主。

龙纹这两种基本含义本来就是紧密关联、难以截然分开的，但至隋唐以来，龙纹含义的重心明显偏向于后者。唐代的墓室壁画十分发达，但其主

青花暗花双凤穿花纹盘

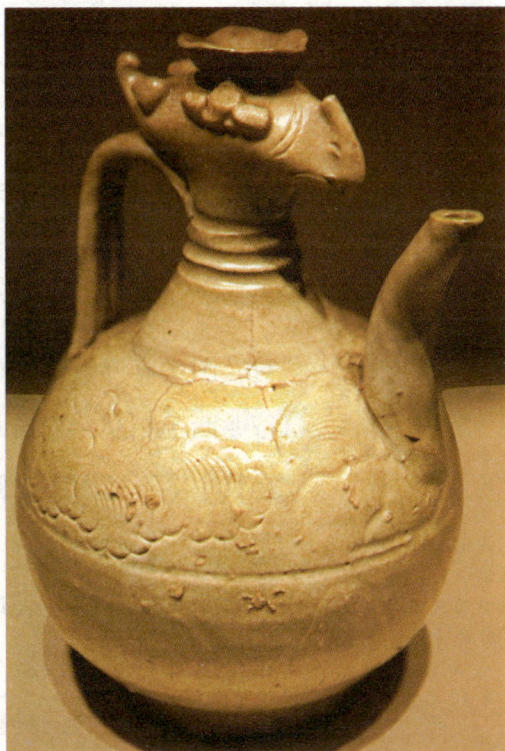

五彩双凤纹炉

寓意吉祥的传统物品

十二生肖 也叫 "属相"，是中国传统文化之一。生肖的周期为12年。每一人在其出生年都有一种动物作为生肖。十二生肖即鼠、牛、虎、兔、龙、蛇、马、羊、猴、鸡、狗、猪，是中国民间计算年龄的方法，也是一种古老的纪年法。

要内容均以墓主人生前生活为题材，龙纹多以龙虎相辅、四灵、十二生肖俑及天象的组成部分出现，像墓主人乘龙升天的传统画面则不再盛行。

与此相反，在隋唐的实用器皿上，龙纹出现极为普遍，并多与蔓草、花卉及各种动物组合出现。这说明龙纹在当时基本已成为人们喜闻乐见的吉祥图案，和人们的生活紧密联系在一起。

隋代龙纹可以河北赵县安济桥栏板上的石雕龙纹为代表。著名的赵州石拱桥建于隋大业年间，由当时的名匠李春设计建造，也是中国第一座石构坦弧敞肩拱桥。

赵州桥的望柱、仰天石、栏板上皆有雕刻，其中以龙纹最为精美，共有奔龙、对龙、交颈龙、穿石龙等多种形式，其中奔龙为单龙飞驰图案，龙巨首吐舌，体躯舒展，姿态奔放雄健，颇具六朝遗风。

对曲身飞腾的双龙，分持火珠与宝相花抬爪相对，图案有佛教艺术色彩与吉祥含义；交颈龙为一对行龙两颈相交，皆口吐莲花，十分精美；而最有特色是其中穿石龙图案，图中双龙巨首硕角，躯体若兽，龙的首、尾两端从石中探出，龙身中段隐没石中。

龙纹的工匠既表现了龙穿岩引水、变化莫测的神通，又弥补了栏板短小无法表现龙之长躯的缺憾，处理手法轻灵巧妙，具有强烈的审美情趣，而这正是隋唐龙纹所具有的时代风格。

隋代日用器皿上的龙纹以龙柄瓷壶最具特色。以龙为造型的器鋬早在东周时代就已经出现，而六朝匠人巧妙地将这个传统的艺术手法运用于陶瓷艺术，到了隋代，以龙为柄的陶瓷工艺日趋成熟。

1957年陕西李静训墓曾出土一个白瓷双龙双联瓶，瓶为双体，似浑圆的龙躯；双柄自瓶体伸出而为龙颈，龙颈直竖突出表现龙的渴态；双柄上端为一对龙首，探入瓶口，吸引瓶中之水。双龙造型质朴洗练、憨态可掬，令人忍俊不禁。

凤首、龙柄是隋代瓷壶的常见造型，如与上壶同出一墓的白瓷龙柄凤首壶，壶高27.4厘米，一侧为形态若鸡的凤首，另一侧为首入瓶口的龙形柄。最为精美的隋代龙凤纹壶当数河南汲县出土的青瓷凤头龙柄壶。

这件文物的壶盖是戴冠凤首造型，器柄为一完整的四足之龙，龙下足立于瓶底，一对上足支撑于瓶身，龙首探入瓶口，造型极其生动。壶身布满中亚风格的图案纹饰，与中国传统的龙凤纹相映成趣。

"龙凤合璧"都是中国传统中具有阴阳相辅含义的吉祥纹像，隋代则迅速向世俗化、

■ 凤穿花双联瓶

龙凤纹双螭耳瓶

寓意吉祥的传统物品

铜镜 中国古人生活用具，也叫青铜镜。据史料记载，自商周时代起，古人就用青铜磨光做镜子，光亮可照人，背面雕有精美纹饰。到战国时已很流行，汉唐时更加精美，是工艺品。它制作精良，形态美观，图纹华丽，铭文丰富，是中国古代文化遗产中的瑰宝。

审美化发展，充满了清新活泼的生机。

唐代时，龙凤纹的种类又多出了云龙纹、鱼龙纹。云龙纹的龙，龙体中间仍很粗大，头小尾细，四肢突出，多为三爪尾从后肢穿出。一般作圆形适合纹样，并以朵云纹填饰作为陪衬。唐代云纹多运用于陶瓷、玉雕和铜镜上，以铜镜上的云龙最为精彩。

鱼龙纹则是指龙首鱼身的一种变形纹样，因为它基本仍属鱼形，因此以"龙鱼"称之。在中国古代传说中，龙和鱼常有相连的关系，"鱼化龙"和"鲤鱼跳龙门"就是这类传闻的记述。

唐代的凤纹，多为展翅舞蹈状，因此称为"舞凤纹"。在此之前直到唐代，凤纹大多是表现朱雀或站立或展翅，头顶花羽，昂首挺胸，动态各异，长长的花冠，卷曲的鱼尾形态十分优美，常与龙陪衬使用。

宋代龙纹其形象发生了巨大变化，即由汉唐以来的走兽形，粗体细尾，四足如兽状，转而恢复到汉以前的蟒蛇形，身体修长，四足粗短，可以盘足起状。

宋代绘画中的云龙图，定窑、磁州窑的龙纹以及缂丝百花攒龙纹，大体都呈蛇蟒状。龙纹多单独应用，或与云、水相结合。

宋代的凤纹已作飞翔状，不似汉唐时期的伫立姿态。双翅伸展，鱼尾飘动，或作羽毛状，或作卷草状，但已不若当代的华丽。此时的凤纹多与鸾相配，雄凤雌鸾；或为凤凰，雄凤雌凰。

元代的龙纹基本和宋代相似，龙足的肘弯处一般饰有3条带纹，以加强其动感，并用以填饰装饰面的空间。有行龙，如元瓷上所饰的龙纹，动态优美，生动劲健；还有团龙。

在龙纹组合上，除宋代所见云纹和水纹外，龙与凤结合是此时期的特点。自原始至唐宋，装饰上纹样，多与虎纹相结合。自元代起，龙与凤开始成对，寓意帝室，在建筑彩画石雕上多以龙凤相配作为宫殿装饰纹样。

元代的凤纹应用很广，陶瓷、银器、铜镜、石刻等均常见，而以陶瓷的凤纹最为突出。形式多样或单只或成双，作飞翔状，双翅伸展，羽尾飘动，显示其矫健生动的艺术特色。

龙纹发展到明代，其艺术形象已经定型化，即"行中弓，坐如升，降如闪电，升脑脑"。

明代的龙纹嘴较长，多为闭合状，头上的毛向前飘伸，显示其力量。明代时也出现了正面龙，一般表现为坐龙、团龙，龙的爪呈轮

朱雀 因为它有从火里重生的特性，也叫"火凤凰"，中国古代传说中的四大神兽之一，是一种代表幸福的灵物，又有说是由佛教的大鹏金翅鸟变化而成的。根据五行学说，它是代表南方的神兽，代表的颜色是红色，代表的季节是夏季。

■ 龙凤纹玉璧

■ 清代景泰蓝龙凤
纹花瓶

寓意吉祥的传统物品

漆器 中国古代在
化学工艺及工艺
美术方面的重要
发明。在中国，
从新石器时代起
就认识了漆的性
能并用以制器。
历经商周直至明
清，中国的漆器
工艺不断发展，
达到了相当高的
水平。中国的戗
金、描金等工艺
品，对世界等地
都有深远影响。

状，组成圆形，称为"轮爪"，这是宫廷器物服饰所用的龙。

明代的民间也流行用龙，但其含义和皇家不同，往往是表示威武、力量和作为求雨的工具。在装饰上，也多用龙纹，反映在刺绣、印染、木雕、漆器等工艺上，只是形象简朴，而且不能用五爪龙。

明代的凤纹多作飞翔状，头大，细颈，展翅，羽尾飘动，形式优美。在工艺美术中，凤纹多用于陶瓷、染织、金银器、石刻、木器、漆器中。此外，也做成凤冠、凤钗等器物，为妇女的高贵饰品。

清代的龙凤纹，基本上继承了明代的格式，但应用极广泛，在陶瓷、染织、刺绣、漆器、金工、雕刻、彩画、剪纸等各类装饰中，均大量采用。有龙凤合用，也有龙凤单独用。凤有如意高冠、三尾羽、五尾羽和多羽。

清代的龙纹已完全程式化，并赋予了吉祥意义。龙的装饰形式有多种多样，有行龙、坐龙、升龙、团龙、蟠龙等；有对龙和子孙龙，有草龙，有拐子龙。

清代的凤纹，其形象大体与明代相似，只是装饰更为华美，并组合为吉祥意义。凤纹与牡丹组合，称为"凤穿牡丹"，寓意幸福美好；凤纹与百鸟组合，称为"百鸟朝凤"，是广绣中常见的装饰题材。

明清以来的龙纹和凤纹，不同阶层有不同的含义。封建统治阶级以龙代表皇帝，以凤表示皇后，作为身份的象征等。在民间，龙凤则另有意义。人们以龙象征威武力量，以凤代表美好。

龙纹的历史十分悠久，其形象的演变，大体经历了这样四个阶段：

第一阶段自河南濮阳蚌饰龙开始，到商周青铜器上的龙纹，多与水器铜盘相联系，春秋战国时期的龙，多作蟠绕状；

第二阶段是汉魏六朝时期，龙作走兽状，与白虎、朱雀、玄武相结合，成为系列图案，代表方位其含义与阴阳五行结合；

第三阶段是隋唐两宋时期，龙从走兽形象过渡到蟠绕形象；

第四阶段是在元明清时期，身躯渐长，脱离兽身成为蛇体的龙，多与凤相配用，代表阴阳，或为统治者所用，代表帝王和皇后，以体现王权。

阅读链接

传说有一天，凤凰突然现身让所有的飞禽走兽瞻仰它的风采。只见凤凰的五彩羽毛，在日光下金碧辉煌，它仪态万方，风姿绰约，所有的飞禽走兽见了它，都觉得自己在它的面前不好意思抬起头来，都垂下了眼睛。过了好长一段时间，善良的鸟兽叹息着对凤凰说："你虽然是那么的神奇，那么漂亮，又是那么文雅，可是有谁能配得上做你的伴侣和朋友呢？"

凤凰听了这些鸟兽的话，默然无语。过了一会儿，它便忽然从梧桐树上飞起，很快消失在天上的遥远白云之中。从那以后，众鸟兽们再也没有见到它出现过。

龙和凤的互补和对应

龙凤雕塑

龙和凤，一个是众兽之君，一个是百鸟之王；一个变化飞腾而灵异，一个高雅美善而祥瑞，两者之间神性的互补和对应，以至于美好的互助合作关系的建立，便"龙飞凤舞""龙凤呈祥"了。

在中国传统的吉祥图案中，龙凤是很好看的一种。画面上，龙、凤各居一半。龙是升龙，张口旋身，回首望凤；凤是翔凤，展翅翘尾，举目眺龙。周围瑞云朵朵，一派祥和之气。

凤取材对象主要是鸟禽，而鸟禽绝大多数都是喜欢温暖，喜爱阳光，因此，凤凰又称"太阳鸟""火精"，所谓"丹凤朝阳""凤鸣朝阳""火凤凰"。

龙的取材对象多为"水物""水兽"和"水象"，从而在其形成的初期，基本上是属"阴"的。龙和凤的配合、结合、对应，反映着古人的阴阳观。

■ 雕漆剔红龙凤盘

出土的商代和战国时期的玉饰、玉佩，有的龙衔凤，有的凤驮龙，有的龙在凤下，有的龙凤同体，说明当时人们已认识到：阴阳是不同的、相对的，又是相关的，谁也离不开谁。

有这样一个故事成为龙与凤关系的美谈。孔子曾向老子问礼，归来后感叹老子是龙。

《史记·老子韩非列传》记载孔子对自己的学生们说起老子的话："我知道鸟是种能飞的动物，鱼是能游的动物，会行走的动物可以捕捉到，会游动的动物可以用网捕捞，会飞的动物可以用弓箭捕捉。但是像龙那种能乘着风云飞上天的动物，我就不了解了。老子给我的感觉，就是一条高深莫测、难以企及的游龙啊！"

玉佩 中国古代时期贵族的装饰品之一。玉在中国的文明史上有着特殊的地位，古人的很多生活器具都是玉雕成的，而众多玉器之中，能常戴在身上的唯有玉佩。玉佩在中国古代是身份、地位以及个人修养的体现。

■ 凤凰浮雕

道家学派经典著作《庄子·外篇·天运》也记载这件事说：当年，孔子曾专程赴洛邑拜见老子，相互交流，互取其思想之道。但当孔子归来后，却闭口不谈与老子的见面，整整三天没有说话。

孔子的弟子们很奇怪，问他说："您跟老子谈了些什么呢？为何归来后久久不语呢？"

孔子感叹说："我竟然见到了龙！它合而成体，散而成章，乘云气而翔乎阴阳，我这个凡人在那条龙面前，口张而不能合，舌举而不能讯，又哪有资格规谏人家呢！"

孔子两次用对比的手法说出了老子不是天上的飞禽、地上的走兽、河里的游鱼，而是来往宇宙天地之间的龙，说明孔子认为老子及其学说对世事人间发展变化料事如神，揭示宇宙天地发展规律犹如神明。

另一则故事是《庄子》上面记载的：老子见孔子带着5位弟子在前面走，就问道："前边都是谁？"孔子回答说："我这5位弟子，子路勇敢、力气大，子贡有智谋，曾子孝顺父母，颜回注重仁义，子张有武功。"

老子听后感叹说："我听说南方有鸟，其名为凤，它的首、翼、背、腹和膺分别有德、顺、义、

子贡（前520—前446），本名端木赐，是孔子的得意门生，也是"孔门十哲"之一，以言语闻名。子贡利口巧辞，善于雄辩，且有干济才，办事通达。曾任鲁、卫两国之相。他还善于经商之道，曾经经商于曹国、鲁国两国之间，富致千金，为孔子弟子中首富。

信、仁这几个字，就和你一样啊！"这是老子将孔子比为凤。

孔子用龙比老子，是取了龙升天潜渊、灵异善变的神性，来比老子的静动自如的神采和纵横天地不拘一格的思辨才能。

老子用凤比孔子，则是取了凤的亲德嘉仁的神性，来比孔子的智善和悦的品性，及仁爱为本、律己惠人的圣德。这大概是文献中最早的有关龙凤配合、对应的记载了。

大约从秦汉时期，龙和凤的关系有了变化，有很多出土的文物都表现了对应、结合这种文化。如秦代的"镏金龙凤纹银盘"、汉代的"四神纹"瓦当、陕北榆林出土的汉墓石门上的龙凤纹、北魏仙人乘龙跨凤的石刻墓志边缘装饰画、隋代的青瓷凤头龙柄壶、唐代的龙凤纹铜镜等。这样的对应与结合，一直延续到当代。

另外，龙身上开始有了象征君主帝王的神性。君主帝王们都说自己是真龙天子，如秦始皇称"祖龙"；汉高祖是其母感蛟龙而生，而且生得"隆准而龙颜"；王莽要"当仙成龙"；汉光武帝"梦赤龙"；等等。

既然帝王们称龙比龙，作为对应，帝后妃嫔们就开始称凤比凤

颜回（前521—前481），字子渊，春秋时期鲁国人。颜回14岁即拜孔子为师，此后终生师事之。在孔门诸弟子中，孔子对颜回称赞最多。历代文人学士对颜回也无不推尊有加，自汉高帝以颜回配享孔子、祀以太牢，三国魏正始年间将此举定为制度以来，历代君王无不尊奉颜子。

凤凰塑像

了。帝王要穿"龙衮"，帝后便戴"凤冠"；帝王住"龙邸"，帝后便居"凤楼"；帝王有"龙火衣"，帝后便有"凤头鞋"；等等。

这样一对应，凤便有了一个大变化，即由"阳"转"阴"。因为，帝王们绝大多数都是男的，手中又掌握着至高无上、威力无边的权力，加上龙呼风唤雨的威力、飞举变化的能量，正和属"阳"的男性相吻合。

凤由于其外表美丽，更和喜好打扮得花枝招展的属"阴"的女性相接近。因此，虽然凤本是凤凰的简称，虽然凤凰是分雌雄的，才有所谓"凤求凰"。但在和作为帝王的龙对应之后，凤就雌雄不分，整个地雌性化了。

龙与凤配合、对应的情形，不仅出现在帝王左右，也广泛地流行于民众之间，反映在不同地域、不同民族的习俗之中。其寓意，多是阴阳和谐，婚恋美满，求吉祈福。

总之，没有凤，龙就是孤单的龙；没有龙，凤就是凄清的凤。龙因力而生，凤因美而活。龙的力为凤的美提供着支撑和归宿，凤的美为龙的力提供了目标，增添着特别迷人的魅力。

阅读链接

传说在太阳升起的地方，有一座山叫太阳山。山上有很多的奇珍异宝，山下住着一只金凤凰，每当善良的人走投无路的时候，它都会出现，帮助那些可怜的人。

可是这只是传说，谁也没有见过这只金凤凰。而且太阳出来的时候，山上的温度很高，谁也没有去过那座山，谁也没有见过奇珍异宝，每个人都会梦想有一天去太阳山，取回珠宝，从此过上衣食无忧的生活。

舞狮，又称"狮子舞""狮灯""舞狮子"，是中华民族优秀的传统艺术之一，中国壮族、苗族、满族等民族受汉族文化影响也有类似的舞蹈。狮舞是一种古老的汉族民间舞蹈，已有1500多年的历史。

狮子在中国人心目中为瑞兽，象征着吉祥如意，从而在舞狮活动中寄托着民众消灾除害、求吉纳福的美好意愿。故此每逢喜庆节日，如新张庆典、迎春赛会等，都喜欢敲锣打鼓，舞狮助庆。

舞狮还代表欢乐，代表幸福，代表人们心中的祝福，是生活美好的象征。

驱邪降魔

舞狮文化

狮舞起源与发展演变

相传，那是在远古时候，广东南海郡佛山镇忠义乡出现了一种奇兽，身长八尺，头大身小，眼若铜铃，青面獠牙，头生一独角。

这头奇兽总是在除夕晚上出现，来去如风，专门破坏民间农作物，人们不胜其烦。因为它每逢过年时就出现，所以人们就称之为"年兽"，大家便商议怎样消灭年兽的问题。

有智者告诉大家，用竹篾与纸，扎成奇兽的形状，涂上颜色，并以各种形状的布，如方形、三角形织成兽身，再聚集精壮男子数十人，持锅、乐器等打得响的器具，并由一人手持菜刀立于一圆砧

舞狮表演

招财进宝

招财进宝

■ 舞狮表演

旁，在年兽出现时就进行敲打。

大家埋伏于一桥下，此处为年兽必经之地。当年兽出现时，众人一拥而出，击打乐器发出"锵锵"及"咚咚"之声，如雷贯耳。年兽见了，受到惊吓，就落荒而逃，从此销声匿迹，不再出现了。

为了庆祝驱赶年兽成功及纪念纸扎兽头的功劳，人们便于春节将它拿出来舞动，逐渐便形成了一种习俗，在很多地方流传下来。

后来，在中国有的地方又出现了关于狮子的传说，但人们并没有见过真正的狮子，只知道狮子是兽中之王。人们想狮子既然是兽中之王，就应该非常勇猛，不仅能够驱赶年兽，还能够驱赶一切妖魔鬼怪。

于是，有人建议把驱赶年兽的习俗改为舞狮。从此，驱赶年兽的习俗被赋予了新意，那就是不仅为了驱赶年兽，还驱赶瘟神和一切妖邪。狮子也就成为

除夕 中国传统节日中最重大的节日之一。指农历一年最后一天的晚上，即春节前一天晚上，因常在夏历腊月三十，又称该日为"年三十"。一年的最后一天叫"岁除"，那天晚上叫"除夕"。除夕人们往往通宵不眠，叫"守岁"。除夕习俗有贴门神、贴春联、贴年画、挂灯笼等。

寓意吉祥的传统物品

二人舞狮

了勇猛的代表,是吉祥的象征,人们最先把舞狮习俗叫为"舞圣头"。

人们为什么把驱赶年兽改为舞狮呢?其实,中国历史上并没有狮子,古代世界上只有非洲、西亚和南美产有狮子。南美与中国远隔重洋,古代交通无法交往,而非洲要进入中国必须经过西亚,且海上交通又较晚,因此狮子传入中国最有可能的通道只有西亚。

中国西周时期,古代典籍《穆天子传》里面有西周第五个君主周穆王架八骏西游的故事,有句话说:"狻猊野马,走五百里。"后来的东晋著名训诂学家郭璞在注释时指出:"狻猊,师子。"这里的"师子"就是狮子。

周穆王是个喜欢畅游天下的君主,《穆天子传》里说周穆王向西到昆仑山会见西王母,并在吉日甲子送很多礼物给西王母。西王母第二天在瑶池为他举行宴会,并表演了歌舞。事后,周穆王西行翻越帕米尔高原,抵达了后来的吉尔吉斯大草原等地。他西行很远,见到过"狻猊"这种动物。

中国汉初古籍《尔雅·释兽》中已有"狻麑如猫,食虎豹"的记载。因此,狮子传入中国早于汉朝。这里的"狻麂"就是狻猊。

中国新疆博物馆有一个狮型金牌饰，为中国所知最早的狮型艺术品，据考古断定为战国时期文物。此物长20厘米，由乌鲁木齐南山矿区阿拉沟古木椁墓出土，金箔打压制成，呈浅浮雕状。狮张口睁目竖耳，双前足上举作扑食状，鬃毛卷曲，细腰，后部反转上卷，尾与鬃相连。身饰弧线条纹和圆涡纹，整体作奔跃咬噬状。此文物的发现，足可说明战国时期狮子形状的艺术品就传到中国新疆地区了。

从那时起，中国关于狮子的记录就越来越多了，知道狮子的人也越来越多了。但人们还是没有见过真正的狮子，认为狮子简直就是神兽，都充满了敬畏之心。

人们除了在新年期间舞狮，也在庆典上表演，以

《尔雅》 中国最早的一部解释词义的专著，也是第一部按照词义系统和事物分类来编纂的词典。作为书名，"尔"是"近"的意思，"雅"是"正"的意思，在这里专指"雅言"，即在语音、词汇和语法等方面都合乎规范的标准语。《尔雅》的意思是接近、符合雅言，即以雅正之言解释古语词、方言词，使之近于规范。

■ 舞狮表演

高难度的舞狮表演

丝绸之路 指起始于中国古代政治、经济、文化中心长安，连接亚洲、非洲和欧洲的古代陆上商业贸易的路线。丝绸之路是一条东方与西方之间在经济、政治、文化等方面进行交流的主要道路，它的最初作用是运输中国古代出产的丝绸，故名"丝绸之路"。

增加热闹气氛。在舞狮时候，还配以锣鼓等乐器，并伴随一定节奏。后来，逐渐发展成在迎神赛会上也舞狮，用作参神拜户，其寓意是镇宅旺宅，使鬼神降伏，环境安宁，五谷丰收。

公元前138年，汉武帝派遣张骞出使西域，开辟了沟通中亚、西亚的"丝绸之路"。据司马迁《史记》记载，中国古代就有扮兽做戏演出的方式。汉武帝通西域，与各国结邦，当招待各国特使来访时，就以歌舞侍候，演员戴面具，扮鸟兽，载歌载舞，以示欢迎。然而，各国嘉宾观看扮兽，独缺狮子，原因是当时中国未发现狮子兽类。

在西汉末期的公元32年，著名史学家班固编撰的纪传体断代史《汉书·西域传》记载：真狮子从西亚通过"丝绸之路"来到中国。同时，驯狮舞蹈这种西亚古老杂技节目便传来华夏，带领真狮表演者，当时称为"驯狮郎"，也一并随着前来。

西汉时期，西域大月氏国向汉王朝进贡了一头金毛雄狮，使者扬言朝野若有人能驯服此狮，便继续向汉朝进贡。

大月氏使者走后，汉朝廷先后选了3人驯狮，均未成功。后来金毛雄狮狂性发作，被宫人们乱棒打死。宫人为了逃避皇帝降罪，于是将狮皮剥下，由宫人兄弟俩装扮成金毛狮子，两人逗引起舞。此举不但骗过了大月氏使臣，连皇帝也信以为真。

此事后来传出汉宫，老百姓认为舞狮子是为国争光和吉祥的象征。于是就仿造狮子，表演狮子舞，舞狮从此在民间流行了。过年驱赶年兽的习俗也逐渐演变成了舞狮子。

由于当时交通并不发达，运到中国的真狮寥寥无几，此种惊险刺激的驯狮舞蹈，只能局限于皇宫内苑举行，平民百姓无缘观看。

于是，民间艺术家便根据书籍及传闻记载，运用其艺术构思，进行塑造与装饰，制成假狮子，突出狮子宽阔前额，撅起鼻子和张开大口的外形，给人一种既勇猛又温顺，既威武又充满活力的感觉。

到了东汉时期，西域向中国进贡狮子的记录就越来越多了。如汉章帝刘炟和元年间的87年，就有记载说：

是岁西域长史班超击莎车大破之。月氏国遣使献扶拔狮子。

本来，中国古代百兽之王是老虎，老虎以威猛无敌而称霸山

汉章帝 （57—88），汉明帝刘庄第五子，母贾贵人，东汉第三位皇帝。汉明帝在位期间，励精图治，注重农桑，兴修水利，减轻徭役，衣食朴素，实行"与民休息"，并且"好儒术"，使得东汉经济、文化在此时得到很大的发展。

■ 舞狮子

寓意吉祥的传统物品

春节庙会舞狮表演

林，在狮子传入之前，它威风凛凛，统辖着百兽，人们对老虎的膜拜几乎登峰造极。但人们知道狮子后，就认为狮子比老虎还厉害。

汉代学者解释《尔雅·释兽》是称"狻麑……食虎豹"，明确认为狮子凶猛过虎豹，虎豹都是狮子的食物。在后来的一些史料中，也记载了狮子猛于虎豹的事例。

如北魏人杨衒之所撰的一部集历史、地理、佛教、文学于一身的笔记《洛阳伽蓝记》中记载：

庄帝谓侍中李彧曰："朕闻虎见狮必伏，可觅试之。"于是，诏近山郡县捕虎以送。巩县、山阳并送二虎一豹。帝在华林园观之。于是，虎豹见狮子悉皆瞑目不敢

匈奴 指的是秦汉时称雄中原以北的强大游牧民族，公元前215年被逐出黄河河套地区，历经东汉时分裂，南匈奴进入中原内附，北匈奴从漠北西迁，中间经历了约300年。匈奴在当时影响了中国政局，《史记》《汉书》等均有记载。

仰视。园中素有一盲熊，性甚驯。帝令取试之。虞人牵盲熊至，闻狮子气，惊怖跳踉，曳锁而走，帝大笑。

外来猛兽狮子取代中国百兽之王老虎的地位，被人们认为是称雄天下的百兽之王，人们就开始崇拜狮子，舞狮也就盛行起来了。

舞狮作为表演艺术，有一种说法大概成形于北魏时期。在当时，北部匈奴侵扰作乱，他们特制木雕石头器具，用金丝麻缝成狮身，派善舞者到魏进贡，意图在舞狮时行刺魏帝，幸被人识破，使他们知难而退。后因魏帝喜爱舞狮，就命令仿制，舞狮得以流传后世。

也有人认为，最早有关舞狮的记载出现于三国时

■ 舞狮表演

■ 舞狮表演

白居易（772—846），字乐天，晚年又号香山居士。唐代伟大的现实主义诗人，文学史上负有盛名且影响深远的诗人和文学家。他的诗歌题材广泛，形式多样，语言平易通俗，有"诗魔"和"诗王"之称。代表诗作有《长恨歌》《卖炭翁》《琵琶行》等。

期的魏国。在北魏时，人们于佛祖降生日子，将佛像从庙堂请出游街，让人瞻仰，以示敬意。就在游行队伍前面，排列了戴面具、穿兽皮者，装成狮子模样，边行边开路，此举也具有镇邪驱魔作用。

舞狮在南北朝时随佛教而盛行，在南北朝之后，其他鸟兽舞逐渐被淘汰，只有舞狮却一直流行下来。从晋到隋，舞狮活动逐步推广。

到了唐代，西域各国向中国进贡的狮子就越来越多了。据史书《新唐书》《旧唐书》记载，康国、吐火罗、波斯等国都曾向唐王朝进贡过狮子，皇家禁苑中也豢养过狮子。唐朝历代帝王陵前的石雕狮子栩栩如生，与工匠能见到真狮子是分不开的。

有文字记载说，唐高祖李渊登基后，为接待宾客而设计的活动，其中有"五方狮舞"的表演，被认为是后来真正舞狮的雏形。

唐太宗李世民的贞观年间，西域进贡狮子，唐太宗曾命秘书监虞世南作《狮子赋》、宫廷画师阎立本绘《狮子图》。因此，唐贞观年间已出现了由名家创作的文学作品《狮赋》和图画作品《狮子图》了。这说明狮文化到唐代已走向了艺术的巅峰。

在唐代，舞狮子已发展为上百人集体表演的大型歌舞，还作为燕乐舞蹈在宫廷表演。著名诗人白居易在《西凉伎》诗中，对舞狮有生动描绘：

驱邪降魔
舞狮文化

西凉伎，西凉伎，假面胡人假狮子。
刻木为头丝作尾，金镀眼睛银帖齿。
奋迅毛衣摆双耳，如从流沙来万里。

诗中描述的就是当时的舞狮情景。在唐代以后，舞狮子在民间就广为流传了。

据传，446年5月，南朝宋交州刺史檀和之奉命讨伐林邑国，林邑王范阳使用了象军参战。这支象军由于士兵持着长矛骑在又高又大的象背上，所以使仅仅拥有短兵器的宋军连接近它都很困难，宋军士兵在作战时吃了大亏。

后来，宋军先锋官振武将军宗悫想了个办法。他说，百

■ 舞狮表演

舞狮表演

兽都害怕狮子，大象也不会例外。于是，他派人连夜用面、麻等做成了许多假狮子，涂上五颜六色，又特别张大了嘴巴。每一个"狮子"由两个士兵披架着，隐伏在草丛中。

宗悫还命士兵在预定的战场周围，挖了不少又深又大的陷阱。敌方驱象军来攻，宗悫就放出假狮子，这些"雄狮"一个个翻动着斗大的血口，张牙舞爪直奔大象。

大象吓得掉头乱窜，宗悫又乘机指挥士兵万弩齐放，受惊的大象顿时没命地向四处奔跑，不少跌到陷阱里，人和象都被活捉了。从此，舞狮在军队中也流行开了。

明清时期，就有了狮子由海上进贡的记载：

通使西洋……宣示威德……自是蛮邦绝域……亦皆奉表献琛，接踵中国……殊方珍异之麒麟、狮、犀、天马、神鹿、白象、火鸡诸奇畜，咸充廷宝。

明代航海家郑和下西洋时，在归国献纳物品时就有"明月之珠……麟、狮、孔翠之奇……皆充船而归"。

到了清代，有记载说：

康熙乙卯秋，西洋遣使入贡，品物中有神狮一头，乃系之后苑铁栅，未数日逸去，其行如奔雷快电。

由此可见，当年狮子来到中国，在早期非常明显由陆地沿丝绸之路进入，明清起又开辟了海上进入中国的线路。但这外来的狮子数量极为有限，作为异兽，历史上只供皇家观赏，民间无缘一见。因此，人们就认为狮子特别神秘。

随着时间的推移，对狮子的信仰、崇拜在中国及华人中广泛传播，逐步演变、进化、完善，成为无所不在的狮膜拜，并人为地给狮子以神化，增加了辟邪、镇煞、防火、制风的功能。

还有，由于佛教在中国的传播，引起了人们对狮子

141

驱邪降魔

舞狮文化

■ 元宵节舞狮表演

■ 春节庙会舞狮

《楞严经》 全称"大佛顶如来密因修正了义诸菩萨万行首楞严经",又名"中印度那烂陀大道场经",简称"楞严经""首楞严经""大佛顶经""大佛顶首楞严经"。唐般刺蜜帝译,10卷。中国历代皆视此经为佛教主要经典之一。

的崇拜。佛教中的文殊菩萨就骑着狮子,所有文殊雕塑均有狮子。人们接受佛教,就必然要接触文殊菩萨,也必然知晓他的坐骑——狮子。在佛教发祥地,佛祖均有狮子坐骑。在中国,佛祖同样有狮子坐骑,这些均给人们以认识狮子的机会,同时把狮子传奇化了。

在《楞严经》中,有"我于佛前,助佛转轮,因狮子吼,成阿罗汉"之句。许多佛教经典均提到"狮子吼"。说佛家说法声音震动世界,如狮子作吼,群兽慑伏,故云"狮子吼"。由佛教传入狮子形象,再由佛经宣扬"狮子吼"形象,这都直接与佛祖有关。

人们将佛法无边的佛祖弘法看为"狮子吼",于是佛教徒对狮子便产生了敬畏。佛教中狮子的功能以护法为主,且威严尊重,于是被人们所效仿。

中国其他教派也吸收了狮子护法的传统说明。中国道教甚至直接吸收了佛教狮子座的方式,如北朝时期的道教就有狮子座。中国其他地方宗教传播也多有狮子。各少数民族有回族、蒙古族、藏族、维吾尔族等信奉不同的宗教,各宗教寺庙与各民族主要聚居地均有形态各异的狮子出现,其中均渗入了本民族、本地区、本宗教的文化。

除中国少数民族和各种宗教之外，中国汉族聚居地广袤的土地上，狮子总是无处不在，除与佛教有关外，墓前护卫狮直至宫廷衙门狮、府宅狮、道路桥梁狮等，再加各种各样的狮形艺术品、狮子戏、狮子舞等，简直令人无法细述。

中国崇拜狮子在全国是蔚然成风，简直成了一种图腾。尤其是在清代，舞狮风气十分盛行。引狮者会穿上彩衣，手执绳子，系上一个五色耍球，引领狮子起舞，场面十分欢快热烈。

由于狮子与佛祖相生同在，狮子的护法功能与其本身的威猛，善于造神的人们便不断地传说、创造、衍化，使百兽之王的狮子成了可以辟邪、镇煞的神兽。民间也将狮子像崇拜老虎一样引入了平民百姓之家，狮子的功能也逐渐由装饰性转向实用性，那就是辟邪、镇煞、制风、防火等。

中国狮文化随着真狮入贡、佛教传入逐步形成，然后不断发展、扩大。它也像所有外来文化一样，走过艰难曲折，最后融入中国文化，被吸收和充实，然后异军突起，独树一帜，成为具有中国特色的狮文化，完全不同于原狮子产地及传播地的狮文化，成了中国传统文化的标志之一。

阅读链接

相传西周姜太公封神时，有些神没有被封上，一怒之下，便到人间散布瘟疫，玉皇大帝命狮子下凡，扑灭瘟疫，功成之后，得封狮王。于是人们认为狮子可以驱走瘟疫，慢慢地就形成了舞狮驱疫的风俗了。

类似的传说还有，狮子在天上干了坏事，被玉皇大帝斩了，王母娘娘可怜它，就给它身上披了一块能辟邪的红布。舞狮的兴起主要就是因它身上披了王母所赐的一块可以辟邪的红布。

不同流派的南狮北舞

高空醒狮

狮舞在1000多年的发展过程中，形成了南北两种表演风格。最初北狮在长江以北较为流行，而南狮则是流行华南。也有将两者融合的舞法，主要是用南狮的狮子，北狮的步法，称为"南狮北舞"。

北派狮舞以表演"武狮"为主，即北魏武帝钦定的北魏"瑞狮"。小狮由一人舞，大狮由双人舞，一人站立舞狮头，一人弯腰舞狮身和狮尾。

舞狮人全身披包狮被，下穿和狮身相同毛色的绿狮裤和

■ 舞狮表演

金爪蹄靴，人们无法辨认舞狮人的形体，它的外形和真狮极为相似。

引狮人以古代武士装扮，手握旋转绣球，配以京锣、鼓钹，逗引瑞狮。狮子在引狮人的引导下，表演腾翻、扑跌、跳跃、登高、朝拜等技巧，并有走梅花桩、蹿桌子、踩滚球等高难度动作。

豫西狮舞起源于洛阳，盛传于中原大地，其表演具有王者风范，以大方洒脱、细腻传神、高空作业、惊险繁杂、技艺精湛、阵容庞大、充满智慧的特点，而成为中国北派狮舞的优秀代表。

北派狮舞不表现故事情节，更与南派狮舞不同，不注重用顽皮和诙谐的动作表现极富人情味的拟人化狮子，而是通过大幅度、粗犷、刚劲有力的舞姿，再现狮子威武刚烈的气质和勇猛、矫健、灵活的神态。

北魏道武帝（371—409），又名涉珪、什翼圭、翼圭、开，北魏开国皇帝，鲜卑族人。他是代王拓跋什翼犍的孙子，献明帝拓跋寔的儿子，太武帝拓跋焘的爷爷。385年，又在次年即386年改国号"魏"，是为北魏，改元"登国"，398年，他将国都从盛乐迁到大同，并自称皇帝。

■ 舞狮表演

秋千 荡秋千是中华大地上很多民族共有的游艺竞技项目。其起源可追溯到几十万年前的上古时代。那时，我们的祖先为了谋生，不得不上树采摘野果或猎取野兽。在攀缘和奔跑中，他们往往抓住粗壮的蔓生植物，依靠藤条的摇荡摆动，上树或跨越沟涧，这是秋千最原始的雏形。

狮舞在豫西有着深厚的民间土壤，洛阳"大里王狮舞社"和巩义"小相狮舞社"等民间文艺队伍传承关系清晰，行当齐全，套路完整，是中原传统文化的骄傲。

大里王狮舞属典型北派狮舞，洒脱中显得稳重，大方中不乏细腻。表演狮舞时，一人在前顶狮头，一人在后拱狮尾。舞狮人全身披红色狮皮，下身穿同色裤子。一般为两只或多只狮子一齐上场，偶尔也可独只表演，狮子由一人持绣球引领。

大里王狮舞表演分"文狮"与"武狮"。文狮表演又分地面和桌面两种，都有一定套路。领舞人与狮子配合默契，无论亮相、造型还是场面调度，均给人以美感。有时也穿插一些幽默搞笑动作，如"狮子下娃"等。

武狮表演难度更高，摞板凳、上老杆、荡秋千、爬梯子、上天桥等项目，均是艺人在无任何防护措施的情况下进行的高难度表演，让观众紧张得连大气也不敢出，很是惊心动魄。

狮舞流传已久，也较为普及。狮城沧州人酷爱狮舞，这大概承袭了国宝铁狮子的文化脉缘，又因循了"武术之乡"和"杂技之乡"的文化积淀和涵养。每到逢年过节、集日庙会、农闲小憩，在沧州的城乡几乎随处可见学狮、练狮、舞狮的人群。

沧州人舞狮越舞越红火，但又不甘拘泥于常规俗套，武乡和杂技的血脉促使舞狮人大胆实践，不断探索新的形式和创造新的套路，也就被沧州人舞出了狮舞的学问和别具创见的风格。因而，也就涌现了被人们称为"双狮王"的沧县"南小营狮舞队"和"刘吉狮舞队"。

从表现形式上说，沧州狮舞把武术和杂技的动作技巧融入了狮舞之中。在套路和结构上大胆进行创新，以展示雄狮的威武刚劲为主，把力与美、刚与柔、文与武、火与温、粗与细、庄与谐融为一体。

编排创造出了狮舞中前所未有的"立体直转""顶腰旋转""荷花怒放""高台翻滚""蹬椅戏逗""叠狮抖威"和"筋斗穿越"等高难度、大动作的表演技巧和形式。

除此之外，人们还着意加强了配乐的节奏感和铿锵力度，奇波迭起，振势生戏，使沧州狮舞别开生面，鲜明地展示了火爆热烈、勇猛

舞狮表演

舞狮表演

惊险、刚柔相济、出神入化的艺术审美和个性特色，张扬并强化了沧州狮舞的独特的艺术感染力。

纵观北派狮舞，其具有极高的历史价值、艺术价值和社会价值。

南派狮舞又称"醒狮"，造型较为威猛，舞动时注重马步。南狮主要是靠舞者的动作表现出威猛的狮子形态，一般为两人舞一头。

狮头以戏曲面谱作鉴，色彩艳丽，制作考究；眼帘、嘴都可动。严格来说，南狮的狮头不太像是狮子头，有人甚至认为南狮较为接近年兽。南狮的狮头还有一只角，传闻以前会用铁做，以应付舞狮时经常出现的武斗。

传统上，南狮狮头有"刘备""关羽""张飞"之分。三种狮头，不单颜色、装饰不同，舞法也根据三位古人的性格而异。

南狮的舞动造型很多，有起势、常态、奋起、疑进、抓痒、迎宝、施礼、惊跃、审视、酣睡、出洞、发威、过山、上楼台等。舞者透过不同的马步，配合狮头动作，把各种造型抽象地表现出来。因此，此南狮讲究的是意在和神似。

南狮有出洞、上山、巡山会狮、采青、入洞等表演方式。其中采青最为常见。

相传，采青原来是有"反清复明"之意。"青"用的是生菜，把

寓意吉祥的传统物品

生菜用红包悬挂起来，狮在青前舞数回，表现犹豫，然后一跃而起，把青菜一口吃掉，再嚼碎吐出，再向大家致意。

为了增加娱乐性，采青有时还会用上特技动作，例如上肩，即舞狮头者站在狮尾者肩上，叠罗汉，上杆或者过梅花桩，等等。

舞南狮时会配以大锣、大鼓、大钹。狮的舞动要配合音乐的节奏。舞南狮有时还会有一人扮作"大头佛"，手执葵扇带领。

舞狮之前通常还会举行"点睛"仪式。仪式由主礼嘉宾进行，把朱砂涂在狮的眼睛上，象征给予生命。

南狮以广东为中心，虽也是双人舞，但舞狮人下穿灯笼裤，上面仅仅披着一块彩色的狮被而舞。

与北狮不同的是，狮子头戴大头佛面具，身穿长袍，腰束彩带，手握葵扇而逗引狮子，以此舞出各种优美的招式，动作滑稽风趣。

南狮流派众多，有清远、英德的"鸡公狮"，广州、佛山的"大头狮"，高鹤、中山的"鸭嘴狮"，东莞的"麒麟狮"，等等。

无论是北狮舞还是南狮舞，人们都把狮子当作雄伟、威猛与吉祥的象征。舞狮活动所具有的精彩热烈、气势非凡及充满吉祥欢乐，已为纷繁的节日平添了几分喜庆，并不断被传承。

阅读链接

中国南狮在广东，广东南狮源自佛山。佛山是南狮的发源地，佛山的龙狮活动更是走在国内和国际发展的前列，历届比赛一直名列前茅。

佛山南狮有如佛山咏春拳一样，有"狮王之王"的美誉。佛山的传统"三星""七星"狮，技艺精湛，神、形、态美，是难得的一种民间文化艺术。佛山狮在中华人民共和国成立五十周年大庆中，代表广东省在北京天安门广场向党中央和全国人民及向全世界作表演，尽显风采。在全国九运全开幕式上更是独领风骚，尽显佛山狮的光彩。

富有特色的各地狮舞

舞狮表演

中国幅员辽阔，风俗习惯不尽相同，因而各地舞狮习俗也有各自不同的特点。

舞狮在广东阳江称为舞狮子。其中"舞"字，阳江话读"蒙"音，"狮子"则念"是子"，词义一样。这是避讳，因"狮"阳江音同"输"，不吉利。

旧时阳江，但凡有喜庆必放爆竹舞狮子，尤其是春节贺岁。大年初一清晨就有"狮子拜屋"。民间认为，狮子在门前张口伸舌摇头摆脑一番，那些躲在屋角旮旯中的恶鬼邪魔就会一扫而光，因而视此有"旺屋"作用，均恭敬而庄严地给舞狮者奉送红包。

刚建新屋的人家，会特意邀请舞狮者进入屋中，逐层楼房舞拜。新婚夫妇想早生男孩，还会请狮子进入卧房中，让它在自己的睡床上翻滚一番。因为阳江话中"狮子"与"是子"谐音，"狮子上床"也就暗喻"是子上床"的好兆头。

■ 舞狮表演

有钱人家和商铺会请舞狮队作专场表演。舞狮通常还有各种武术表演，高潮就是狮子采青。

主家在楼上用竹竿高高地挑起一个大红包，旁边捆着一棵青菜，舞狮队就地搭起人梯，让狮子边舞边沿着人梯向上爬，攀登至顶端，张口把那红包和青菜吃进口中。

河北徐水县北里舞狮，可说是历史悠久、源远流长，素有"北狮狮舞之乡"的美称。明清时期就以花会的形式在张家庙会、逢年过节、重大事件等场合中演出。全村上至古稀老者，下到儿童，人人披挂，个个练习，创造出许多绝活。

狮舞分为"文狮"和"舞狮"。文狮表现狮子的静

大年初一 农历新年的第一天。正月初一古称元日、元辰、元正、元朔、元旦、岁旦、岁首、岁朝、新正、首祚、三元、年或过年。自汉武帝太初元年始，以夏年正月初一为"岁首"，年节的日期由此固定下来。年节古称"元旦"。

■ 舞狮表演

寓意吉祥的传统物品

态和性格温柔的一面，恐吓时的怕，互相亲密时的吻，期待时的盼，以及搔痒、舔毛、伸腰、打滚、掏耳朵、打舒张等动作，形态细腻逼真，憨态可掬，惟妙惟肖。

舞狮正是技高一筹，通过狮子的翻山越涧、登山直立，跳、转、腾、扑等动作，表现狮子的动态和性格凶猛的一面，尤其是"梅花桩""三狮踩球"的表演，更是独具匠心，精、险纷呈，令人叹为观止。

田阳壮族舞狮，有高难、惊险、奇美的特点，体现浓郁的民族特色。

有史料记载以来，田阳舞狮已经流传了450多年，并逐渐由以拜年、庆典、助兴为主的地面舞狮，发展到拥有"狮子上金山""狮子过天桥""刀尖狮技""高桩飞狮"和"金狮雄风"等一系列绝技的高空表演誉满天下。

田阳壮族舞狮套路多，节目丰富，技艺精湛，

壮族 中国少数民族之一。壮族有自己的语言，中国学者将之归类为汉藏语系壮侗语族壮傣语支，主要分南北两大方言。壮族传统文字是在汉字基础上创造的"土俗字"。从中国的唐代开始，"土俗字"在民间使用，也叫作"古壮字"。

融武术、舞蹈、杂技于一体。从性质上，舞狮可分为"地狮"和"高空狮"两种。地面舞狮属"文派"舞狮，以活泼可爱的顽皮形象为特点，主要在地面表演闪、扑、挪、腾、滚或滑稽动作逗引人们。

狮子由戴着顽皮马骝和满脸笑容的大头佛面具的队员一前一后带路引逗，在爆竹声和锣鼓打击乐的配合下表演，一般用于节日庆祝、拜年、祝贺、集会、婚庆、参军等活动。

高空舞狮属"武派"舞狮，主要特点是把武术、杂技、舞蹈动作融进舞狮中，以高台表演为主，一般由一名手持狮珠的引狮者带路，逗引狮子表演各种扣人心弦的造型动作，可攀上20多张高凳摞起的金山上施展雄姿，可在半空高悬的钢索绳子上翻滚跳跃，如履平地，可在刀尖上表演顶肚旋转等。

关于壮族舞狮还有一个传说：相传远古时候，人们生活在丘陵和深山密林地带，野兽出没，壮族先民们常受其骚扰，农作物被破坏。

为了赶走野兽，确保人畜安全、粮食丰收，壮族先民们想出了"以兽赶兽"的办法，仿制兽中之王狮子，鸣锣擂鼓，舞动狮子，夜间还燃起火把，以驱赶群兽。于是，狮子就成了壮族先民眼中的功臣和吉祥象征，逢年过节都舞起狮子庆贺祝愿。

福建福清舞狮有着悠

舞狮表演

寓意吉祥的传统物品

■ 舞狮表演

南少林 中国武学
门派之一。南少
林武术发源地，
由五祖拳、太祖
拳、白鹤拳、梅花
拳等拳种构成了
独特而博大精深
的拳术系统；是
泉州历史文化的
重要内涵，也是
中华传统武术中
的宝贵遗产。明
清以来，南少林
武术薪火相传，
有极强的传统继
承性和凝聚力。

久的历史，每当"爆竹一声除旧岁"时，在福清的城镇和乡村，传统的舞狮活动就伴随着送暖的春风和欢乐的锣鼓，为一年一度的新春佳节增添了浓郁的欢乐气氛。

在南少林的发祥地福清，非常流行南派舞狮，它与传统武术联系紧密，舞狮由习武者演练，种种复杂的动作也只有会武功的人才能完成。

福清狮子舞较为有特色的有龙田、海口等乡镇的麒麟狮，在狮子的外形分类有大头狮、鸡公狮、鸭嘴狮等。

狮皮乃麻丝之类所制，麒麟狮外壳是竹篾结构，纱纸粘贴，箔绸作里，狮头涂上五彩缤纷的颜色，活像一头威武雄壮的狮子。前额还装上一面镜子等，头上吊起4只绣花球，眼睛安上玻璃球，显得更加闪闪发亮，光彩夺目。

福清狮子舞一般都是通过睡狮、出洞、采青、吃青、醉青、醒狮等步骤，狮子由一人扮成的小狮和两人配合的大狮，大狮内一人托狮头，另一人双手抓住前者的腰部俯身向前，舞狮时，持彩球者在前面引狮出场，有一球一狮，也有两球两狮，或一球两狮加一小狮，等等。

有闭目睁眼、摇头摆尾、抓痒、打滚、跳跃、舔球、戏球、滚大球、双狮争球、跳桌、过跳板、过高桩等高难度动作。舞狮还不离碎步、马步、弓步、虚步、行步、插步、麒麟步、内外转身摆脚等步法。

舞狮的动作生动活泼，令人喜爱，造型套路甚多，喜则欢而碎步，怒则气冲斗牛，哀则闭眼稳步，乐则跃而跨步。舞狮时配以打击乐，放鞭炮焰火，等等。

据文献记载，舞狮属于杂技的一种，到了清代舞狮就与武术开始联系起来，习武练艺，成为一种提倡尚武精神的风气。

每逢新春佳节，广西漓江沿岸的水上人家，包括船民和渔民，都有舞狮的习俗。

水上舞狮与其他地方不同，多是舞瑞狮。在旧时，老一辈舞狮武艺高超，多数能爬上木帆船的桅杆或上四层人梯。

舞狮表演

所谓"人梯"是用人来搭建，第一层为12个人围作底层，第二层用6个人踩在第一层的人肩上，第三层用2个人踩在第二层的人肩上，最后一层是1个人，那就是青猴踩在第三层两人肩上。4层人梯足有八九米高。

青猴从第一层上到第三层后进行"取青"。所谓"取青"，就是红包、水果、食品之类的东西。青猴在取青时，还要在人梯上表演一番，动作十分惊险。

取青到手后，然后从八九米高的人梯上翻跟斗下来。紧接着瑞狮在沙洲上"踩堂"一场，摆在沙洲中的八仙桌，那就是舞狮的拿手好戏。

瑞狮会随着锣鼓的节奏声跃上八仙桌面，从八仙桌的第一个角开始，每一个角都要舔过，表示向大家拜年致意，舞姿动作十分精彩逗人。

同时还有笑脸罗汉伴舞，瑞狮舞罢，各种武术表演出场，从猴拳、单棍、双棍，到双刀、三杈、板凳、大刀等器械武术表演，使人难以忘却，不愿离去。一趟踩下来需要个把小时，场面极为热烈，情

寓意吉祥的传统物品

舞狮表演

趣盎然。

　　瑞狮头儿也忙得不亦乐乎，首先在舞狮之前，每家都要发出帖子，意思是瑞狮要到你家拜年，各家各户做好准备，迎接瑞狮，迎接新年瑞气，给你带来吉祥如意和安康。

　　瑞狮到各家各户拜完年后，由头儿再发"谢帖"表示感谢，同时祝愿新年瑞气盈门、四季平安。

　　狮子在中国人心目中为瑞兽，象征着吉祥如意。各地人们在舞狮活动中，寄托了民众消灾除害、求吉纳福的美好意愿。

过年舞狮

阅读链接

　　在广东揭西民间，当地也有关于舞狮的传说。相传很久以前，大地上风和日丽，山花烂漫，自由自在，犹如仙境。

　　有一天，天上忽然飞下一只金毛狮子，独霸大地，伤噬万物，欢乐的大地顿时陷于死寂。大慈大悲的西天佛祖见状，为了普救众生，指派沙和尚下凡，施展神通，制服金狮，命令它皈依佛门，为众生造福。金狮依法，与灵猴为友，每年春节前夕将至，为众生驱除灾病瘟疫，岁岁如是，遂成舞狮的风俗。

悠久灿烂的舞狮文化

舞狮表演

舞狮运动是中国传统的民间体育活动，自诞生已有1000多年的历史，自古以来深受大众的喜爱，且历代相传，形成了极其灿烂的舞狮文化。

有史以来青狮就寄托着人们驱魔辟邪、纳福迎祥的美好愿望。

在佛教典籍中，青狮就是文殊菩萨的坐骑，与普贤菩萨的坐骑白象齐名，为佛教的两大神兽。故在潮汕民间只要是国家庆典、神诞祭

■ 舞狮表演

典、欢庆春节、住宅奠基、迎神赛会等各种活动，都有舞青狮的习俗，祈求国泰民安、风调雨顺、万事如意。

青狮作为传统潮汕狮，其体形硕大，外表狰狞威猛，目如铜铃，口似血盆，与其他狮种有着明显的区别。特别是一抹洁白的眉毛分外醒目，自古民间就有"青狮白目眉"和"狮王"的美誉。

青狮与醒狮相比，无论从外形或者重量上，都要超出一倍多。醒狮轻巧灵活，一般人稍加培训就能作简单的表演。而青狮狮头硕大沉重，最重的有十多千克，动作幅度大，一般人舞动几下就气喘吁吁。所以，青狮的舞狮者必须经过专门的严格训练，需较高的武术造诣才具备舞青狮的基础。

据潮汕民间典籍记载：潮汕的狮子一般分为青、红、黑三种颜色，代表三国桃园结义的刘、关、张三雄，其中，以青狮为最大。

普贤菩萨 曾译作遍吉菩萨，音译为三曼多跋陀罗，中国佛教四大菩萨之一。是象征着理德、行德的菩萨，同文殊菩萨的智德、正德相对应，是娑婆世界释迦牟尼佛的右、左胁侍，被称为"华严三圣"。普贤菩萨是大乘菩萨的代表，象征着大乘佛教的精神。

■ 舞狮表演

以前，舞青狮代表舞狮中的最高级别，没有实力的狮队都选择舞红狮或黑狮，不敢舞青狮。如果几支狮队在路上相遇，其他狮队都应该避让，让青狮队先行。

据普宁《客家风俗志》记载，当地所舞的狮分青狮、红狮、猫狮三种。主要根据狮班本身功夫高低深浅而定。青狮白眉，为武功最强者，一般多不敢滥称；红狮代表武功中等的，最为普遍；猫狮为少年、儿童所舞，功夫较浅。

青狮的影响还遍及福建和台湾南部。据福建《漳州府志》记载，漳州和泉州狮根据武艺的高低不同，分为"青狮白目眉""青狮"和"乌狮"三个等级，以青色狮兼画白眉毛的狮队武艺最为高强。

泉州很早就流传着一句俗话："青狮白目眉，有本事任你来。"漳州白湫坑就曾有青狮白目眉口咬利剑样式的泉州狮。德化赤水《许氏家谱》、西敦《林氏家谱》等记载，舞狮按武艺高低分等级，其中以号称"青狮白目眉"的武艺最为高强，一般的狮队都不敢舞青狮。

由此可见，青狮一直以来在中国的舞狮文化中都占据着重要的地位，青狮白目眉在各种狮队中都是公认的狮王。

采青 中国传统舞狮活动的一个固定环节，是舞狮活动的高潮。采青一般包括操青、惊青、食青、吐青等套路。当彩礼用竹竿挑起高悬时，舞狮人会搭人梯登高采摘，人梯搭得越高，则技艺越高，挂青者多会图得吉利。

在中华几千年的灿烂文明中，舞狮作为一种代表性文化，起到向世界传播中华文明和友谊的重要桥梁作用。青狮文化可以说是中华舞狮文化中一颗璀璨的明珠。

新化舞狮的造型为圆大的狮头，黑亮有神的眼睛，前伸而突出的鼻子，开合夸张的阔嘴，微微颤动的双耳，五官起伏有致，头顶用彩绸扎成的彩球映衬，显得狮子威猛雄壮，憨态可掬。头顶彩球红色为雄，绿色为雌。狮脖有响铃，摇头晃脑的时候则叮当作响，煞是惹人喜爱。

新化舞狮的表演动作主要有：飞行旋角、雄狮敬礼、双狮抢宝、狮子拜案、抢登高楼、群狮嬉炮、腾空直立、旋背、舔毛、抖擞、采青等。

其中以抢登高楼尤为精彩，8只狮子分列对面，一面4只，往高处抢登，至顶层狭路相让后，团身四拜，再口吐对联致以祝福，整个过程惊心动魄，摄人心魂。

每表演到此节，四面观众无不屏住呼吸，胆小者竟不敢再睹。技

■ 舞狮表演

■ 舞狮表演

寓意吉祥的传统物品

艺娴熟，武艺高超，配合默契的舞狮者可抢登六层高台。

六层高台由21张八仙桌叠加而成。即第一层将6张桌子列成"一"字形，第二层五张，第三层四张，依此递减，第六层一张。从第一至第六层按"品"字结构摆放整齐、扎实。

舞狮时，狮子分别从两端逐层由下往上抢登，每抢登一层都会做出舔毛、抖擞、摇头、休憩、抻腰、踢腿等动作，直至顶层双狮狭路相让通行后，又在上面做直立、拱腰、腾跃、打逗、抢宝等各种高难动作，然后衔吐对联以示祝福或祈祷吉祥，完毕再从顶层依次跳跃而下继而满场奔舞。场面宏大，气势恢宏。

新化舞狮经久不衰，有其深刻的历史缘由。1413年，明成祖朱棣有感于黔中蛮夷之地民风强悍，不闻圣听，不服教化。于是便下诏书，在湘黔桂三省交界的荆蛮之地，兴建起了一座名为新化的府城，它隶属思州宣抚司以寓教化，惠泽苗侗之民。

1434年，新化府因地狭人稀遂撤府立建新化千户所，并入黎平府。新化所、平茶所、隆里所、三千户所一起从属五开卫拱卫黎平。

为巩卫府城，镇抚当地苗侗人民，明朝廷先后在

八仙桌 中国传统家具之一，指桌面四边长度相等、桌面较宽的方桌，大方桌四边，每边可坐2人，四边围坐8人，因此民间雅称"八仙桌"。由于八仙桌的桌面比较大，所以很少有整块料做成的桌面。

不同时期，从江西、山东等中原省份调集军民于此戍守。大量军民涌入这一蛮荒之地，军粮补给是一个很大的问题。于是明成祖再下诏：

临边险要之地，守多于屯；地僻处及输粮艰者，屯多于守。

戍守将士便开始了屯田自给，战时为军闲时为农。不经意间，贵州高原一种特有的民居现象——屯堡蔚然而成。

新化的军屯士兵都是从中原地区迁徙而来，他们在中原地区农耕休闲时还有很多娱乐活动，来到如此荒野之地，除了打仗就是种田，然后是没完没了的训练，单调而乏味。

困则生变，在烦闷之余，他们想起以前在家乡那些丰富多彩的文化生活，不禁魂牵梦绕。于是，曾经只在中原地区流行的耍龙、舞狮、唱戏等文化娱乐方式，渐渐在军屯中悄然兴起。

因军人的阳刚之气，新化所屯堡军人对粗犷勇

明成祖（1360—1424），朱棣，明太祖朱元璋第四子。明代第三位皇帝，年号永乐。在位期间，巩固了南北边防，维护了中国版图的统一与完整。多次派郑和下西洋，加强了中外友好往来。编修《永乐大典》，疏浚大运河，被后世称为"永乐大帝"。

163

驱邪降魔

舞狮文化

■ 舞狮表演

舞狮表演

武，刚毅剽悍，腾挪飞旋的北派舞狮格外情有独钟。此种娱乐健身方式在劳动之余、闲暇之时组织几个人就能舞出一片精彩。尤其在军事训练当中最有效，既能强身健体，又可训练协同作战攻城，还可娱情怡志。因而，那时的新化军户凡男丁皆能舞狮。

斗转星移，军屯渐渐湮灭于历史烟尘中，但新化舞狮作为屯堡尚武文化的遗存，却从此扎根于这块不再荒蛮的土地。凡喜庆如添丁、嫁娶、各种节日等，新化的百姓都相互以舞狮共贺之。

特别是每年春节期间从正月初一至正月十五，新化所城东南西北四门的居民都会组织自己的舞狮队进行表演、庆贺。不知何时起，舞狮俨然已成为新化的地方形象，沿袭了下来。

舞狮是一项古朴的民间技艺。河北徐水舞狮经过几代人不懈的努力，被誉为"北狮之宗"。

徐水舞狮从扮演形式上有双人狮和单人狮之分。双人狮是两个人合扮一头狮子，在舞狮中为多。前者双手握着狮头道具戴在头上，后者俯身用双手紧抓住前者的腰带，身披用麻、羊毛纺织加工而成的狮皮，两人紧密配合完成各种动作。

单人扮演的小狮子，也叫"少狮"，狮皮与四肢是连在一起的整体装束。引逗狮子的角色称"狮童"或"引狮郎"，由武士装扮，手拿绣球引狮起舞，动作以翻、腾、亮相为主。舞狮表演中以打击乐器伴奏，以烘托气氛。

徐水舞狮在表演形式上有"文狮"和"武狮"之分。文狮重在表现狮子的活泼神态和温顺嬉戏的性格，通过演员的肢体活动，表现狮子搔痒、打滚、抖毛、舔毛、弯弓、嘴爪、掏耳朵和打舒展等习惯性动作，感情细腻，憨态可掬。武狮则是技艺叫绝，通过"狮子出洞""翻山越涧""登山直立""踩球过桥"和跳、转、腾、扑等动作，把狮子凶猛的各类动作表现得淋漓尽致、惟妙惟肖，尤其是在"梅花桩上空翻"和"多狮踩球过桥"的表演，更是匠心独运，令人叹为观止。

徐水舞狮艺技主要表现在"凳、桌、桩、板"四门功课上，有托举、打滚、甩尾、翻、跳、多狮过桥等50多个难度较大的动作作为北

舞狮表演

狮的艺术形式，显示了它的魅力。尤其是"四狮踩球过桥"和梅花桩上"单腿旋转360度"的绝活，使人观而生畏，惊而喝彩。

舞狮文化丰富了人们的生活，有利于具有中国特色的古老文化的传承。

舞狮作为民族传统体育中的一项内容，它的产生和发展是与中华民族的传统文化一脉相承的。唐代以后，狮子舞在民间广为流传，并遍及全国各地，后经世世代代的传承和发展，早已褪尽了西域色彩，变成人们极为喜爱的一项现代体育运动，并成为全民健身运动的重要组成部分。

由于舞狮具有民族性、表演性、娱乐性、审美性、健身性及教育性等功能，因而一直受到人们的青睐和喜爱。伴随着舞狮活动的不断发展，舞狮艺术也日臻完善，舞狮运动作为中华传统体育文化的一部分，成为世界体育文化的组成部分。

舞狮运动是中华民族的传统体育活动，且具有浓郁的中华民族特色和悠久的历史文化背景。由于舞狮活动的不断深入、发展与普及，舞狮这项独具中国特色的文化活动已被世人所瞩目。

阅读链接

传说在远古的崇山峻岭中，有一头修炼千年的狮子经常作恶吃人。皇帝派兵讨伐，也没法收服它。玉皇大帝闻报，只好指派紫微星君下凡伏狮。紫微星君得终南山大头和尚相助，与狮子展开博斗，久战而未见胜负。不过，经过如此抗衡之后，狮子精疲力竭，渐渐改变了性情，在紫微星君和大头和尚牵制之下，四处戏耍悠游。他们所到之处，人畜兴旺，五谷丰登。

后来，人们仿照狮子、紫微星君、大头和尚戏耍的动作，渐渐形成了舞狮。由于舞狮象征吉利又有娱人的特点，因此成了民间迎春的传统节目。

吉祥如意

吉祥物品与文化内涵

吉祥动物

　　古往今来，人们都希望自己的生活可以过得平安而且快乐，面对不可预知的未来，我们的祖先创造了许多用以祈求万事顺利的象征物。这些向往和追求幸福美好的吉禽瑞兽，就是吉祥动物。

　　中国祖先创造了龙、凤、麒麟、貔貅、丹顶鹤、喜鹊等吉祥物。除此之外，民间流传的吉祥物更是形形色色，如鸳鸯、锦鲤鱼、蝙蝠、狮子、孔雀、燕子等，不胜枚举。这些吉祥动物，代表了华夏5000年来的历史文化，民风民俗，是在时间的长河中沉淀出的思想精华。

送子带来吉祥的麒麟

岳阳楼麒麟

麒麟是中国传统祥兽，在神话传说中，它是龙和牛的后代，在百兽之中地位仅次于龙，与凤、龟、龙共称为"四灵"，是神的坐骑。古人把麒麟当作仁宠，雄性称"麒"，雌性称"麟"。

据传说，麒麟长着龙头、狮眼、虎背，身体像麝鹿，尾巴似龙尾，还长着龙鳞，头顶是圆的，还有一对角。麒麟能吐火，声音如雷，而且非常长寿，能活2000年之久。幼年麒麟不会飞，成年的会飞。成年麒麟能大能

■ 南京云锦麒麟

小，平时较为慈祥，发怒时异常凶猛。

关于麒麟的记载，最早出现于中国古代文明图案《河图洛书》。而在清代正史《清史稿》里记载了清雍正年间，民间有人目睹麒麟的事：

雍正七年，镇海民家牛生一犊，遍体鳞纹，色青黑，颔下有髯，项皆细鳞。十一年五月，盐亭民家牛产一麟，高二尺五寸，肉角一，长寸许，目如水晶，鳞甲遍体，两脊傍至尾各有肉粒如豆，黄金色，八足，牛蹄，产时风雨交至，金光满院，射草木皆黄。十三年二月，绵州民家牛产一犊，首形如龙，身有鳞纹，无毛，落地而殇。

不仅如此，在清乾隆年间和清嘉庆年间也有人发

寓意吉祥的传统物品

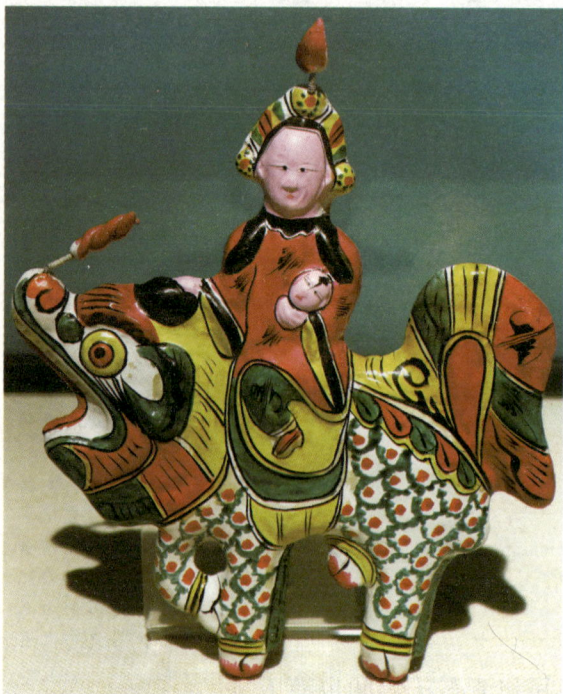

■ 泥塑上的麒麟

现自己家中的牛产下了麒麟：

乾隆四年，盛京民家牛产麟。五年，寿州民家牛产麟，一室火光，以为怪，格杀之，剥皮，见周身鳞甲，头角犹隐也；荆州民家牛产麟，遍体鳞甲。嘉庆元年，遂安民家牛产麟。二年，平度州民家牛产麟。

古人认为，麒麟的每次出现都将是一个非常特别的时期。据记载，伏羲、舜、孔子等圣人都伴有麒麟出现，并带来神的指示，最终指引胜利。

相传在伏羲氏时，伏羲氏教民"结绳为网以渔"，养殖家畜，促进了生产的发展，改善了人们的生存生活条件。因此，祥瑞迭兴，天授神物。

这时，有一种龙头马身的神兽，生有双翼，高八尺五寸，身披龙鳞，凌波踏水，如履平地，背负图点，由黄河进入洛河，游弋于洛河之中，人们称之为"龙马"，即成年的麒麟。这就是后人常说的"龙马负图"。

孔子作为中国的儒教圣贤，也和麒麟有着十分紧密的联系。传说孔子的母亲颜氏，怀胎十月，路过尼山的时候，忽然肚子疼马上要分娩。这时天空一阵轰鸣，一个独角麒麟驾着五彩祥云从天而降。此时，凡间瑞气纷呈，满天红光，麒麟举止优雅，不慌不忙地从嘴里吐出一块方帛，上面还写着："水精之子孙，衰周而素王，徵在贤明。"第二天，孔子就出生了。

■ 麒麟花灯

受到这个传说的影响，民间多以"麒麟儿""麟儿"或"麟子"等为美称，赞扬别人家的孩子。古时王室成员也会用"麟子"代指自己的孩子。

中国古代地方志《兖州府志·圣里志》记载说：公元前479年，鲁哀公到武城以西20多里的大野打猎，把一只麒麟射死了，但不知道这是一只什么动物，于是请孔子前来辨认。孔子看到那是一只麒麟，非常心疼地感叹说："这是麒麟，是仁兽啊，如今这么混乱，你怎么在这个时候出现了呢？"

孔子的弟子子贡问孔子说："您为什么如此伤心呢？"孔子流着泪回答说："麒麟本是祥瑞仙兽，只在贤明的君王面前出现，却因为出现的时机不对而身亡了，我实在是痛心啊！"说完便失声痛哭，从此搁笔，不再编《春秋》了。

《春秋》是中国的儒家典籍，被列为"五经"之一。《春秋》是鲁国的编年史，据传是由孔子修订的，后司马迁续写。记载了从公元前722年到公元前481年的历史，是中国最早的一部编年体史书。《春秋》一书的史料价值很高，但不完备。

■ 麒麟花灯

根据考证，这个"西狩获麟"发生在公元前479年，而孔子的《春秋》一书，也恰恰在这一年停笔，这时孔子已71岁，从此不再著书。这就充分证明了在巨野流传的"孔子获麟绝笔"的故事是真实的。

孔子获麟绝笔，从客观上讲，是年纪大了精力不佳。但从主观上讲，感麟而忧也是个重要原因。孔子遇麟而生，又见麟死，他认为是个不祥之兆，立即挥笔为麒麟写下了挽歌：

唐虞世兮麟凤游，今非其时来何求？
麟兮麟兮我心忧。

麒麟阁 汉武帝建于未央宫之中的楼阁，因汉武帝元狩年间打猎获得麒麟而命名。麒麟阁主要用于收藏历代记载资料和秘密历史文件，后来汉宣帝因匈奴归降，令人绘11名功臣画像于麒麟阁，以示纪念和表扬。凡列入其中，则被视为最高荣誉。

由于孔子感麟而忧，再加他唯一的爱子孔鲤的早逝，使他难过极了，终于在公元前479年与世长辞了。孔子去世后，获麟绝笔的故事广为流传。唐代大诗人李白的《古风诗》中就有"希圣如有立，绝笔于获麟"的诗句。

麒麟作为吉祥物，中国古代各朝朝政也经常采用。史载汉武帝在未央宫建有"麒麟阁"，麒麟阁内绘有11位功臣的画像，以嘉奖他们和向天下昭示其爱才之心。

麒麟在官员朝服上也多被采用，唐代武则天时，以麒麟作纹饰绣于袍服，名曰"麒麟袍"，专门赏赐给三品以上的武将穿用。清代时，人们将麒麟绣于武官一品的"补子"上，成为等级制度的标志，也可见麒麟的地位仅次于龙。

麒麟因为象征吉祥而受到古人的喜爱。君王认为出现麒麟是上天给自己治理国家有方、政治清明的褒奖，臣子将麒麟视为受君主重视的荣誉象征，而民间的老百姓喜爱麒麟，则是因为据说麒麟能为人们带来子嗣。

中国传统的生育观念是希望早立子嗣，多生儿女，子孙满堂，多子多福，无论是妇女怀孕，还是婴儿降生、过百岁及其他庆贺活动，无不体现出人们为

补子 是明、清两代绣于官员服饰胸、背部的禽兽图案，以区分品级的标志。明代称为"常服"，清代称为"补服"。补子最早源于唐武则天时期。补子分圆补和方补两种。圆补用于贝子以上的皇亲，上绣五爪金龙纹，分别饰于左右肩上及前胸和后背。方补用于文官和武官，文禽武兽，用金丝彩线绣制。

招财进宝

吉祥动物

■ 石雕麒麟

麒麟送子

此所做的不懈的祈福努力。

民间一向有"麒麟送子"之说，又因为麒麟曾降临过孔子这样的圣贤之人，因而人们相信麒麟既可以送子，又可以佑子。于是，以"麒麟送子"为主题的民俗文化现象不仅见于图画、祝祷之语，而且也见于岁时活动，表现形式十分广泛，意在祈求、祝愿早生贵子，子孙贤德。

将麒麟制成各种饰物送给儿童佩戴，在中国传统民俗礼仪中是十分常见的，因为麒麟有祈福和佑安的用意。从古至今，人们都喜欢以麒麟的工艺造像作为护身符佩戴在身上，其质地有金、银、铜、玉等，尤其讲究为婴幼儿佩戴"麒麟锁"，以此为孩子祈祷长命百岁。

麒麟同时也代表着美满的爱情。在黄梅戏《女驸马》中，一对玉麒麟也是爱情的见证。女主人公与男主人公受阻于女方父母的决定，女主人公交于男主人公一只玉麒麟，发誓说："麒麟成双人成对，三心二意天地不容。"

在曹雪芹创作的古典文学巨著《红楼梦》一书中，第三十一回和三十二回大篇幅写了"因麒麟伏白首双星"，这里的麒麟不仅是史湘云的护身符，也是

过百岁 中国传统民俗之一，指的是在婴儿出生后的第100天举行的庆祝仪式，目的是预祝婴儿无病无灾、长命百岁。过百岁的当日要把所有的亲朋好友都请来参加宴会，来宾要给婴儿红包，婴儿的姥姥家要送长命锁。

暗示她婚配的一件信物。

中国的风水学认为麒麟就像万金油，旺财，镇宅、化煞、旺人丁、求子、旺文等，各方面都可以使用。并且，如果将麒麟的艺术品摆放在室内，还可以旺事业，化小人，治坏人，还能替主人挡去晦气。

麒麟这个瑞兽本身也蕴含着更深层次的文化意义。中国记述逸闻趣事的古籍《说苑》里面描述麒麟：

含仁怀义，音中律吕，行步中规，折旋中矩，择土而后践，位平然而后处，不群居，不旅行，纷兮其质文也，幽间循循如也。

由此可知，麒麟不仅是神兽，而且还是一只十分

■青玉雕麒麟

金麒麟

儒雅的神兽，它的头上有角却从不用来当武器，甚至在站立的时候也会小心地避开草地和飞虫，俨然是一副谦谦君子的模样。

和拥有使用武力的资本却从不攻击人的麒麟一样，孔子所创建的儒家学派也不提倡武力，而是强调仁义道德是争天下和管理天下的不二法门，因此儒教的思想深深地融进了中国人民的潜意识当中。

形态庄重，内在仁厚，性情温和的麒麟与中华民族的传统美德相吻合，孔子所倡导的仁义精神和中庸之道也与麒麟中规中矩、仁厚君子的形象相辅相成，成为中国思想文化艺术中的瑰宝。

寓意吉祥的传统物品

阅读链接

嘉祥县自古被称为麒麟的发祥地。嘉祥民间流传的麒麟传说十分丰富。

据说曾有人看见，武城的一个老农赶着一头黄牛耕地的时候，黄牛生下一个小犊。这个小犊不像牛，不像猪，头生独角不是鹿，身上长鳞不像龙，是个四不像。四不像刚生下没大会儿，就站了起来把犁镜和犁铧头给吃了下去，老农害怕，请四不像到别的地方去，四不像点点头、摇摇尾，就走了。人们都说，那头四不像就是麒麟。

招财纳福的瑞兽貔貅

貔貅又名"天禄""辟邪""百解"，是传说中一种凶猛的瑞兽，也是中国古代神话传说中的一种神兽。貔貅长着龙头、马身、麟脚，形似狮子，毛色灰白，会飞，是龙的第九个儿子。相传貔貅凶猛威武，负责在天庭巡视，阻止妖魔鬼怪、瘟疫疾病扰乱天庭。

貔貅只有嘴而无肛门，能吞万物而从不排泄，因此招财聚宝，神

神兽貔貅铜像

■ 汉代皇宫出土的
玉貔貅

姜子牙（前1128—
前1016），名尚，
别号飞熊，是中
国历史上杰出的
政治家、军事家
和谋略家。姜子
牙先后辅佐了6位
周王，因是齐国
始祖而称"太公
望"，俗称为"姜太
公"。西周初年，姜
子牙被周文王封
为"太师"，被尊为
"师尚父"。

通特异，只进不出，深得玉皇大帝与龙王的宠爱。这个典故传开之后，貔貅就被视为招财进宝的祥兽了。中国很多人佩戴貔貅的玉制品正因此典故。

貔貅也有公母之分，左前腿往前伸出的为雄，右腿往前伸出的为雌，雄左雌右。除此外，也有些是以独角或者双角来区分公母。

有的风水师认为，收藏貔貅大多都要一次收藏一对，才能够真正地招财进宝。但也有说法认为，如果要将貔貅戴在身上，只戴一只就好，以免打架。

貔貅的来历有多种说法，其中有一说是在远古时候，黄帝大战蚩尤，即将不战之时，幸得一员猛将一跃而起，将蚩尤头部一口咬下，蚩尤大败，只得将两胸化为眼，肚脐化为嘴，仓皇逃走。而这员猛将就是貔貅，黄帝大喜，便将貔貅封为"云"。

也有人说，貔貅是300多万年以前生活在西藏、四川康定一带的猛兽，具有极强的搏击能力。当年姜子牙助武王伐纣时，在行军途中曾偶遇一只貔貅，但当时却无人认识。

姜子牙发现貔貅食量惊人，但从不排泄，只会从全身的毛皮里分泌出一点点奇香无比的汗液，四面八方的动物闻到这种奇香后无不争先恐后地跑来争食，结果反被貔貅吃掉。

姜子牙觉得貔貅长相威猛非凡，就想方设法将这只貔貅收服并当作自己的坐骑。后来，姜子牙发现，只要带着貔貅打仗，就能屡战屡胜，就将貔貅封为"天赐福禄"。

由于这个貔貅凶猛善战的典故，古人常把貔貅的样子画在军旗上，希望军队在打仗的时候，将士们能像貔貅一样勇猛无比，也希望貔貅能够帮助自己聚来更多的金银财宝。古人常用貔貅作为军队的代称，称军队为"貔貅之师"。

貔貅专食猛兽邪灵，所以也叫"辟邪"。中国古代风水学者都认为，貔貅是转祸为祥的吉瑞之兽。将已开光的貔貅安放在家中，可令家运转好，好运加强，赶走邪气，有镇宅之功效，因此它成为百姓家中的守护神，保合家平安。

除助偏财之外，貔貅对正财也有帮助。所以做生意的商人也喜欢

蚩尤　上古时代九黎族部落的酋长，也是苗族相传的远祖之一，中国神话中的古代战神。传说蚩尤的身体异于常人，铜头铁额，刀枪不入，作战时善于使用刀、斧、戈，不死不休，勇猛无比。约在4600多年以前，黄帝与蚩尤大战于涿鹿，蚩尤战死，其部族融入了炎黄部族，形成了今天中华民族的最早主体。

■ 陶塑貔貅

玉石貔貅

寓意吉祥的传统物品

兵符 古代传达命令或调兵遣将所用的凭证，因为是用铜、玉或木石制成，像个虎，所以又称"虎符"。兵符被制成两半，右半留存在国君，左半交给统帅。调发军队时，必须在两个各半的符验合后，方能生效。

风水师 是具备风水知识，受人委托断定风水好坏，必要时并予以修改的一种职业。通常风水师也兼具卜卦、看相、择日等技艺，由于风水先生要利用阴阳学说来解释，并且人们认为他们是与阴阳界打交道的人，所以又称这种人为"阴阳先生"。

安放貔貅在公司、家中或随身携带，认为这样有聚财旺财的祥兆。

古贤认为，命是注定的。但运程可以改变，因此民间有"一摸貔貅运程旺盛，再摸貔貅财运滚滚，三摸貔貅平步青云"的美好祝愿。

最早的貔貅实物出土是在春秋战国时期，当时貔貅被作为将军行军打仗时的兵符，两军交战冲锋陷阵时，第一名士兵所持的开路先锋令就是"云师令"。

到了汉代，汉高祖刘邦打下天下之后，国库空虚。刘邦的妻子吕后命人请来两只貔貅，一只在尚书房为刘邦镇守江山，一只在国库为汉室稳固基业，令汉王朝兴旺，补刘邦的命里不足。自那时起，貔貅便被封为"帝保"，意为保护皇帝。

关于貔貅的另一个详细的记载，是广东南雄延祥寺内的三影塔。三影塔建于 1009 年，是广东仅有的有准确年份可考的北宋早期砖塔。塔檐的每个檐角的梁头下都悬挂着一只铜钟，全塔共挂有 48 个铜钟。

除此之外，塔檐上每条檐脊的端部各蹲着一只酱红色的貔貅。此塔上貔貅的来历，要追溯到南朝时期。

梁武帝萧衍的长子萧统，隐居在绍兴读书。那一年，始兴、南雄一带瘟疫横行，很多人失去生命，传闻说只有用貔貅角磨粉混水喝，病人才会痊愈。

萧统为了给百姓治病，从始兴到南雄一路都在追捕一只貔貅，直到三影塔下才将貔貅抓住。萧统用这只貔貅的角磨粉混水后，百姓们得到了救治，而萧统却因劳累过度而去世了。后人为了纪念萧统，同时也为了寄托祛灾托福的心愿，建塔时就将貔貅放在塔的檐脊。

到了明代，明太祖朱元璋定都南京，民工在挖城墙时挖到一对青铜质地的貔貅，不识何物，呈上御览。朱元璋也不认识貔貅，就找来了刘伯温。

刘伯温是名风水师，他告诉朱元璋说："这貔貅是传说中的'天赐福禄'，可保江山永定啊！"于是，朱元璋就命人在灵谷寺的旁边建立了一座貔貅殿，来供奉这一对貔貅。

后来，等到朱元璋修中山门时，国库空虚，正在着急的时候，丞相刘伯温建议朱元璋用貔貅来纳财。朱元璋听从了他的意见，在国门前放了一对世间最大的貔貅。结果，两江士绅纷纷为国库捐款，朱元璋感慨万分，称赞道："大明臣

招财进宝

吉祥动物

丞相 也叫"宰相"，是中国古代皇帝之下的最高行政长官，负责典领百官，辅佐皇帝治理国政。丞相有权任用官吏，或是向皇帝荐举人才。除此之外，丞相主管律、令及有关刑狱事务，还要负责国家军事或边防方面。全国的计籍和各种图籍等档案也都归丞相府保存。

■ 貔貅饰品

鎏金貔貅

民如此忠心，江山必然万载。"

最早的貔貅形象的艺术作品上可追溯到汉代，多为带翼的四足兽。到了魏晋南北朝时期，貔貅的形象变得更加概括抽象，装饰意趣更浓。从后来的石刻及玉雕貔貅可以看出其外形极富曲线美，气韵连贯，昂首挺胸，张嘴吐舌，气宇轩昂。

貔貅的形象自唐代以后较少出现，及至清代乾隆年间，由于乾隆皇帝好古，对古玉更是有着非同一般的痴迷与喜爱，因此可以在当时宫廷所藏的数件古玉貔貅身上，看到乾隆皇帝亲自授意刻于其上的御制年款及御制诗词，足可见对其重视和喜爱。

北京故宫有一件汉代玉貔貅，其上阴刻"乙巳年乾隆御题"诗。可见在欣赏与赞美古物的同时，乾隆皇帝也命工匠参照汉魏及南北朝时貔貅神兽的形象制作新的仿古器物。

阅读链接

曾经有一个人买了只铜貔貅求其保佑他能财源广进。由于他态度虔诚，心态平和，貔貅对他鼎力相助，为他积攒了不少财富。但这个人很贪心，渐渐觉得貔貅的庇佑已经不能满足他的心愿了，就动了歪心思，私自将貔貅的肚子部位掏空了，以求貔貅能为它积攒更多钱财。

天上的貔貅发现了这件事后很生气，恼怒于凡人的无穷欲望和野心，就将那个人的财富从它的肚中全部倒空了，并且决定不再世间留存。由于使命所在，貔貅还要为凡人提供庇护，但是它从此对贪财重欲的人心生厌烦，因此总是怒目而视。

寓意吉祥的传统物品

一等文禽的丹顶鹤

传说，在王母娘娘身边侍奉的7位仙女经常下凡到北方的一条大江里面洗澡，边笑边闹，十分开心。

有一天，这7位仙女再次来江边洗浴时忘了时辰，当她们意识到这一点时，天色已晚。7位仙女怕被王母娘娘惩罚，连忙各自穿好衣服匆匆地飞回了天庭。

蕉阴立鹤图

其中，一位年纪最小的仙女动作慢了一步，被落在了最后面。这位仙女担心自己的法力不足，飞不了从凡间到天庭那么远的距离，于是伤心地哭了起来。

这时，一只几乎全身白

■ 松鹤图

寓意吉祥的传统物品

色、顶上带红而身形纤细的鹤降在了小仙女的身边，温柔地望着她。小仙女立即明白了这只鹤的意思，赶紧爬到它的背上，被它驮着飞回了天宫。

从此，鹤就成了神仙的坐骑，称为"仙鹤"。如太乙真人和广成子的坐骑就是丹顶鹤，还有道教里被称为"寿星老"的南极仙翁，他的吉祥物也是丹顶鹤。仙人们乘鹤，驾着祥云飘忽而来，一路高唱前行，别有一番情趣。

在道教中，鹤是长寿的象征，因此有仙鹤的说法，而道教的先人大都是以仙鹤或者神鹿为坐骑。

丹顶鹤在空中飞翔时，头、颈和细长的腿都伸得笔直，前后相称，十分闲适自得，使它充满遗世独立的仙韵，中国传统中对年长的人去世也有"驾鹤西游"的说法。

唐代诗人崔颢曾有一首名为《黄鹤楼》的诗作：

昔人已乘黄鹤去，此地空余黄鹤楼。
黄鹤一去不复返，白云千载空悠悠。

传说里的仙鹤和黄鹤，其实指的就是丹顶鹤。丹顶鹤的外形颇有仙气，因此被古人所喜爱。三国东吴

南极仙翁 古代神话传说中的老寿星，又称"南极真君""长生大帝""玉清真王"，为元始天王九子。因为他主寿，所以又叫"寿星"或"老人星"。传说经常供奉这位神仙，可以使人健康长寿，秦朝统一天下时就开始在首都咸阳建造寿星祠，供奉南极老人星。

学者陆玑在《诗经》的注解著作《毛诗草木鸟兽虫鱼疏》里对丹顶鹤做了细致的描述：

大如鹅，长脚，青翼，高三尺余，赤顶，赤目，喙长四寸余，多纯白。

唐代诗人描写丹顶鹤的句子尤其繁多，如薛能在《答贾支使寄鹤》中写道："瑞羽奇姿跟跄形，称为仙驭过青冥。"白居易在《池鹤》中说："低头乍恐丹砂落，晒翅常疑白雪消。"张贲也有"渥顶鲜毛品格驯，莎庭闲暇重难群"的句子。

古人认为，丹顶鹤的美，在于它的整个形体的和谐一致，而这种美的奥秘之处，无疑是因为它在那玉羽霜毛之上还具有一个朱顶、丹砂，显得典雅而风流，令人难以忘怀。

丹顶鹤的寿命可达五六十年，这在鸟类世界中算是较长寿的，因此仙鹤也可以作为多福多寿的象征。鹤寿无量，鹤与龟一样被视为长寿之王，后世常常以"鹤寿""鹤龄""鹤算"作为祝寿之词。

松鹤图

鹤也常和松画在一起，取名为"松鹤长春""鹤寿松龄"；鹤与龟画在一起，其吉祥意义是"龟鹤齐龄""龟鹤延年"；鹤与鹿、梧桐画在一起，表示"六合同春"。

中国古代的诗词字画中常有"松鹤延年"图形与题字，借以表达祝君长寿

珐琅鹤

寓意吉祥的传统物品

的心意。画着众仙拱手仰视寿星驾鹤的吉祥图案，谓为"群仙献寿"图。

仙鹤虽然不像凤凰那样是百鸟之王，但由于鹤的性情高雅，形态美丽，因此地位仅次于凤凰。关于这个典故，也流传着一个美丽的故事。

相传在远古的黑龙江乌裕尔河附近，有一片荒芜的盐碱地。盐碱地的方圆百里只有一个小小的村落，散居着几十户人家。由于土地瘠薄，人们种不了庄稼，只能靠烧土碱艰难度日。

有一天，疾风顿起，乌云蔽日，石走沙飞。半个时辰过后，云散风定，天空骤晴，酷日如火，随着阵阵哀鸣，一个庞然怪物从天空中扎落下来。人们惊慌不已，纷纷关门闭户。

当时，有个徐姓的大胆壮汉提着木棍赶去察看，发现是一条巨龙飞落在了干涸的地上。村里人闻讯，纷纷赶来围观。只见巨龙明目如珠，双角高矗，锋利的龙爪深深地抠进干裂的土中，龙身数十丈，粗如几人合抱不拢的老榆树，上面布满簸箕大的鳞片。

看见这条巨龙双目垂泪，挣扎着曲摆首尾，欲飞不能，仰天叹望九霄的样子，村里一位银发长者告诉大家说："龙是水性天神，能为人间行雨造福。想必是近些日子天气实在太过干燥炎热，它才这样受苦。大家赶紧搭棚浇水，救神龙脱凡归天！"

村民们一呼百应，赶紧凑集了很多木杆和被褥，给巨龙搭了一个巨大的凉棚，还从远处担来清水浇在龙的身上。可是由于天气燥热，巨龙的身上鳞片开始脱落。众人心急似火，纷纷流下了伤心的泪水。

这时，天上的百鸟仙子被人们的善良所感动，派丹顶鹤率领白鹤、白头鹤、白枕鹤、灰鹤、蓑羽鹤、大天鹅及众多鸟儿飞到人间。它们展翅盘旋，为巨龙遮日蔽荫，呼风唤雨。

不出片刻，在鹤群的鸣叫声中，天空浓云压顶，电闪雷鸣，顷刻暴雨狂泻、洪水猛涨。巨龙得水后，一跃腾入高空，随后俯首下望，曲身拱爪向救它性命的人们点首三拜。人们欢呼跳跃着为巨龙送行。

巨龙飞走之后，奇迹出现了。人们发现在巨龙飞起的地方，竟成了一个一眼望不到边的大池子，池中鱼虾丰盛，荷花、菱角花芳艳诱人，周围被龙尾扫过的地方还长出了茂密的芦苇。

从此，这里成为风调雨顺、地产丰富的宝地，连仙鹤也留下定居了。人们为了纪念与神龙、仙鹤的缘分，就把这里称为"扎龙"和"鹤乡"。

仙鹤不仅在传说里占有重要位置，在中国历史上也被公认为一等的文禽。因为在中国传统的鸟文化中，鹤是"一人之下，万人之上"的，地位仅次于"凤"，也就是皇后，因此鹤代表的就是最有权势的大臣。

中国古代王朝大臣的最高级别是"一品"，因此丹顶鹤也被称为"一品鸟"。

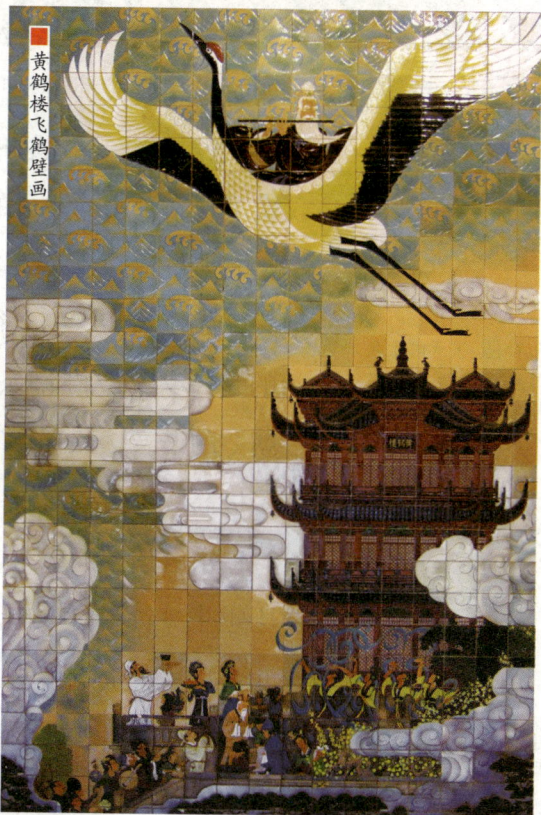

黄鹤楼飞鹤壁画

寓意吉祥的传统物品

■ 王朝大臣衣服上
的鹤形图案

补服 明清时于品
服之外缀有随时
依景而制的补子
的官服。明代补
服的补子是一块
40至50厘米见方
的绸料，织绣上
不同纹样，再缝
缀到官服上，胸
背各一，表示品
级。文官的补子
用鸟，武官用走
兽，各分九等。
清代官服也缀有
补子。

比如明代和清代都将丹顶鹤看成是忠贞清正、品德高尚的代表，将一品文官的补服绣上丹顶鹤，把它列为仅次于皇家专用的龙凤的重要标识。

因为丹顶鹤能代表级别最高的官衔，因此人们也把丹顶鹤作为高官的象征。比如，中国有种吉祥纹图画的是一只鹤立在潮头岩石上。其中，取"潮"与"朝"的谐音，象征像宰相一样"一品当朝"，表示官位极高，主持朝政。

追求官运亨通的人喜爱丹顶鹤，洁身自好的文人志士也十分钟爱丹顶鹤。鹤的习性是雌雄相随，步行规矩，翩翩然有君子之风，再加上鹤的鸣叫声十分响亮，《诗经》中说的"鹤鸣九皋，声闻于天"，就是描写丹顶鹤在云霄中飞翔时发出的清脆高亢的鸣叫声。

中国古代哲学著作《周易》中孚卦九二爻的爻辞称：

鸣鹤在阴，其子和之，我有好爵，吾与尔靡之。

意思是鹤在阴暗处鸣叫，远处的小鹤也会应和。自己有好酒，愿与知己共饮。

因此，古人多用翩翩然有君子之风的白鹤，比喻具有高尚品德的贤能之士，把洁身自爱，声名远播而有时誉的人称为"鹤鸣之士"。

《周易》中的那句"鸣鹤在阴，其子和之"，还有其他的寓意。中国古代有"君为臣纲，父为子纲，夫为妻纲"的封建道德规范，又将"父子有亲，君臣有义，夫妇有别，长幼有序，朋友有信"称为"五伦"，也就是"五常"。

而鹤，在中国古代"五伦"的人伦关系中代表父子关系。因为当鹤长鸣时，小鹤也鸣叫。鹤也就成了道德轮序的父鸣子和的象征。

丹顶鹤之所以能够成为古人心中的仙鹤，一个重要原因是丹顶鹤的外表感染力极强。丹顶鹤的色彩构成非常独特，整个身躯以白色为基调，二三级飞羽和颈部为黑色，头冠鲜红凝重。

白色固有的一尘不染的品貌特质，常使人们从中体会到纯洁、神圣、光明、洁净、正

雪蕉双鹤图

招财进宝

吉祥动物

编钟 也叫"乐钟",用青铜铸成,是中国古代打击乐器,也是由中国最早制造和使用的乐器。乐钟是按照音调排列起来的、大小不同的扁圆钟,依据高低的次序把扁圆钟悬挂在一个巨大的钟架上后,用"丁"字形的木槌和长形的槌分别敲打铜钟,就能发出不同的清脆悦耳的乐音。

■ 出土的青铜器莲鹤方壶

直、坦率、缈缈的思想启迪。黑色则是呈现出力量、永恒、刚正、神秘、高贵、坚强的意味。

在丹顶鹤的身上,黑白这两个极色集中在丹顶鹤的身上,会使人联想到中国的太极图中阴阳鱼黑白色彩对比所昭示的阴阳、虚实、无有、负正的对立意念,给人以神秘感和强烈锐利的美的冲击力。

红色更是中国传统文化中代表热烈、吉祥、兴奋、激情、绝艳、长寿的颜色。丹顶鹤头冠上的这一点红,使它身上的整个色彩活跃起来,给人以鲜活的美感。

丹顶鹤的静态美,有力地激发了文人的创作灵感,他们把丹顶比作红日,把白羽比作雪和玉,甚至连咳嗽吐出的都是珍珠。唐代诗人白居易就将丹顶鹤的姿态写成"低头乍恐丹砂落,晒翅常疑白雪消"。

不仅是诗文,古人在雕塑、绘画、音乐、舞蹈、工艺品、服装等艺术领域都以鹤为题材创作了许多精品。在出土文物中,最早的鹤的雕塑出现在3200多年前的商代武丁时期。

武丁是商代第二十三位王,他的妻子妇好曾率领1.3万人出征,是华夏第一女将军,并由她率众祭祀,因而得到武丁的宠爱。

妇好去世后,武丁为了便于祭奠,把她埋在王宫附近,在墓中放了近2000件陪葬品,玉鹤就是其中两件。这两件玉雕的鹤玲珑可爱，皎洁光亮，安详似解人意，具有极强的艺术魅力。

春秋中期的青铜器莲鹤方壶，制作于2400多年前，也非常精美。在壶的盖顶，镂空的莲花瓣中间立着一只振翅欲飞的铜鹤，使整个器型显得生动活泼。

著名的曾侯乙墓曾经出土瑰宝编钟乐器，也出土了鹿角立鹤青铜器。那件青铜器上雕刻着一只鹤伸出高于身长两倍的长颈，头上竟长一对鹿角，两翅展开，尾下部边缘和翅膀周边嵌满绿松石。

最奇妙的是，这件鹿角立鹤青铜器由8个部分分铸后组装而成，可拆开后重装，其巧妙的构思、奇巧的造型、精湛的工艺，都堪称一绝，表现了战国早期的古人对鹤的喜爱之情。

殷墟妇好墓出土的玉鹤

阅读链接

据说最初的丹顶鹤其实头上是没有那一片红色的。相传三月初三为西王母诞辰，当天西王母在瑶池举行盛大的宴会，用蟠桃招待各路神仙，后称为"蟠桃会"，在会上用于装饰的鲜花不够了，她只好找来丹顶鹤为她运送奇花异草。

当丹顶鹤头顶最后一批艳红的牡丹飞向天庭时，王母娘娘的蟠桃会已经准备完毕了。当丹顶鹤在瑶池里见到自己的影子时，觉得头上的艳红色很好看，就再也没有摘下花来。天长日久，丹顶鹤的头顶也就慢慢变成了红色。

象征喜庆吉祥的喜鹊

喜鹊刺绣图

传说喜鹊原是天宫的仙鸟，叫鹊儿。有一年，玉帝派金牛星下凡，给人间撒了些草籽，大地处处绿茵，只是缺少花木，人间还不是很美。这话被鹊儿们听到，就把这件事转告了王母娘娘。

王母娘娘听了鹊儿的请求，心想，玉帝派金牛星给人间撒草籽，落了个好名声，我何不让百花仙子给人间送些花籽，借此名垂千古呢？可王母舍不得冬梅，再三叮嘱百花仙子：百花齐撒，独留梅花！从那时起，人间大地从春到秋，百花盛开，唯独冬天没有花。

鹊儿们议论后，偷了一株梅树苗，又派一只鹊儿衔到人间。从此大地上就有了梅花。因时值腊月花开，所以人们称它"冬梅"或"蜡梅"。

王母发现此事，下令绑了送梅的鹊儿的双腿，并把它关进笼里。从此，鹊儿也就练成了蹦蹦跳跳的本领。

后来，专管天宫鸟类的三足鸟得知此事，很同情这只鹊儿，冒风险打开笼子放了它。鹊儿飞到人间，看到梅花吐艳，就在梅枝之间跳来蹦去，还"喳喳喳"地叫个不停。

■ 喜鹊登枝刺绣图案

这株梅花树栽在一个富人的花园里，这家小姐恰逢出嫁日，按当地风俗，姑娘正在绣楼上按照习俗哭嫁。忽然，鹊儿的阵阵叫声从窗口飞了进来。

姑娘听了不知是何声音，走到窗口向花园望去。她看到梅枝上有只从未见过的鸟儿，羽毛美丽，叫声悦耳，舞步轻盈。姑娘一时高兴，取来剪刀和红纸，照着鹊儿和梅花的样子，很快便剪成了一幅窗花。

这时，家人来催姑娘快上花轿。姑娘拿着刚剪好的窗花，自言自语道："这是什么鸟呢？"

快嘴的丫鬟忙说："今日大喜，姑娘逢喜事，就叫它喜鹊吧！"姑娘上了轿，到了婆婆家，她剪的窗花也随同嫁妆抬了过去。

男家开染坊，家主见媳妇的这幅"喜鹊登梅"的

三足鸟 也叫"金乌"或"赤乌"，是古代传说中一只居住在太阳里的金黄色三足乌鸦。古人把"金乌"作为太阳的别名。根据《山海经》等古籍的记述，三足鸟是帝俊与羲和的儿子，它们既有人和神的特征，又是长有三足会飞翔的踆乌。

喜鹊登枝

窗花剪得很好，就照着画了，又加了只喜鹊，寓意成双成对，双喜临门。从此以后，喜鹊就成了预兆喜事之鸟的象征。

"喜鹊叫，客人到"，这是通行古今的俗谚。喜鹊在汉代叫干鹊，《本草纲目》说喜鹊"性最恶湿，故谓之干"，这是说喜鹊喜欢天晴。

由于远道的客人雨天一般不会上路，天晴时来的可能性大，而喜鹊又喜欢在天晴时欢畅而鸣，这种巧合可能就是俗语"喜鹊叫，客人到"产生的原因。

古代时交通不便，传递信件费时又麻烦，也没有其他通信方式，因此对于古人来说，远路客人突然到来常使人喜出望外，喜鹊报喜便弥足珍贵。

喜鹊被更多的人喜爱，其实和另一个传说有关。在很久很久以前，南阳城西的牛家庄有一个叫牛郎的孤儿，自幼跟随哥哥嫂子生活。牛郎的哥嫂对牛郎并不好，要与他分家，只给了他一头老牛，让牛郎自立门户。

从此，牛郎和老牛相依为命，他们在荒地上披荆斩棘，耕田种地，盖造房屋。一两年后，他们营造了一个小小的家，勉强可以糊口度日。可是，除了那条不会说话的老牛外，冷清清的家只有牛郎一个人，日子过得相当寂寞。

牛郎并不知道，那老牛原是天上的金牛星。有一天，老牛突然开口

寓意吉祥的传统物品

说话了，对牛郎说："牛郎，你去碧莲池一趟，那儿有仙女在洗澡，你把那件红色仙衣藏起来，穿红仙衣的仙女就会成为你的妻子。"

牛郎见老牛口吐人言，又奇怪又高兴，便问道："牛大哥，你真会说话吗？你说的是真的吗？"老牛点了点头。

牛郎找到老牛说的地方，悄悄躲在碧莲池旁的芦苇里，等候仙女的来临。

不一会儿，仙女果然翩翩飘至，脱下轻罗衣裳，纵身跃入清流。牛郎便从芦苇里跑出来，拿走了红色的仙衣。仙女见有人来了，忙乱地穿上自己的衣裳，像飞鸟般地飞走了，只剩下没有衣服无法逃走的仙女，她正是天上的织女。

织女的工作，是用一种神奇的丝在织布机上织出层层叠叠的美丽的云彩，随着时间和季节的不同而变幻它们的颜色，这是"天衣"。织女常常坐在织机旁不停地织着美丽的云锦，是王母娘娘最喜爱的仙女之一。

此时，织女见自己的仙衣被一个小伙子抢走，又羞又急，却又无可奈何。这个时候，牛郎走上前来，对织女说，要织女答应做他妻子，他才能还给她的衣裳。织女含羞答应了他。

这样，织女便做了牛郎的妻子。他们结婚以后，男耕女织，相亲相爱，日子过得非常美满幸

牛郎织女盗衣结缘

寓意吉祥的传统物品

■ 牛郎织女男耕女织

福。不久，他们生下了一儿一女。

牛郎织女以为能终身相守，白头到老。可是，王母娘娘知道这件事后，马上派遣天兵天将捉织女回天庭问罪。

这一天，织女正在做饭，下地去的牛郎匆匆赶回，眼睛红肿着告诉织女说："牛大哥去世了，他临死前说，要我在他死后，将他的牛皮剥下放好，有朝一日，披上牛皮，就可飞上天去。"

织女一听，心中纳闷，他怎么会突然死去呢？织女便让牛郎剥下牛皮，好好埋葬了老牛。

正在这时，天空狂风大作，天兵天将从天而降，不容分说，押解着织女便飞上了天空。

正飞着，织女听到了牛郎的声音："织女，等等我！"织女回头一看，只见牛郎用一对箩筐，挑着两个儿女，披着牛皮赶来了。慢慢地，他们之间的距离越来越近了，织女已经可以看清儿女们可爱的模样，孩子们也都欣喜地张开双臂，大声呼喊着"妈妈"。

眼看牛郎和织女就要相逢了，可就在这时，王母驾着祥云赶来了，她拔下头上的金簪，往他们中间一划，霎时间，一条银河波涛滚滚地横在了织女和牛郎之间，无法横越了。

织女望着银河对岸的牛郎和儿女们，哭得声嘶力竭，牛郎和孩子也哭得死去活来。他们的哭声，孩子们一声声"妈妈"的喊声，是那样撕心裂肺，催人泪下，就连在旁的仙女、天神都觉得于心不忍。

王母娘娘有些动容，就让他们在每年农历七月初七相会。但是，隔着那样一条长长的银河，他们又怎能一家团聚呢？

这时，又是热心的喜鹊们想出了办法。每到七月初七，就会有千万只喜鹊飞来，搭成鹊桥，让牛郎织女走上鹊桥相会。

因此，每到七月初七的时候，人们到处看不见喜鹊的踪影，因为它们都去为牛郎织女搭鹊桥了。

喜鹊不仅能预报喜事，成就美好姻缘，还十分懂得知足报恩，是种有情有义的吉祥动物。唐代小说家张鷟在唐代笔记小说集《朝野金载》的卷四中，写下了这么一个"鹊噪狱楼"的传说：

贞观末年，有个叫黎景逸的人，家门前的树上有个鹊巢，他常喂食巢里的鹊儿，天长日久，喜鹊和他之间有了感情。后来，黎景逸被人诬陷为盗贼，含冤入狱，令他倍感痛苦。

突然有一天，黎景逸看见自己总喂食的那只喜鹊停在狱窗前欢叫不停，像是在兴奋地讲着什么喜事。黎景逸暗自想，大约有好消息要

牛郎织女鹊桥相会

来了。果然，三天后他被无罪释放。后来，黎景逸才知道是因为那只喜鹊变成人后假传圣旨，才把他救出来的。

这是中国很传统的鸟兽报恩故事类型。一只喜鹊因为老吃"邻居"喂饲的饭食，对人起了感激之心。当主人落难的时候，不但亲自到狱楼上去传好消息，还化身为人，假传圣旨，帮助恩人脱难。"玄衣素衿"，正是喜鹊的服装形象。

古代儒家认为喜鹊的地位非常尊贵，将喜鹊奉为"圣贤鸟"。喜鹊一年到头，不管是鸣还是唱，是喜是悲，也不管是在地上还是在枝头，年幼还是衰老，临死还是新生，发出的声音始终都是一个调，一种音。儒家眼中的圣贤、君子，就是要表现得像喜鹊那样恒常、稳定、明确、坚毅、始终如一。

因此，儒家经常要求人们向喜鹊学习，把喜鹊当成圣贤的楷模。再加上喜鹊的叫声为"喳喳喳喳，喳喳喳喳"，意为"喜事到家，喜事到家"，所以喜鹊在中国民间是吉祥的象征。

寓意吉祥的传统物品

阅读链接

七夕前后，喜鹊的脑门总是光秃秃的没有毛，传说这是因为喜鹊总是要赶在七夕的时候去为牛郎和织女搭桥，被他们踩得连头顶都秃了。

喜鹊很苦恼自己的样子，又不忍心扔下牛郎和织女不管，左右为难。织女发现了它们的心事之后十分感激，想要报答它们，却又苦于没法治愈它们的羽毛，就把自己编织东西的心得和技巧告诉了喜鹊。因此，喜鹊是鸟类当中最会筑巢的，不但善于编织，还善于抹砌。

吉祥物件

　　人类要生活，必须先求生存，而"逢祥瑞，求吉利"正是人之常情。古人常常要面对不可知或突如其来的灾害性事件，为在艰苦的条件下得以生存，更要竭力追求吉祥、平安和幸福的生活，而吉祥物就是这种心理愿望的体现。

　　人们将福气概括为福、禄、寿、喜、财这"五福"，所有能让人感觉接近这五福的物品，就是吉祥物，诸如中国结、如意、桃木剑、玉佩等，它们的意义虽有不同，但都体现了中国人的幸福观，反映了中华民族的一种文化心理。

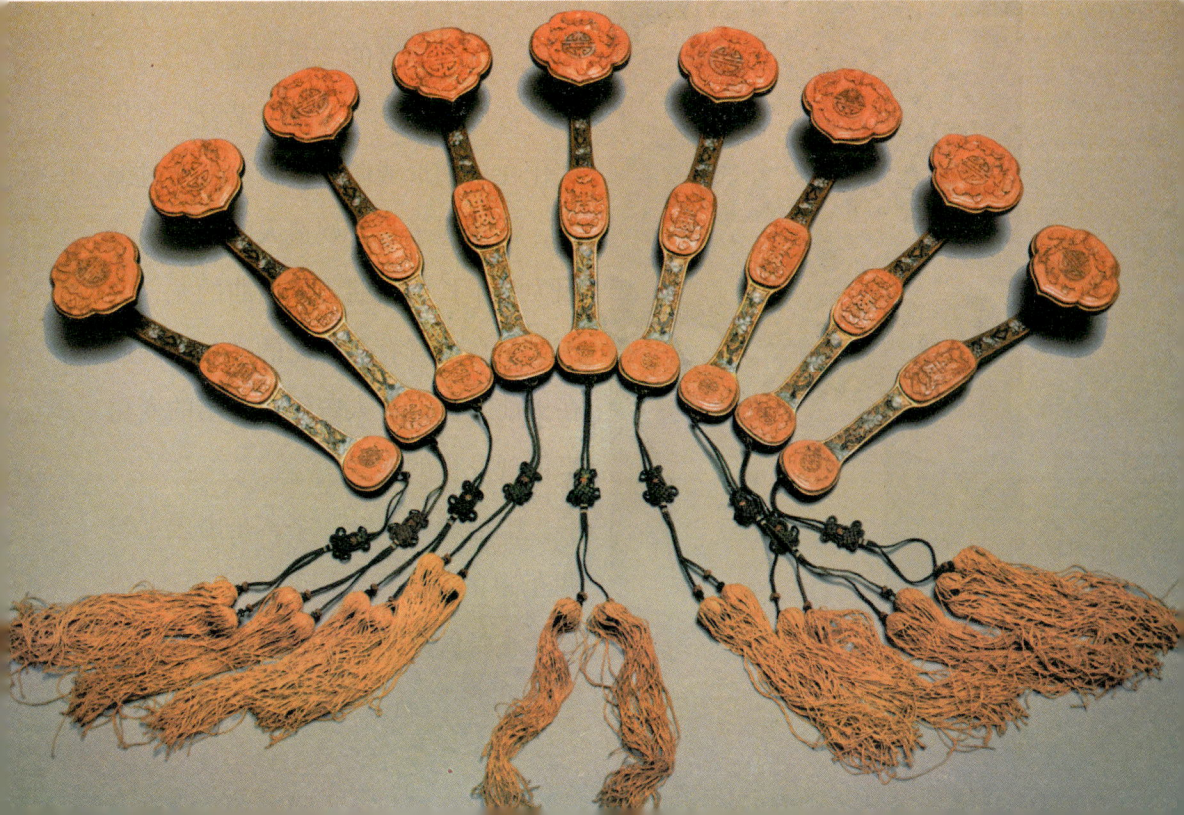

心有千千结的中国结

寓意吉祥的传统物品

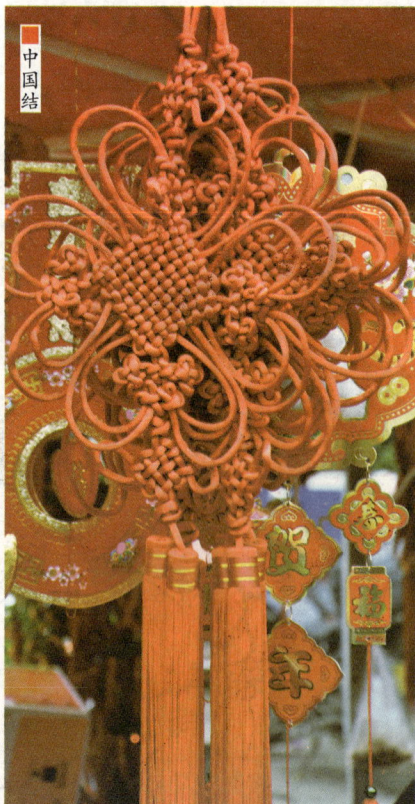

中国结

中国结历史久远，其历史贯穿于华夏民族史，漫长的文化沉淀使得它渗透着中华民族特有的、纯粹的文化精髓，富含丰富的文化底蕴。

古代"绳"与"神"谐音，中华文化在早期形成阶段，曾经崇拜过绳子，认为绳子是女娲造人的工具。又因为绳子长而卷曲，像盘曲的龙，中国又是自古就有崇拜龙的文化，因此在史前时代，古人曾经用绳结的变化来体现龙神的形象。

中国结的"结"字，是由表示丝绸布料的绞丝旁加上"吉"字组成的，本身就寓意了古人对这种绳结的热爱和美好愿望。

"结"字是一个表示力量、和谐，充满情感的字眼，意思含有牢固、结合、结伴。无论是结合、结交、结缘、团结、结果，还是结发夫妻、永结同心，"结"给人都是一种团圆、亲密、温馨的美感。

在这"结发"词里用的"结"字是最蕴含妙意的。古时候，"结"通"髻"，意思是头发。髻，就是绾发而结之于顶。

在古时候，新婚洞房里妻子头上盘着的发髻，她自己不能解，在儒家典籍《仪礼·士昏礼》中记载着："主人入室，亲脱妇之缨。"意思是只有丈夫才能解开妻子盘着的发髻，然后相拥相抱、恩爱缠绵、如胶似漆。后来，人们就称首次结婚的男女为"结发夫妻"。

■ 中国结

"结"与"吉"谐音，"吉"有着丰富多彩的内容，福、禄、寿、喜、财、安、康无一不属于"吉"的范畴。"吉"是人类永恒的追求主题，"绳结"这种具有生命力的民间技艺也就自然作为中国传统文化的精髓，兴盛长远。

在中国的民俗传统中，每到除夕夜，长辈们都会用红丝绳穿上百枚铜钱作为压岁钱，以求孩子长命百岁。端午节的时候，则用五彩丝线编制成绳，挂在小孩脖子上，用以辟邪，称为"长命缕"。

压岁钱 春节拜年时，长辈要将事先准备好的压岁钱分给晚辈。民间认为，压岁钱可以压住邪祟，因为"岁"与"祟"谐音，晚辈得到压岁钱就可以平平安安度过一岁。当恶鬼妖魔或"年"去伤害孩子时，孩子可以用这些钱贿赂它们而化凶为吉。

中国结

中国结虽然只是看似简单的绳结艺术，但样式繁多，编后的成品也十分精致。在历史发展过程中，人们研究出了中国结多达28种编法，并且每一种都有其独特的寓意。

中国结发展的鼎盛时期在清代，当时编绳结已俨然被视为一门艺术，样式既多，花样也巧，作为装饰的用途相当广泛，日常生活中的大小用品如轿子、窗帘、帐钩、肩坠、笛箫、香袋、发簪、项链、烟袋下方常编有美观的装饰结，这些结常有吉祥的含义。

在这个过程中，中国结被作为民间祝祷的符号，成为世代相传的吉祥饰物。

中国结不仅具有造型、色彩之美，而且皆因其形意而得名，如盘长结、藻井结、双钱结等，体现了中国古代的文化信仰及浓郁的宗教色彩，体现了人们追求真善美的良好愿望。

在新婚的帖钩上，装饰一个"盘长结"，寓意一对相爱的人永远相随相依，永不分离。在佩玉上装饰一个如意结，引申为称心如意、万事如意。在扇子上装饰一个吉祥结，代表大吉大利、吉人天相、祥瑞、美好。

在剑柄上装饰一个法轮结，有如轮黑心行、弃恶扬善之意。在烟袋上装饰一个蝴蝶结，"蝴"与"福"谐音，寓意福在眼前，福运将至。

古人之间互赠中国结，一为相思，二为别情，都是借此"结"来表达情意，隐喻自己对离人如绳结般绵长而细腻的思念和爱慕之情。这一点，在中国古代的各种诗词歌赋中都有体现。

楚国的爱国诗人屈原在《楚辞·九章·哀郢》中写到"心圭结而不解兮，思蹇产而不释"，用解不开的绳结来表达自己对国家命运的忧虑和牵挂。

专门记载无名氏的诗作著作《古诗十九首》中也有一首以不解之结来表达情意的诗："著以长相思，缘以结不解。以胶投漆中，谁能离别此。"其中用"结不解"和胶漆相融来形容感情的深厚，可谓是恰到好处。

在中国结的种类中，有一种是双鱼结。关于这个中国结图案，还有个流传很广的民间传说故事呢！

相传早在汉代时，黄河边上有个贫苦的孤儿名叫吉庆，靠在黄河上拉纤为生。吉庆年龄虽小，但品德高尚，又有一身好水性，经常帮助坐船的客人从水中打捞物品。

有人问吉庆说："黄河中的鲤鱼肉鲜味美，名贵于天下，你何不捉几条去换钱，也强过你在此受拉纤之苦。"

吉庆摇摇头说："我从小

幸福愿望

吉祥物件

屈原（前340—前278），中国古代伟大的爱国诗人。屈原出生于楚国丹阳，号灵均。由于楚王不接受他的爱国主张，致使国土沦丧，他满怀忧愤之情，跳江自尽。屈原是中国最伟大的浪漫主义诗人之一，也是中国已知最早的著名诗人，他创立了"楚辞"这种文体，也开创了"香草美人"的传统。

■ 中国结

寓意吉祥的传统物品

■ 中国结

喝黄河水长大，如今又靠黄河水吃饭。鲤鱼没伤害过我，我怎能伤害它？"

有一天晚上，吉庆梦见一个身穿红袍，衣袍无缝的小男孩儿向他奔过来，口中呼喊"救命"。吉庆大吃一惊，连忙伸手去牵小孩儿，却突然惊醒。

第二天，吉庆一早又去河边准备拉纤绳，忽然看见有条大水蛇向一尾红色鲤鱼蹿过去。说时迟，那时快，吉庆迅速出手一捞，从水里把鲤鱼救了下来。

奇怪的是，那条赤鲤在他手上居然也不挣扎，反而安静地仰脖张嘴，鳃片儿一张一合的，像是对吉庆说什么。吉庆猛然想起昨晚做的梦，心里一动，赶紧捧着它往岸上自己的草棚跑去。

吉庆找到一个水罐，小心地把鲤鱼养了起来，还把自己唯一的馍，掰成屑喂它吃。傍晚，拉了一天纤绳的吉庆，疲惫地回到草棚，急切地去看望水罐中的鱼儿。不料，水罐中的赤鲤却不见了，只闪着奇怪的金光。

吉庆更加疑惑了，定睛一看，原来在水罐里整整齐齐地码着4个金元宝。吉庆拿起金元宝仔细察看，却看见每个金锭上都刻有四字铭文："九登禹门，三游洞庭。愧不成龙，来富吉庆。"

后来，有如神助一般，吉庆拉纤的生意越来越好，也总有人找他下河捞东西，再以重金酬谢。从此，吉庆"有鱼变富"的故事传开了。

许多人非常羡慕，也想弄到一尾发财的赤鲤来喂养，就把红色的鲤鱼称作"元宝鱼"。时间一长，"有鱼"两个字传成了"有余"，但依然是祈盼富裕的祝颂之词。

古人认为，编织双鱼结也是有忌讳有讲究的。鱼是水中活物，按五行讲，水属阴。而阳在上，阴在下，因此吉庆的结饰一定要编在上方，鱼编在下面。

另外，双鱼结中的鱼不能装在编有攀缘结的圆盘上。因为攀缘结是太阳结，这是把鱼放在火里烤，表示鱼会被劫困之意，是犯忌的。

中国结把我们同祖先思绪相连；结字，使我们与古人情意相通。正可谓是：天不老，情难绝，心似双丝网，中有千千结。

阅读链接

据传说，古时候有一个和尚，在闲暇时用一根绳编出一个整结，然后串上名贵的佛饰品，再编出"王"字的穗。当时这个和尚为了表达自己"一心一意"向佛，所以是用一根线编出来的，穗上为了体现他"至高无上"的信仰故编出"王"字。

后来，这个绳结渐渐流传出来，人们不再局限于佛教的因素，将各种祝福都编入了绳结，使中国结成为了亲情、友情、爱情的"一心一意"及拥有者"至高无上"身份的象征。

传统吉祥之物如意

"如意"，顾名思义：如意如意，万事如意。它是中华民族的传统的吉祥之物。如意的主要形状特征为其柄稍曲，头为灵芝式样的云头状，尾端系有丝线穗带。

如意在梵语中叫作"阿娜律"，是一种佛具。它的原型是古代的搔杖，也就是和后来的痒痒挠一样，是瘙痒工具。如意的柄端作"心"形，用竹、骨、铜、玉制作。法师讲经时，常手持如意一柄，记经文于上，以备遗忘。就这样，如意融合了搔杖和笏板的作用，渐渐变得受人重视。

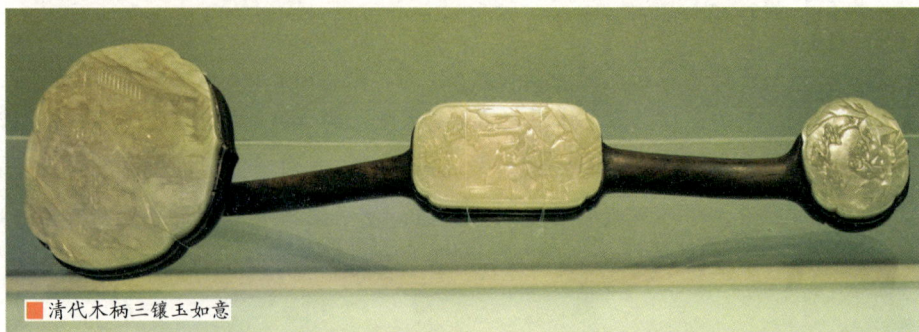

清代木柄三镶玉如意

据有关资料记载，如意远在东汉时就已有之，并且用途很广泛，它可作为防身器物，战争中也用于代麾作指挥之物，寓意万事顺利，吉祥如意。

作为吉祥之物，如意在民间及宫廷中都有广泛的使用。在古代，有人远行前，家人或友人会送上如意，以表良好祝愿；佛僧讲经时，也常用如意做随身携带的道具。

中国规模最大的类书《古今图书集成》中就有关于如意的记载：

如意，古人用以指画向往，或防不测，炼铁为之。

这段文字说明，如意在未被使用珍贵材料制作之前，是有其实际用途的，它并非仅是繁复珍奇的陈设或馈赠品。

在魏晋南北朝时期，如意得到了普遍使用，成了帝王及达官贵人的手中之物。虽说如意的原型与民间

《古今图书集成》 原名"文献汇编"，是康熙的三皇子胤祉与侍读陈梦雷等编纂的一部大型类书，历时清代两朝28年，采集广博，内容丰富，记载历象、方舆、博物、经济、明伦等章节。正文1万卷，全书无所不包，图文并茂。

类书 摘录各种书上有关的材料并按照内容分门别类地编排起来以备检索的书籍。如《太平御览》《古今图书集成》。

玉如意

寓意吉祥的传统物品

西域 在古代文献中多指中国玉门关、阳关以西的诸多国家和地区，在丝绸之路影响下，西域特指汉唐两代朝廷安排的行政机构所管辖的，中国新疆大部及中亚部分地区。西域位于欧亚大陆中心，是丝绸之路的重要组成部分。

《晋书》 古代晋国史书，为"二十四史"之一，编者共21人。全书130卷，包括帝纪10卷，志20卷，列传70卷，载记30卷。《晋书》书中虽多矛盾、疏漏，但仍是研究晋史的主要书籍。以西、东两晋为正统，并用"载记"的形式兼述了十六国时期14个割据政权的兴亡。

的挠痒痒用的东西，在器型上相结合，但是人们更多的是将如意当成权杖。

那时候，如意作为吉祥物还是十分普遍的，因此材质以铁为主。古书中关于铁如意的逸闻很多，《晋书》中就记有王敦大将军每次饮酒至酣畅处，常常以铁如意击唾壶慷慨放歌，壶口多因此而缺损的逸事。

记述魏晋人物言谈逸事的笔记小说《世说新语》里也有一则关于铁如意的故事：

晋武帝时，名士石崇与贵戚王恺斗富，王恺虽常得到外甥晋武帝的支持，仍敌不过石崇。一次，王恺向石崇扬扬自得地炫耀一棵高达两尺，"枝柯扶疏，世罕其匹"的珊瑚树。那棵珊瑚树可是西域进贡给晋武帝的，价值连城。

但石崇只是面无表情地看了看，随手就用铁如意将珊瑚击碎了。王恺以为石崇是嫉妒他的宝物，气得发狂又十分得意，心想这下他可难辞其咎了。

石崇却不慌不忙地令手下人将自己收藏的珊瑚树搬出来，只见其中三四尺高的珊瑚树多达六七十棵，两尺高的简直不计其数，王恺惊讶不已。

这两位贵族之间互竞豪奢的行为难免俗气，却真实反映了魏晋时期出现了许多富甲一方的世家豪族。而如意这种工艺制品的用料高档化，起到了推波助澜的作用。

如意的质地在演变为珍贵材料后，也就多在贵族阶层流行了。到了清代，如意已成为宫廷的珍宝之一，在宫廷中得到了最广泛的应用。如在皇帝登基大典上，主管礼仪的臣下必定会敬献一柄如意，以祝政通人和，新政顺利。

中国古代帝王在会见外国使臣时，也要馈赠给使臣如意，以示缔结两国友好，国泰民安。在帝后、嫔妃的寝室中，也都有如意，用来颐神养性，兆示吉安。

清代的皇帝、皇后用如意作为赏赐王公大臣之物；在皇帝选妃时，若将如意交入一人手中，那就意味着她将成为皇后。当时的如意成为贵重礼品，富有之家相互馈赠，祝愿称心如意。

特别是在古代帝后大婚，宫中万寿，或者中秋、

■ 清代掐丝珐琅如意

清铜胎画珐琅如意

元旦这些大喜大庆的时节，都需要臣下敬献数量不少的如意，以寓意帝后平安大吉，福星高照。

在以上的种种喜事中，古人以帝后大婚为最重。根据记载，如意是帝后大婚时不可或缺的重要物品。中国故宫留存有3000柄如意，其中有一柄紫檀嵌玉五镶如意，形似两个如意交叠，寓意着并蒂连理，极具特点，就是晚清婚庆典礼中的陈设之物。

根据清代宫廷规制，在皇帝大婚的前一日，就要派人在凤舆内安设如意，此外，还要公主、福晋等4人，各执如意一柄，安设在龙凤喜床的四隅。

在皇帝行大婚典礼时，清宫各部门、各地要员要进贡贺礼，这些礼物都是以两柄金制的如意为先导，正是寓意"吉祥先进金如意，天乐声中降凤凰"。

不只是皇帝的大婚需要如意，连皇帝的女儿出嫁，嫁妆中也少不了如意。乾隆的女儿和孝公主出嫁时，就得到了乾隆皇帝的一盒共9柄紫檀嵌玉如意。

除此之外，如意也是紫禁城各宫殿的重要陈设品。在故宫正殿的宝座旁、寝宫的案头几上，处处可见如意的踪影。如意是地方官朝贡的重要品种，以致于宫中会有大量的如意留存。

从历朝的进贡资料看，在各种进贡物品中，往往把如意放在所有贡品的首位。其中最为隆重的要数乾隆皇帝六十大寿时，大臣们所进

寓意吉祥的传统物品

献的如意。当时，大臣们进献的是用金丝编织的60柄如意，共用黄金1361两，这60柄如意仍完好无损地保存在故宫中，见证着这段历史。

如意的形制经历了一个很长的发展过程。魏晋南北朝时期，如意的形制以柄首呈屈曲手掌式为主流；唐代发展为柄身扁平，顶端弯折处演变为颈部，柄首为三瓣卷云式造型。虽说如意出于各自不同的用途，但最初的如意无疑都是模仿人的手形，这种创造的构思，也可以说是人的意志的外延。

梁代简文帝萧纲曾有一句诗说，"腕动苕花玉，衫随如意风"，由此可知梁代的玉如意已经有了适合随身佩带的大小。清雅悠闲之时，文人雅士吟诗咏赋，和着"如意舞"利用它作为打节拍之物。

唐代以后，手形如意演变成卷云形、灵芝形、心字形及团花形，发展到了鼎盛时期。这时的如意因其珍贵的材质和精巧的工艺而广为流行，以灵芝造型为主的如意更被赋予了吉祥驱邪的含义，成为承载祈福禳安等美好愿望的贵重礼品。

到了清代，如意的工艺达到了登峰造极的地步，用金玉珠宝制作，不仅使其成为一种艺术品，而且还

■ 清掐丝珐琅寿字如意

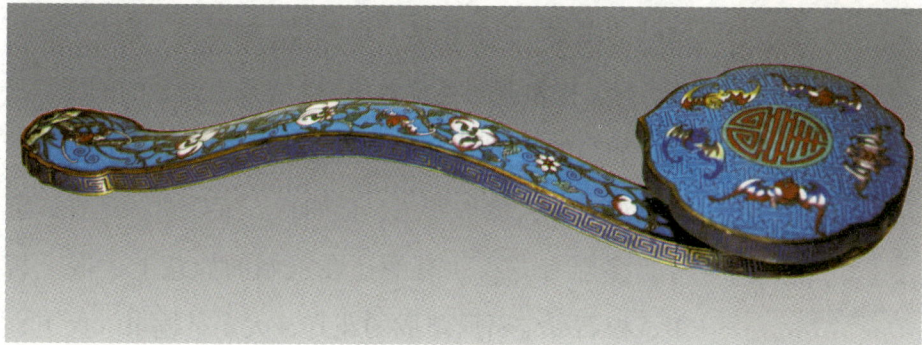

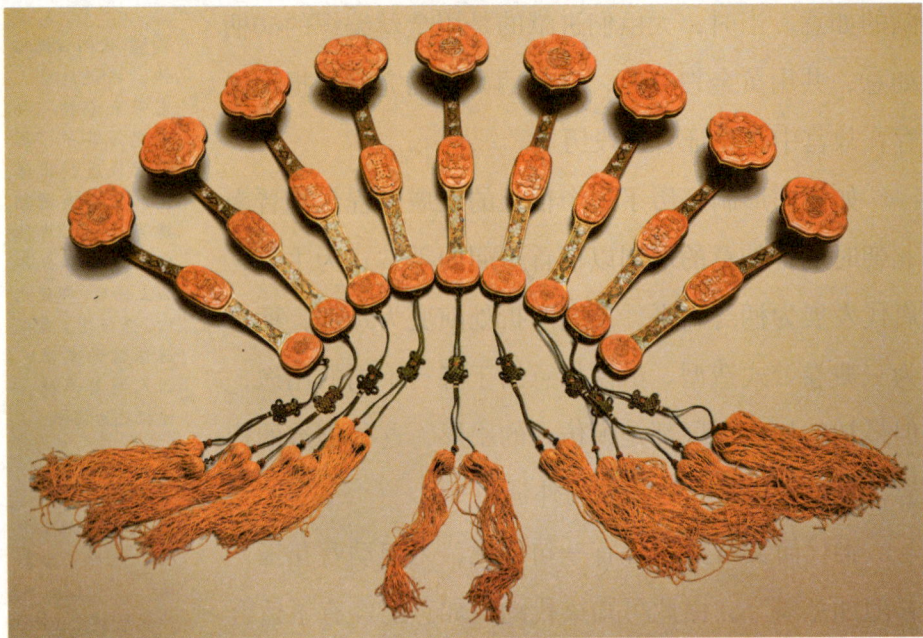

■ 掐丝珐琅福寿珊瑚如意

增加几分仙气与祥和的神韵。

清代的如意头部呈弯曲回头之状基本不变，而柄端由直状变为小灵芝形、云朵形等多种形状。头尾两相呼应，主体呈流线型，柄微曲，造型美观华丽。

如意的材质极为多样，各色玉石、金、银、铜、铁、犀角、象牙、竹、木、陶瓷等应有尽有。其中玉石如意就分为翡翠、白玉、青玉、碧玉、墨玉、水晶、孔雀石、玛瑙、珊瑚等。

如意的装饰手法也异彩纷呈，尤其是配以各种中国结的图案，如盘长结、铜钱结、蝴蝶结、喜结、寿结等，不仅有和谐的视觉效果，也增添了如意的韵味。

如意的品类极多，工艺繁复的就有珐琅如意、木嵌镶如意、天然木如意、金如意、玉如意、沉香如意等，多雕有龙纹，有的还在玉制的如意上，嵌上碧玺、松石、宝石所雕成的花卉，大多是桃果、灵芝、

铜钱 秦帝国以后2000多年间的钱币，除王莽一度行刀币外，中间都有一方孔，故称钱为"方孔钱"，也被戏称为"孔方兄"。方孔钱是由圆钱演变而来的，以秦帝国的"半两钱"为最早。铸造流通时间尽管只有十余年，但其鼎盛时期全国共有17省20局开机铸造铜圆。

蝙蝠之类。

清宫如意收藏中的一个大类即为工艺独特的木柄三镶玉如意。这种如意的木柄质地分紫檀、花梨、黄杨、黄檀及檀香木等十余种，有的雕刻有吉祥图案，有的镶嵌金银丝花纹，也有素面无纹饰的。

如意的首、身、尾分别嵌饰玉雕，这些玉饰往往采用历代古玉，也有一部分由清宫专门雕琢。此外，清代宫廷如意还有不少罕见的品类，如染骨如意、鹤顶红如意等；造型上也有别出心裁的，如双首如意和形如两柄如意交错的五镶如意等。

值得一提的是，尽管经历了不同朝代的变迁，但是如意从始至终的造型都是头部呈弯曲回头之状，这是因为如意被古人赋予了"回头即如意"的吉祥寓意。

在众多的材质中，最受人喜爱的还是玉如意。这是因为"君子比德如玉"，玉如意绚烂的富贵风格中蕴含了古朴雅致的情趣，将玉的坚润不渝美德与如意的吉祥寓意相结合，成就了具有中国特色吉祥文化的如意器物。

阅读链接

虽然如意在清代宫中得以盛行，得到了皇帝的推崇，但是在清帝中，也有一位曾公开表示过自己不喜欢如意。这位皇帝就是清嘉庆帝——颙琰。嘉庆皇帝曾对臣下说："你们以为如意能带来吉祥，但我看未必。"此言一出，大臣们感到莫名其妙。

原来，在清乾隆末期，权重一时的大贪官和珅向尚未正式继位的颙琰进献了一柄如意，表示对他的忠心，以换取将来不被惩处。但颙琰对和珅的贪赃枉法之举早已深恶痛绝，严厉回绝。果然，在乾隆帝刚刚辞世之际，嘉庆帝就以21条罪状将其抄家治罪了，而进献如意之罪成为诸罪之首。

表示喜庆的大红灯笼

传说佛教传入中国的时候，每当满月爬上天空时，信众们就会看到美丽的仙女在昏黄的月光中舞蹈。因此，信众们每到月圆的日子，就会仰首向天，寻觅月中的仙女。

但是，好景不长，又到了仙女们舞蹈的日子，忽然天空乌云密布，再也见不到仙女们舞蹈了。信众们感到很失望，就点着火把到处寻找失落的仙女。

古建上的红灯笼

可是，不管信众们怎么寻找仙女，就是找不到仙女的踪影。从此，每到仙女舞蹈的日子，信众们就拿着火把到处去寻找仙女。渐渐地，就变成了一种民间风

俗，只是寻找仙女时用的火把被一盏盏的灯笼取代了。

■ 新年福字灯笼

关于灯笼的来历，还有一种说法。说是东汉明帝刘庄大力提倡佛教，听说佛教有正月十五僧人观佛舍利、点灯敬佛的做法，于是，他就命令这一天夜晚，在皇宫和寺庙里点灯敬佛，命令士族庶民都要挂灯。

以后，这种佛教礼仪节日就逐渐形成了民间盛大的节日。这个节日经历了由宫廷到民间、由中原到全国的发展过程。

自从点灯之俗形成之后，历朝历代都以正月十五张灯、观灯为一大盛事。在魏晋南北朝时，出现了以纱、葛或纸做的笼，笼里还放着燃烛。灯笼的出现，不仅保证了在有风情况下室外张灯的正常举行，也为

汉明帝（28—75），即刘庄，是汉光武帝刘秀的第四子，他30岁时以皇太子身份嗣大位，性格刚毅严酷，一切遵奉光武制度，史称汉明帝。他在位时对佛教传入中国贡献很大，可以称其为"中国信佛第一人"。

■ 添丁灯

寓意吉祥的传统物品

灯外装饰开辟了新的天地。

在南朝梁武帝的时候，人们已经能够用纹饰华丽的锦加绘佛教、天人和神鬼故事等，然后制作成幻妙、奇物的藕丝灯了。

灯笼除了照明以外，还有其他意义。在古时候，每年正月私塾开学时，家长都会为子女准备一盏灯笼，由老师点亮，象征着学生的前途一片光明，称为"开灯"。后来，就演变成了元宵节提灯笼的习俗。由于"灯"字音和添丁的"丁"相近，所以灯笼也用来祈求生子。

到了唐宋时代，随着官定灯节假日的制定，彩灯的制作进入了兴盛阶段。每逢元宵之夜，家家户户张灯结彩，远远望去，万家灯火，形成了"月华连昼色，灯景杂星光"的瑰丽景色。这象征了"彩龙兆祥，民富国强"，花灯风俗从此在全国广为流行了。

据史料记载，唐代开元天宝年间的上元灯节，曾

"置百枝灯树，高八十尺，竖之高山，上元夜点之，百里皆见，光明夺月色"，成为当时的一大景观。

唐朝诗人卢照邻曾在其《十五夜观灯》中这样描述元宵节燃灯的盛况：

接汉疑星落，依楼似月悬。

北宋著名文学家欧阳修在《生查子·元夕》中这样描述：

去年元夜时，花市灯如昼。

到了南宋时期，彩灯已从民间家庭自扎自玩的手工艺品变为了可以用来交易的商品，并在杭州出现了专门的卖灯市场，那就是灯市。同时也出现了制作灯笼的艺人，使得灯笼样式更加丰富多彩了。

此时的灯笼种类上有：字姓灯，就是在灯的一面是姓氏，另一面是祖先曾经担任过的官名，如：姓谢，是太子少保，姓郑，是延平邵王，等等；吉祥灯，就是在灯的一面是姓氏或神的名字，另一面是八

字姓灯

■ 走马灯

仙、福禄寿三星等吉祥图案；一般型，和字形灯、吉祥灯一样，一面是姓氏、神的名字或吉祥话，另一面是吉祥图案；官灯，就是灯上所绘的字和图，与一般灯相同，不过底是黑色，字是金色，得到皇帝御赐，才能悬挂这种灯笼。

灯笼从造型上分，有人物、山水、花鸟、龙凤、鱼虫等。除此之外，还有专供人们赏玩的走马灯。中国的灯彩综合了绘画艺术、剪纸、纸扎、刺绣等工艺，并充分利用了各个地区出产的竹、木、藤、麦秆、兽角、金属、绫绢等材料制作而成。在中国古代制作的灯彩中，以宫灯和纱灯最为著名。

通常来说，元宵灯笼的绘画有两种：一种是利用已有的画，在灯笼骨架做好后裱糊上去；另一种是将素纸直接贴到灯笼的骨架上，再进行彩绘。后一种是很高难的技艺，并且由于是做好后再画，图案的清晰与舒张程度效果较好。相对而言，前一种更适宜于方形的灯笼，后一种则普遍适用于各式灯笼。

就灯笼图案而言，元宵灯笼特别注意图案本身的寓意。传统的图案有龙、凤、虎、松鹤、花鸟、财神、如意童子、"招财进宝"等。

如果说绘画是元宵灯笼的形象，那么书法则是灯笼精神风骨的载体。人们将对新年的祈望最直接地写在灯笼的上面。人们能够在灯笼上得到愉悦的释放，特别是居家的人们每日读着这些美好的祝愿，就会幸福而有所追求的活着。同时也可以通过文字，展现出中国古老、浓郁的文化魅力。

与灯笼绘画一样，书法也分直接书写和间接裱糊两种。但与绘画不同的是，由于圆球形和异形灯笼做成后的书写十分困难，一般适用已有的书法比较多，而方形与圆柱形灯笼的书写就容易多了，在上面可随心所欲地写下自己对新年绝美的憧憬。

除此之外，还有剪纸的灯笼。元宵的剪纸灯笼也是丰富多彩，每类都具有丰富的文化内涵。常见的有三类内容：

一类是以图案为主的。如剪五谷蜜蜂贴上灯笼，代表"五谷丰登"；剪喜鹊梅花裱饰灯上，称为"喜鹊登梅"；剪5个娃娃则寓意"五子登科"。

另一类则是以文字为主的。这和灯笼上的书法文字是比较一致的。

再有就是图案与文字融为一体的，将图案的形象思维与文字的理性思维相结合起来，自然就成为元宵佳节中一道独特的风景了。

手工制作灯笼的材料和工序都很简单。首先制作骨架，纸灯笼比较简单的形状是立方体或圆柱体，最好选用可以弯曲的竹枝或竹皮扎成框架，衔接的地方用细线绑紧。

然后就是制作灯身。在

古代剪纸宫灯

文房四宝店买几张白色、红色的普通宣纸或者洒金宣纸，裁成符合灯笼骨架的长宽，就可以自行设计图案了。

书法、绘画、剪纸，都可以在小小的灯笼上一展风采。灯笼糊好后，还可以用窄条的仿绫纸上下镶边，这样看起来就更为雅致了，很像古式的宫灯。

如果不太擅长书画，还可以用一张薄纸在字帖上描下想要的字样，再将这张薄纸和深红色宣纸重叠在一起，用单刃刀片将字迹挖掉。拿掉薄纸，红宣纸上就出现镂空的字迹了。用白色宣纸做灯身，红宣纸糊在里面，烛光或灯光从镂空处映射出来，就可以得到相当不错的效果。

灯笼的制作，不仅源远流长，而且它那多姿多彩甚至光怪陆离的艺术表现，正是每一时期太平盛世下民间文化活动的真实写照。

百子图龙灯盛会

到了明清时期，由于官府都十分重视元宵节，因此彩灯的品种和样式又都有了新的发展。明太祖朱元璋建都南京后，为了庆贺元宵节，曾在秦淮河上燃放河灯万盏。

后来，灯笼不仅仅局限在节日里使用，也逐渐在居家装饰上扮演着重要的角色，而且后来的灯笼材料，由原来的纸、竹子变成了布、塑胶和铁线等，而且灯笼的形状和颜色与传统大不相同了，但是，它象征的意义却始终没有改变。

　　灯笼是中国传统的民间工艺品，在中华民族悠久的历史发展长河中，它不仅象征着中华文明的灿烂，而且象征着国家的繁荣富强。这种传统的文化，渗透着中华民族独特的文化底蕴。

　　正是由于元宵张挂彩灯这一美好习俗的存在，才使得中国古代的灯具仍得以留存于世。每逢重大节日、良辰喜庆之时，许多地方的街道、建筑物、私家宅院的门口都会挂起火红的灯笼。到了夜晚，一盏盏灯笼点亮，红光四射，显得隆重热烈、喜气洋洋，同时绽放出了中华民族的灿烂光彩，简直照亮了五千年的中华文明。

阅读链接

　　传说在很久以前，凶禽猛兽很多，四处伤害人和牲畜，人们就组织起来去打它们。有只神鸟因为降落人间，却被不知情的猎人射死了。天帝知道后十分震怒，下令让天兵于正月十五到人间放火，把人间通通烧光。

　　天帝女儿不忍心看百姓无辜受难，就偷偷来到人间，把这个消息告诉了人们。并让大家在正月十四、十五、十六这三天在家里张灯结彩、点响爆竹、燃放烟火。

　　到了正月十五这天晚上，天帝看到人间熊熊的大火，就不再追究此事了。从此，每到正月十五，家家户户都挂灯笼，来纪念这个日子。

传说镇宅辟邪的桃木剑

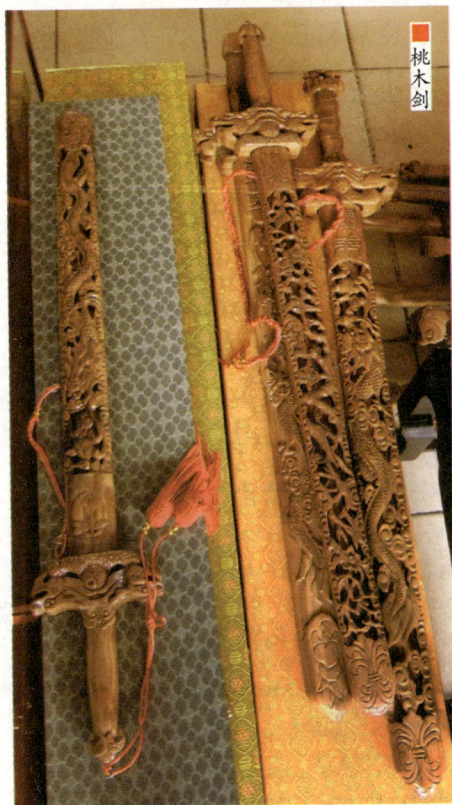

桃木剑

桃木木质细腻，木体清香，也叫"降龙木"或"鬼怖木"，是用途最为广泛的辟邪制鬼材料。因此，用桃木所制作的桃木剑，在中国民间文化和信仰上有极其重要的位置。

传说，主宰人间寿算的南极仙翁，掌上总是捧着一个硕大的仙桃，所以桃又有辟邪祛病、益寿延年之说。结出果实的桃木自然也沾染了仙气。古籍《典术》记载说：

桃者，五木之精也，故压邪气者也。桃木之精生在鬼门，制百鬼，故作桃人、梗著门以压邪，此仙木也。

有人说，桃木剑能辟邪的说法与神荼和郁垒有关。传说东海里有座风景秀丽的度朔山，又名桃都山。山上有一棵枝叶覆盖3000里的大桃树，树顶有一只金鸡，日出报晓。这棵桃树的东北一端，有一根拱形的枝干，树梢一直弯下来，挨到地面，就像一扇天然的大门。

度朔山里住着各种妖魔鬼怪，要出门就得经过这扇鬼门。每当清晨金鸡啼叫的时候，夜晚出去游荡的鬼魂就必须赶回鬼域。在鬼域的大门两边站着两个神人，是一对兄弟，分别叫神荼、郁垒。

如果鬼魂在夜间干了伤天害理的事情，神荼、郁垒就会手拿桃木剑将它们捉住，用绳子捆起来，送去喂虎。所有的鬼魂都畏惧神荼、郁垒，以及所有的桃木制作的东西。

因此，民间就流传开了用降鬼大仙神荼、郁垒和桃木驱邪、避灾的风习，人们用桃木刻成神荼、郁垒的模样，或在桃木板上刻上神荼、郁垒的名字，挂在自家门口用以辟邪防害，叫作"桃符"。最早的春联也都是用桃木板做的。

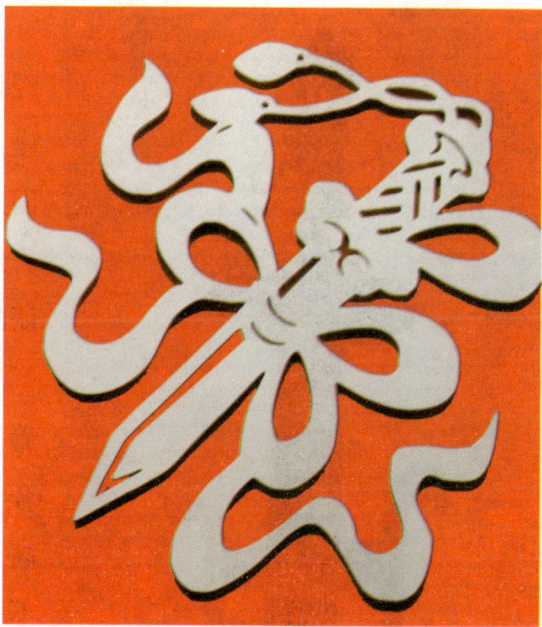
■ 桃木剑

春联 是一种独特的文学形式。它以工整、对偶、简洁、精巧的文字描绘时代背景，抒发美好愿望，是中国的文学形式。每逢春节，无论城市还是农村，家家户户都要精选一副大红春联贴于门上，为春节增加喜庆气氛。它有左右联，而它们必须要有横批，也就是它们的题目。

桃木剑

根据先秦重要古籍《山海经》记载：在北方大荒中，有一座大山，拔地而起，高与天齐，因此名叫"成都载天"。那山峭岩绝壁间云雾缭绕，一派雄伟壮丽的景色。

在这仙境般的大山上，居住着大神后土传下来的子孙，叫夸父族。夸父族的人个个身材高，力气大，专门喜好替人打抱不平。

不久，大地发生了严重的旱灾，太阳像个大火球，烤得大地龟裂，江湖干涸，一片荒凉。夸父族全体出动找水抗旱，但江湖干涸，哪里会有水呢？夸父族的首领气急了，发誓要把太阳摘下来。

太阳见夸父发火，也有点心慌，加快速度向西落去。夸父首领拔腿就追。太阳一面加快滑行速度，一面向夸父射出热力，想阻止他前进。

夸父尽管汗如雨下，却不肯停步。追呀追呀，夸父瞬息间已追了万里。眼看就快追到了太阳落下的地方——禹谷。夸父即将追到太阳，高兴极了，大喝一声："看你往哪逃！"

太阳眼看无处可逃，冷笑几声，杀了个回马枪，将所有的热量一齐向夸父射去。

夸父一阵头晕目眩，眼前金星乱迸，口干舌焦，双手不自觉软垂。"不能倒下去！"夸父一面鼓励自己，一面俯身去饮黄河水，而

寓意吉祥的传统物品

后再捉太阳。哪知他喝干了黄河，连渭水也喝干了，还是感到口渴难忍。

倔强的夸父决心去喝大泽的水，再去和太阳较量。大泽又叫瀚海，是鸟雀孵化幼崽和更换羽毛的地方。夸父刚走到大泽边，还没俯下身来，一阵头晕，"轰"的一声，像座大山似的倒下了。

夸父遗憾地看着西沉的太阳，长叹一声，把手杖奋力向太阳抛去，闭上了眼睛。

第二天早晨，太阳神气活现地从东方升起，一看颓然而倒化成大山的夸父，也不由暗暗钦佩夸父的勇气。说也奇怪，经太阳光一照，夸父的手杖竟化成一片满树挂着硕大果实的桃林。

传说桃树是追赶太阳的英雄所化，这大概就是古人相信桃木能制鬼辟邪的一个原因吧。天下树种万千，桃树枝干色若暗红，富有光泽，桃木结实而有弹性，用作打击或防身，自是良器。这些特点，也是桃木神异传说的初始依据。

桃木剑辟邪的传说，在历史上流传甚广。商代后期的殷纣王曾被狐狸精迷惑，导致朝纲衰败。后来神仙云中子特制了一把桃木剑，让商纣王悬挂在朝

227

幸福愿望

吉祥物件

古老的桃木剑

阁，使狐狸精不敢靠近。

三国时期的曹操，因疑心太重而落下头疼病，久治不愈。后来，他的一位军师在中原精选优质桃木，制成了一把桃木剑。曹操把桃木剑悬挂在室内后，头痛之症不治而愈，后来南征北战，建立了霸业。

桃木剑能镇宅辟邪的说法在民间更是广为流传，连带着普通的桃枝也受人欢迎。凡盖新房，人们就将桃枝钉在房屋四角，以保家宅安宁，大吉大利。迎亲嫁娶也用桃枝，意为婚姻美满，富贵平安。逢年过节也要取桃枝挂门边，用来镇宅接福，节日祥和。

桃木剑的雕刻品往往会巧妙地运用人物、走兽、花鸟、文字等，以神话传说、民间谚语为题材，通过比拟、双关、谐音、象征等手法，创造出图形与吉祥寓意完美结合的雕刻艺术形式。

这种具有历史渊源、富于民间特色，又蕴含吉祥企盼的桃木剑，其题材可分为人物类、兽类、植物类、文字类、几何纹等组合类。但在每把桃木剑的形式、风格、工艺技法上，又有它独特鲜明的风格。

就桃木剑的雕刻技法分类，有沉雕、浮雕、圆雕、通雕和锯通雕5种，在雕刻技法上则依据不同的题材、不同的装饰，把浮雕、通雕、线刻或单独或综合地灵活运用，以表现不同的形式美。

阅读链接

传说有一家新生了一个男孩儿，还没有出满月，某天女主人突然发现孩子的脸一直在变换，时而是男时而是女，就请山人施用了符法。当这个孩子长到7岁时，突然闹病了，家里人心急如焚。这家人又去找山人，山人说："权宜之计，不如先去道堂里把开过光的桃木剑请来，挂在你家卧室的门上。"于是女主人就把开光桃木剑请来，挂在了卧室的门上。当天晚上孩子就没有闹，后来的几天孩子睡得也很好。

当然，这只是传说而已，现在还没有足够的科学依据作为证明。

文人雅士最爱的玉佩

玉佩是用玉雕成戴在身上的装饰品。普天之下，没有哪一个民族能像中华民族这样对玉情有独钟。同时，在中华民族辉煌灿烂的物质文化中，也没有哪一种物质能像玉一样，延续近万年而未曾中断。

玉有软玉、硬玉之分，软玉是中国传统的玉料，玉的名称就来自软玉，因以新疆和田地区出产最佳，人们常把软玉称为"和田玉"，而硬玉是指翡翠。

无论是软玉还是硬玉，它们的质地都非常坚硬，颜色十分璀璨，因此被冠以"石中之王"的美誉。玉石价值本已不菲，再经过巧匠的加工雕琢，就变成了一件件价值连城的宝物。玉器随着时代发展，就

精美玉佩

■ 四节龙凤玉佩

寓意吉祥的传统物品

钟鼎文 是铸刻在殷周青铜器上的铭文，也叫"金文"。中国在夏代就已进入了青铜时代，因为周以前把铜也叫金，所以铜器上的铭文也就叫作"金文"或"吉金文字"。金文应用的年代，上自商代早期，下至秦灭六国，约1200年。金文的字数共计3722个，其中可以识别的字有2420个。

逐渐形成了玉的文化。

"玉"字始于商代甲骨文和钟鼎文中。汉字曾造出从玉的字近500个，而用玉组词更是不计其数。汉字中有关的珍宝等都与玉有关，后世流传的"宝"字，是"玉"和"家"的合字，这是以"玉"被私有而显示出它的不可替代的价值。

"玉"字在古人心目中是一个美好、高尚的字眼，在古代诗文中，常用玉来比喻和形容一切美好的人或事物。以玉喻人的词有玉容、玉面、玉女、亭亭玉立等；以玉喻物的词有玉膳、玉食、玉泉等；以玉组成的成语有金玉良缘、金科玉律、珠圆玉润、抛砖引玉等。

玉的文化是中国的一种特殊文化，它充溢了中国整个的历史时期，因此而形成了中国传统的用玉观念，也就是尊玉、爱玉、佩玉、赏玉、玩玉。所以君子爱玉，希望在玉身上寻到天然之灵气。

中国自古就有"君子比德于玉"的传统，所以"古之君子必佩玉"，中国重要典章制度古籍《礼记·玉藻》里还要求，"君子无故，玉不去身"。这样一来，佩玉俨然成了君子有德的象征。

中国历史上有一块著名的和氏璧，又称"荆玉""荆虹"等。和氏璧与随侯珠齐名，流传数百年，是被奉为"无价之宝"的"天下所共传之宝"，也是天下两大奇宝之一。

根据文献记载：楚国有一个叫卞和的琢玉能手，在荆山那里挖出一块璞玉。卞和欣喜若狂地捧着璞玉去见楚厉王，一心想得到君王的赏识，但楚厉王叫来玉工查看时，粗心的玉工将璞玉看成了石头。楚厉王大怒，以刖刑处罚了卞和，令他失去了左脚。

楚厉王驾崩之后，楚武王即位了。卞和再次捧着璞玉去见楚武王，武王又命玉工查看，糊涂的玉工仍然坚持说只是一块石头，卞和因此又被刖刑夺去了右脚。

楚武王驾崩后，楚文王即位了。这时的卞和已经心灰意冷，放弃了进献美玉的想法。走投无路，失去双足的他抱着璞玉，在楚山下痛哭了三天三夜，眼泪流干了，接着流出来的是血。

楚文王得知后，感慨万千，派人去问卞和说："因为犯了欺君之罪而被刖刑处罚的人很多，但你为何格外伤心呢？"

卞和回答说："我并不是哭自己被处罚的遭遇，而是痛心如此的宝玉被当成石头，忠贞之人却被当成了欺君之徒啊！"

楚文王听后，干脆派人剖开了这块璞玉，果然见到了这块稀世美

231

幸福愿望

吉祥物件

■和氏璧

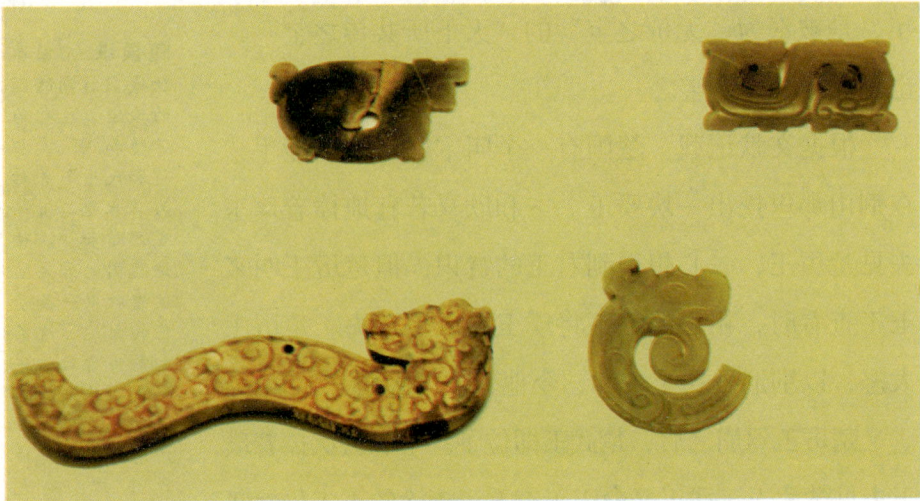

寓意吉祥的传统物品

■ 春秋战国时期龙玉佩

天禄 称"天鹿"，也称"挑拨""符拨"，是古代传说中的神兽，长得像是有很长尾巴的鹿。一角者为天禄，二角者为辟邪，可攘除灾难，永安百禄。古人把它们对置于墓前，既有祈护祠墓，冥宅永安之意，亦作为升仙之坐骑。

诸侯 诸侯是中国古代帝王所分封的各国国君的统称。周代分公、侯、伯、子、男五等，汉朝分王、侯二等。诸侯在名义上要服从皇帝的政令，向皇帝朝贡、述职、服役，以及出兵勤王，等等。

玉。为了铭记这件事，也为了平复忠贞的卞和受辱的心情，楚文王就把这块美玉命名为"和氏璧"。

古人爱玉的情之深、意之切，在和氏璧中可见一斑。卞和受刑而不忘献玉的执着，宝玉几经沉浮，终于得以赏识的感情结合在了一起，古人将和氏璧视为传世美玉，把卞和献玉的典故传为美谈，这其实也是君臣之间互求美德以待，不受蒙蔽的情怀。

其实不仅是天子贤臣，就连民间百姓对玉的感情也是一样，因为中国的玉文化实在是太久远了，这在中国的成语中都有体现。

比如：一个贤能的人，有小小的缺点，就叫"美玉微瑕"；形容一件物品十全十美，则是"完美无瑕"；秀美的女孩，她婀娜多姿的体态是"亭亭玉立"；有气节的士人们宁愿保持高尚的气节死去，也不愿屈辱过活的情结是"宁为玉碎，不为瓦全"；等等。

因为玉的美好，古人将其加工成各种玉器仍不够表达对玉的喜爱，精心加工过的、小巧玲珑的玉佩就成了古人们爱不释手的赏玩之物和装饰品。

新石器时代的玉佩以动物饰最多，有鱼、鸟、龟、蝉、猪首龙形佩等，一般器形不大，多为立体圆雕，也有片状浮雕动物，以宽阴线纹为主，手法简单但传神，具有神秘感，有的佩饰用于佩戴，有的可能用于宗教礼仪。

商周时期，人们对玉佩的喜爱之情更加深厚，王室和各路诸侯都把玉当作自己的化身。他们佩挂玉饰，主要是用来标榜自己是有"德"的仁人君子。每一位士大夫，从头到脚，都有一系列的玉佩饰，尤其腰下的玉佩更加复杂化，所以当时佩玉特别发达。

春秋时期，以动物为原型的玉佩逐渐向小型化发展，浮雕多而圆雕少，有鹿、虎、牛、羊、猪、马等，小鹿有的做回头状，非常生动。

战国至汉代，玉雕动物佩饰题材广泛，不仅有常见的动物形象，还出现了辟邪、天禄等神兽。这一时期的动物玉佩浮雕、圆雕皆有，抽象、写实风格兼备，动物刻画形神兼备，线条有力，技艺高超。

那时的玉佩繁缛华丽，甚至有用丝线串联数十个小玉佩结成一组的杂佩，如玉璜、玉璧、玉珩等，用以突出佩戴者的华贵威严。

魏晋时期的动物玉佩仍以辟邪、天

辟邪 中国古代传说中的一种神兽，外表像是一只长着翅膀的狮子。根据古籍《小尔雅·广言》的记载，辟邪可以驱走邪秽，祛除不祥。古代织物、军旗、带钩、印纽、钟纽等物，常用辟邪为饰，《博古图》有辟邪车。南朝陵墓前常有辟邪石雕。

幸福愿望

吉祥物件

■ 春秋时期玉佩

玉圭 古玉器名。古代帝王、诸侯朝聘、祭祀、丧葬时所用的玉制礼器。为瑞信之物。长条形，上尖下方。玉圭的形制大小因爵位及用途不同而异，有大圭、镇圭、桓圭、信圭、躬圭、谷璧、蒲璧、四圭、裸圭之别。周代墓中常有发现。

禄等神兽为主，但其工艺水平远不及汉代。男子佩戴的渐少，以后各代都只是佩戴简单的玉佩，而女子很长时间里依然佩戴杂佩，通常系在衣带上，走起路来环佩叮当，悦耳动听，因此环佩也渐渐成了女性的代称之一。环佩在样式和佩戴方式上也是不断变化的。

唐宋时期，动物玉佩的题材发生了很大的变化，天禄佩、辟邪佩几近消失，取而代之的是骆驼、孔雀等佩饰，造型以写实为主，雕刻粗犷洒脱，线条简练传神。

宋代是一个手工业和工商业空前发展兴盛的时代，国富民强，文化发达，民间用玉也较前朝为盛，大量出现各种玉佩饰、玉用器。两宋玉器承袭两宋画风，通常画面构图复杂，多层次，形神兼备。

宋代的佩饰分为玉束带、玉佩，用具有玉辂、玉磬，礼器有玉圭、玉册等。内廷专设有玉作，玉料由

■ 宋代孔雀衔花玉佩饰

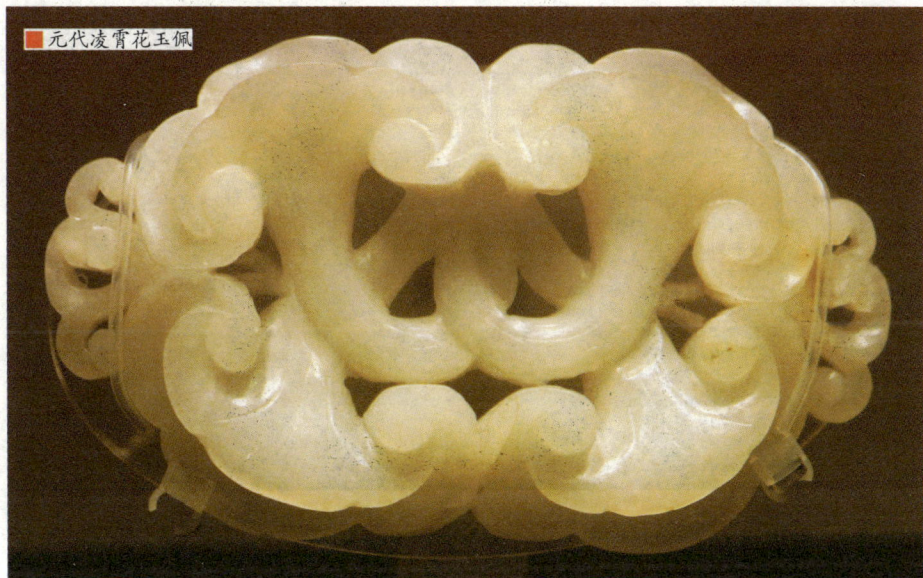
元代凌霄花玉佩

西域诸国进贡。

金元时期，动物玉佩呈现出独特的少数民族风情，其中"春水玉"和"秋山玉"最具特色。前者刻画春天野鸭、天鹅戏水、鹰鸟捕猎的场景；后者刻画几只动物穿遂于森林之中，描绘北国秋天的狩猎和自然风景。

明清时期，动物玉佩品种和数量都超过以往任何时代，神兽佩、生肖佩、家禽佩等应有尽有，还有鹌鹑佩、双獾佩等前朝罕见的动物玉佩，以圆雕小件为主，片状佩很少见。雕刻风格趋向柔美、和谐，宫廷玉佩刻画繁缛，制作精美，民间的玉佩线条简练，造型质朴。

明清时的百姓喜欢佩带各种玉佩饰。富裕的人上至帽檐前饰，中至玉腰牌、玉挂件，下至玉鞋扣，几乎全身上下都是玉。即使家境一般的人也会戴个玉手镯、玉耳环、玉扳指等。

那时包括玉佩在内的玉制品所用的玉料，大多为青玉、白玉、青白玉等。其中特别以产于新疆和田的羊脂白玉最为名贵，黄玉也同样价值不菲。

除了动物纹玉佩，吉祥图案的玉佩也很多，比如"富贵万年""平

明代玉佩

平安安"等。各种传统图案形式多样，寓意深刻，数不胜数。玉佩蕴藏了中华玉石文化的丰富内涵，是华夏传统文化百花园中的一朵光彩夺目的奇葩。

　　玉佩与其他珠宝饰品不同的是，它在对人进行装饰的同时，更在乎于人们的精神感受，已成为人们精神寄托的直观物质表达形式。在强调个性化和注重精神感受的现代，佩戴蕴藏有丰富东方文化内涵的玉佩，将更能体现出自己的个性、品位和民族气质。

阅读链接

　　秦国曾以15座城池和赵国交换和氏璧。赵王怕受欺骗，又担心秦兵打过来，就派蔺相如去出使秦国。当蔺相如捧着和氏璧呈献给秦王后，看出秦王没有把城酬报给赵国的意思，就上前说："璧上有点毛病，请让我指给大王看。"蔺相如捧着玉璧说："我看大王无意拿15座城换玉，所以就把它取回来。大王一定要逼迫我，我的头就与和氏璧一起撞碎在柱子上！"

　　秦王怕他撞碎和氏璧，就婉言道歉，坚决请求他不要把和氏璧撞碎，并召唤负责的官吏察看地图，指点着说要把从这里到那里的15座城划归赵国。蔺相如怕秦王使诈，就打发他的随从穿着粗布衣服，怀揣那块璧，从小道逃走，把它送回了赵国。

象征富贵长寿的灵芝

　　灵芝自古以来就被认为是吉祥、富贵、美好、长寿的象征，有"仙草""瑞草"之称，中医一直视其为滋补强壮、固本扶正的珍贵中草药。民间传说灵芝有起死回生、长生不老之功效。

　　灵芝的神奇功效流传民间，还要归功于那些美丽的传说：很早以前，仙草灵芝只生长在天庭之中。由于太过于珍贵，又具有祥和之气，王母娘娘就将其中一株灵芝安置在了凡间，让它以仙气哺育世人。

　　龙宫中美丽的龙女公主经常跑到岸上，游览凡

玉雕灵芝摆件

■ 灵芝圣母图

寓意吉祥的传统物品

龙女 传说中龙王的女儿，传说龙女8岁成就佛法，于刹那间，发菩提心，即成正果之事。龙女曾与号称"智慧第一"的舍利弗对话后变成男相，飞往南方无垢世界。龙女成佛后，为了方便教化众生，便在观世音菩萨身旁做了胁侍。

间的景色。因为龙母的身体不好，龙女除了四处看风景之外，还经常把山上的当归、香兰采回龙宫，给龙母治病。

在附近一座山的岩屋里，住着个名叫有生的小伙子，靠采药为生。有生家中只有一个老父亲，得了重病，躺在床上已经3年了，生活非常贫苦，因此他也经常上山采药。

有生曾经遇见过龙女几回，虽然他不知道她的身份，但被她的风采和姿容所吸引，又窘迫于自家的落魄，因此从来不敢对龙女说一句话，龙女也对他的存在毫不知情。

有生有时想起自己的家境之苦，想起自己的责任之大，忧心家中重病的父亲，又憧憬着和龙女相识，就经常在山上闲坐，用随身带着的紫竹箫给自己解闷。

有生常常在月明风清的夜晚，爬上静谧的山头，端坐在岩石上吹箫。由于他的技艺过人，箫声非常动听，像泉水潺潺，像百鸟齐鸣，吹得月亮用云彩遮脸，吹得树叶掉泪。

如此真挚、深情的箫声，终于感动了山上的仙草——灵芝。灵芝常常侧耳欣赏有生的箫声，每当听到动情处，就暗暗落下泪来。

一天，有生正在深山老林里采集中药，偶然看到龙女手提一个竹篮，神色忧虑地寻找着什么。有生鼓起勇气上前问候。

龙女告诉他说，自己是龙宫里的公主，如今母亲病了，想找传说中的仙草来救治。自己虽然也不知道仙草是个什么样子，但是听来龙宫游览过的哪吒提过，灵芝是种祥瑞之草，长得像一朵小小的祥云。可是哪里也找不见，正在着急。

有生马上说："你别太着急，我来帮你找吧！"但是两个人找了一整天，都没有寻见灵芝的踪迹。灵芝也一声不吭地藏在草木之中，因为它记得王母嘱咐过，如果轻易暴露自己，会给世间带来灾祸。

到了夜晚，有生忧虑着龙女白天说的话，想到自己终于能得以同心仪的女孩儿说上一句话，却对她恳切的要求无能为力，越想越伤心。于是，他又爬上山，吹起了心爱的紫竹箫。

哀怨深沉的箫声，再一

哪吒 中国古代神话传说中的人物，是托塔天王李靖的第三个儿子。传说哪吒曾因为与龙宫有冲突而惹出事端，最后割肉还母，剔骨还父，被佛救助，以碧藕为骨，荷叶为衣，念动起死回生真言，让哪吒死而复生。

■ 古画中的灵芝

幸福愿望

吉祥物件

灵芝笔洗

次让灵芝动容了。它想，虽说王母娘娘嘱咐过，但如今自己能救人一命，也是帮助世人解忧，何乐而不为呢？再说有生这么好的人，不该总折磨他呀。

灵芝把自己的灵魂化成了无数个分身，高高地飘起来，散落在了世间各处，也悄悄地在山上显露了身形。百花仙子感受到了灵芝的心意，也来帮助它安然地生长在了深山之中。

第二天，有生照例上山采药时，突然发现了一株以前自己从未见过的草。那棵草扁扁的，有点像蘑菇，又有点像荷叶，微微弯曲的样子就如一朵小小的祥云。

想起龙女对灵芝的描述，有生的心剧烈地跳起来。难道这就是传说中的仙草？他屏住呼吸，细细地观察了一下，决定把这棵仙草带回家，看看药效。

当有生自己喝了用灵芝煮的水之后，感觉精神好了很多。他连忙给父亲服用，父亲的顽疾居然也痊愈了。有生欣喜若狂，连忙把这个消息通知给了村民们。

村民们十分高兴，纷纷上山去采灵芝。可是他们的心太急切了，破坏了不少的花草树木，激怒了灵芝和百花仙子。灵芝立即减少了自己开放生长的数量，百花仙子也用各类草木将灵芝藏了起来。

那些已经生根的灵芝，仍旧开放在各处，等待着有朝一日能被有生和龙女这样孝顺的子女找到，为他们的父母治病消灾，延年益寿，

寓意吉祥的传统物品

造福人间。

从此以后，关于灵芝的神奇功效，就这样在民间流传开来。

《白蛇传》是中国家喻户晓的著名的民间传奇故事之一，书中的白素贞和小青是修炼成仙的蛇精，和尚法海知道二人是蛇妖，百般破坏白素贞和许仙婚姻，唆使许仙于端午节劝白素贞饮雄黄酒，使白素贞现了原形。

看见妻子本来面目的许仙因惊吓过度而昏死。白素贞为救夫君，只身前往南极仙翁那里盗仙草，仙长怜其救夫心切，赠予仙草，救活了许仙。故事中白素贞所盗的仙草，就是灵芝。

其实，灵芝的医疗功效不只是传说。中国最早的药物学专著《神农本草经》根据中医的阴阳五行学说，按五种颜色将灵芝分为青芝或龙芝、赤芝或丹芝、黄芝或金芝、白芝或玉芝、黑芝或玄芝五类，称"五芝"。此外还有紫芝，也叫木芝。书中详细地描述了此六类灵芝的产地、气味和主治功效，如明目、

清代灵芝式如意

益心气、益脾气、益肺气、利关节等。还强调这六种灵芝都可以"久食轻身不老，延年神仙"。

明代医学家李时珍在药学著作《本草纲目》中也记载说：

灵芝性平，味苦，无毒，主胸中结，益心气，补中，增智慧，不忘，久服轻身不老，延年神仙。

据《本草纲目》记载，有一种灵芝叫赤芝，产于霍山。作为中国传统的珍贵药材，赤芝具备很高的药用价值。

现代的医学家也加以证实，灵芝对于增强人体免疫功能，调节血糖，控制血压，辅助肿瘤放化疗，保肝护肝，促进睡眠等方面均具有显著疗效。

由于野生灵芝太过稀有，自从汉代以来，灵芝就一直是宫中御用贡品，一般的老百姓是见不到的。因为药材少见，以至于很多老中医都不是很清楚灵芝的功效，民间的各类药方中更难有灵芝的踪影。

民间百姓不敢私藏擅用

■ 掐丝珐琅灵芝花瓶

灵芝，但方士、道人却因天高皇帝远，一直将灵芝作为修道养身之妙物。

修道的人在山间清修，居所简陋，饭食寡淡，要拾柴生火，又要练功通督，颇为辛苦。但是修道高人却无一不是仙风道骨、鹤发童颜、精神矍铄的老寿星，这当中自然也有灵芝的功劳。

相传道人张三丰活了169岁，药王孙思邈活到141岁，这两个人都是灵芝的受益者和拥趸者。"山势峥嵘林木秀，神农采药白云间"，药王孙思邈称"白云思邈"，就是取义于此。

根雕灵芝

阅读链接

传说灵芝是炎帝的小女儿，名叫"瑶姬"，刚到出嫁之年，就不幸过世了。炎帝哀怜女儿的早逝，封她做巫山云雨之神。

一天，楚怀王来到云梦，住进叫"高唐"的台馆，这位渴慕爱情的女神走进寝宫，向午睡的楚怀王倾诉情爱。楚怀王醒来，记起她在梦中叮嘱，便给瑶姬立了一座庙，叫作"朝云"。后来，楚怀王的儿子楚襄王来这里游玩，也做了同样的梦。楚国著名辞赋家宋玉根据这两个梦，写成传诵千古的《高唐赋》和《神女赋》。巫山生长灵芝特别多，传说就是女神洒下的相思泪滋养的。

品质冰清玉洁的荷花

荷花图

相传，荷花本来是王母娘娘身边的一个美貌侍女玉姬的化身。玉姬看见人间双双对对，男耕女织，十分羡慕，因此动了凡心，在河神女儿的陪伴下偷跑出天宫，来到杭州的西子湖畔。

西湖秀丽的风光使玉姬流连忘返，忘情地在湖中嬉戏，到天亮也不舍得离开。王母娘娘知道后用莲花宝座将玉姬锁在凡间，并将她打入淤泥，永世不得再登南天。从此，天宫中少了一位美貌的侍女，而人间多了一种水灵的鲜花。

荷花又名"莲花""水芙蓉"

等，花瓣多数，有红、粉红、白、紫等颜色。荷花的种类很多，分观赏和食用两大类。中国早在周朝就有栽培荷花的记载。

荷花全身都是宝，藕和莲子能食用，莲子、根茎、藕节、荷叶、花及种子的胚芽等都可入药。其出淤泥而不染之品格恒为世人称颂。"接天莲叶无穷碧，映日荷花别样红"，就是对荷花之美的真实写照。

荷花"中通外直，不蔓不枝，出淤泥而不染，濯清涟而不妖"的高尚品格，历来为诗人墨客歌咏绘画的题材之一。数千年来，人们一直喜欢这种美丽而高洁的植物，并将其赋予许多美好的象征意义。

莲花因其水生，在众多花卉中尤显洁净、高贵，所以人们经常把她与美人联系在一起。形容一个女子的美丽与清纯，多用"出水芙蓉"，传说中四大美女之一的西施，其故事也多与采莲、浣纱联系在一起。

荷花是圣洁的代表，更是佛教神圣净洁的象征。荷花出尘离染，清洁无瑕，故而中国人民和广大佛教信徒都以荷花"出淤泥而不染，濯清涟而不妖"的高尚品质作为激励自己洁身自好的座右铭。中国古代民

■ 苏绣荷花白鹭

西子 指西施，本名施夷光，春秋末期出生于浙江诸暨苎萝村。西施天生丽质，与王昭君、貂蝉、杨玉环并称为"中国古代四大美女"，其中西施居首。"沉鱼落雁之容"中的"沉鱼"，讲的就是西施的经典传说。西施也与南威并称"威施"，都是美女的代称。

间就有秋天采莲怀人的传统。

在古典文学巨著《红楼梦》中，据说晴雯过世后就变成了芙蓉仙子。书中的贾宝玉在给晴雯的悼词《芙蓉女儿诔》中说：

> 其为质，则金玉不足喻其贵；其为性，则冰雪不足喻其洁；其为神，则星日不足喻其精；其为貌，则花月不足喻其色。

虽然后世的红学专家都认为这不过是作者借咏晴雯之名而赞黛玉之洁，不过无论如何荷花总是与女儿般的冰清玉洁联系在一起的。

由于"莲"与"怜"音同，所以古诗中有不少写莲的诗句，借以表达爱情。如南朝乐府《西洲曲》中写的：

> 采莲南塘秋，莲花过人头。
> 低头弄莲子，莲子青如水。

"莲子"是"怜子"的谐音，"青"说的是"清"，因此这首诗既是实写也是虚写，语义双关，采用谐音双关的修辞，表达了一个女子对所爱的男子

■ 荷花鸳鸯图

晴雯 中国古典著名小说《红楼梦》中人物，服侍贾宝玉的四个大丫鬟之一，也是最具有反抗精神的丫鬟。晴雯长得风流灵巧，口齿伶俐，深得贾母的喜爱。在晴雯的形象上，体现出了人格绝不能受辱的文化人格。

的深长思念和纯洁的爱情。

晋代的《子夜歌四十二首》之三十五中写道："雾露隐芙蓉，见莲不分明。"雾气露珠以致隐去了荷花的真面目，莲叶可见但却不甚分明，这也是利用谐音双关的手法，写出一个女子隐约地感到男方爱恋着自己。

荷花与佛教也有千丝万缕的联系，无论画佛、塑佛，佛座必定是莲花台座。为什么佛要坐在荷花上呢？据佛典介绍，主要是因为佛法庄严神妙，而莲花软而净，大而香，所以"莲花台，严净香妙可坐"。

荷花是佛教四大吉花之一，大雄宝殿中的佛祖释迦牟尼，端坐在莲花宝座之上，慈眉善目，莲眼低垂；称为"西方三圣"之首的阿弥陀佛和大慈大悲观

■ 荷花图

十一面千手观音赤足立于莲台上

世音菩萨，也都坐在莲花上。

其余的菩萨，有的手执莲花，有的脚踏莲花，或做莲花手势，或向人间抛撒莲花。寺院墙壁、藻井、栏杆、神帐、桌围、香袋、拜垫之上，也到处雕刻、绘制或缝绣各种各色的莲花图案。可见莲花与佛教的关系何等的密切。

《佛经》中还有一则"莲花夫人"的美妙故事，说是有一只鹿生了一个美丽的女子，仙人将她抚养成人。她走过的地方，会有莲花长出来。这便是"步步莲花"一词的由来，人们用它来比喻曾经的辉煌。

寓意吉祥的传统物品

阅读链接

传说西云山生长着一朵永不凋零的蓝莲花，凡是见过蓝莲花的人都会得到幸福。天海寺的僧人也说，见过蓝莲花的僧人最后都成了一代高僧。于是，了空和了无两师兄决定去西云山，寻找传说中的蓝莲花。两人一路风雨兼程向西云山赶去。一路上，了空看到受苦有难之人都会出手相助，了无则不以为然，认为了空这样会耽误他们的行程。历尽辛苦，在一个夜凉如水的夜晚，他们终于见到了传说中的蓝莲花。

蓝莲花生长在湖心，月色下，闪烁着清冷的异彩。了空、了无站在夜色中，久久地欣赏这朵神奇的花。就在那个夜里，了空在睡梦中见到了蓝莲花，只不过这花已不在湖心，而是静静地盛开在他的心海里。了无却怎么也不能入睡，他去了湖心，就在他伸手摘花，指尖刚刚触到花瓣的一瞬间，蓝莲花凋零了。

象征多子多孙的石榴

相传女娲炼石补天时，将一块红色的宝石失落在了骊山脚下。有一年，安石国的王子打猎，在山林里看到一只快要冻死的金翅鸟，急忙把它抱回宫中，又是喂食，又是治病。

■ 象征吉祥的石榴

古画中的石榴树

寓意吉祥的传统物品

金翅鸟得救后，为了报答王子的救命之恩，不远万里，将骊山脚下的那块红宝石衔到了安石国的御花园，不久就长出一棵花红叶茂的奇树，安石国王便给它赐名"安石榴"。

公元前119年，张骞去西域时来到了安石国。当时，安石国正值大旱，赤地千里，庄稼枯黄，连御花园中的石榴树也奄奄一息。于是，张骞便把汉朝兴修水利的经验告诉他们，救活了一批庄稼，也救活了这棵石榴树。

后来，张骞回国的时候，安石国国王送给他许多金银珠宝他都没要，只收下一些石榴种子，作为纪念品带在身上。

不幸的是，张骞在归途中遭匈奴人拦截，在冲杀中将那些石榴种子失落了。当张骞回到长安，汉武帝率百官出城迎接。正在此时，只见一位身穿红裙绿衣的妙龄女子，气吁吁、泪滴滴地向张骞奔来。

汉武帝及百官皆惊，不知

■ 国画《石榴图》

出了何事。张骞定睛一看，也大吃一惊，这不是在安石国下榻时被自己轰出门的那位姑娘吗？

原来，在张骞起程的前一天夜里，他的房门被轻轻叩开，只见那位姑娘正向他施礼，请求与恩人一同前往中原。

张骞一时弄不明白是怎么回事，暗想必是安石国侍女想随自己逃往中原。自己身为汉使，不能因此惹出祸端，于是将其劝出门外，没想到她居然追来了。

张骞问道："你不在安石国，千里迢迢追赶我们究竟是为何？"

那姑娘垂泪回答说："我是石榴的化身，一心追随您不是图富贵，只求回报浇灌之恩。刚才路途中遭劫，因此急匆匆赶了过来。"

话刚说完，这个女孩儿就变为了一棵花盛叶茂的石榴树。张骞恍然大悟，向汉武帝禀报了在安石国浇灌石榴树的事。汉武帝大喜，命花工将其移植到御花园中精心养护，从此中原大地就有了石榴树。

到了唐代，唐玄宗和杨贵妃也都十分喜爱石榴。

幸福愿望

吉祥物件

张骞（前164—前114），字子文，中国汉朝卓越的探险家、旅行家与外交家，对丝绸之路的开拓有着重大的贡献。张骞开拓了汉朝通往西域的南北道路，并从西域诸国引进了汗血宝马、葡萄、苜蓿、石榴、胡麻等农作物。

御医 中国古代一种医生的职称。在古代，御医是专门为皇帝及其宫廷亲属家眷治病的宫廷医师，专门服务皇族，也直接听命于皇帝、指定的大臣、娘娘等，间接听命于其他后妃、皇子等。

据说有一年五月，唐玄宗得了一场怪病，久治不愈，即使所有的御医都想尽了办法，也还是没能治好。

一天晚上，病中的唐玄宗昏昏沉沉地进入了梦乡，梦见一只小鬼偷走了自己的玉笛和杨贵妃的紫香囊，上蹿下跳，绕殿而奔。

正当唐玄宗又惊又气的时候，他又在梦里看见一位相貌奇异，头戴纱帽，身穿蓝袍、角带，足踏朝靴的豪杰壮士冲了进来，将那只偷盗的小鬼撕扯一番，囫囵吞食下去。

唐玄宗更惊讶了，连忙问那个壮士的身份。壮士向唐玄宗施礼后，告诉他说："我是终南山的人，名叫钟馗，天生豹头环眼，铁面虬鬓，相貌奇异。高祖武德年间的时候我曾经考取过功名，但是奸相卢杞以貌取人，屡进谗言，从而使我的状元之位落选。我百般抗辩无果后激愤难当，怒撞殿柱而亡，惊天地，泣鬼神，承蒙高祖爱护，得以赐绿袍，被殡葬于终南福寿岭。为了报答高祖对我的恩惠，我自愿为您除尽大唐所有的妖魅。"

钟馗说完这一番话之后，唐玄宗就醒过来了，病也霍然而愈了。想起梦中的情景，唐玄

■ 古画中的石榴

■ 石榴绘画

宗找来画圣吴道子，想让他描绘钟馗的面容。吴道子画艺精绝，提笔就画，所画的人居然和唐玄宗梦中的钟馗一模一样。

唐玄宗在惊讶之下追问吴道子，吴道子告诉唐玄宗说，自己也梦到了同样的情形。唐玄宗更加肯定这是天意，就公告天下，将钟馗作为能除尽鬼魅不端的神灵。

当时是五月，石榴花开得正艳，也是疾病最容易流行的季节，而钟馗疾恶如仇的火样性格，恰如石榴迎火而出的刚烈性情，因此，后人就把能驱鬼除恶的钟馗视为了石榴花的花神。

酸甜可口的石榴得到了古今很多人的喜爱，就连杨贵妃也是。她不仅爱看石榴花，爱吃石榴，甚至相传在华清池内还有一棵石榴树是她亲手种下的。

杨贵妃喜爱饮酒，她在醉酒之后，脸色酡红，眼

钟馗 是中国传统文化中的"赐福镇宅圣君"。民间常挂钟馗的像赐福镇宅，跳钟馗舞祈福祛邪。古书记载他系唐初长安终南山人，生得豹头环眼，铁面虬鬓，相貌奇异；然而他却是个才华横溢、满腹经纶的人物，平素正气浩然，刚直不阿，待人正直，肝胆相照。

■ 水墨画石榴

唐玄宗（685—762），即李隆基。唐睿宗李旦第三子，母亲窦德妃。唐玄宗也称唐明皇。谥号"至道大圣大明孝皇帝"，庙号玄宗。在位期间，唐玄宗的一系列有效措施使唐朝的政治、经济、文化都得到新的发展，超过了他的先祖唐太宗，开创了中国历史上强盛繁荣、流芳百世的"开元盛世"。

波流转，言语娇嗔，头上再簪一朵红艳的石榴花，样子分外动人。唐玄宗懂得怜香惜玉，想各种方法为贵妃解酒，石榴具有生津化食、软化血管、解毒等功效，解酒的效果比较好。

传说中玉皇大帝曾担忧未驯化好的仙果石榴为人间带去灾祸。而在唐玄宗的大臣们看来，杨贵妃就是一个灾祸，惹得君主无心政务。

因此，当时有很多的大臣都故意气杨贵妃，即使碰到她也不施礼打招呼。杨贵妃虽然无奈，却也没有办法，只是每天更努力地打扮自己。她有一件特别心爱的衣服，是件绣满石榴花的红裙，颜色火红火红的，更衬得她娇媚动人。

有一天，唐玄宗设宴召群臣共饮，并邀杨玉环弹琴助兴，唐玄宗打着拍子跟着和唱，正到华彩乐章，杨贵妃手中的琴弦"嘣"的一下断了，这是平常没有过的事。

唐玄宗忙问原因，贵妃皱着眉说："肯定是因为听歌的大臣对我不礼貌，就连掌管音乐的神仙都为我鸣不平啊！"

唐玄宗一听这话，感到宠妃受了委屈，立刻发了火，下令说："以后无论任何臣子，见到贵妃娘娘不讲礼数的都要受罚！"

众臣无奈，凡见到杨玉环身着石榴裙走来，无不纷纷下跪施礼。于是"拜倒在石榴裙下"的典故流传千年，后来成了崇拜女性的俗语。

南北朝诗人何思澄在他的《南苑逢美人》诗中，

255

幸福愿望

吉祥物件

■ 南宋画家鲁宗贵画作《石榴图》

就用石榴来暗比心中美女。诗中写道：

媚眼随娇合，丹唇逐笑兮。
风卷葡萄带，日照石榴裙。

石榴有许多美丽的名字：丹若、沃丹、金罂等。丹是红色的意思，石榴花有大红、桃红、橙黄、粉红、白色等颜色，火红色的最多，当时染红裙的颜料，也主要是从石榴花中提取而成，因此人们也将红裙称之为"石榴裙"。

明代诗人蒋一葵就曾在《燕京五月歌》里写道：

石榴花发街欲焚，蟠枝屈朵皆崩云。
千门万户买不尽，剩将女儿染红裙。

明代 是中国历史上最后一个由汉族建立的大一统封建王朝，历经12世、16位皇帝，国祚276年。1368年，明太祖朱元璋在南京应天府称帝，国号大明。明代前期综合国力强盛，开创了"洪武之治""永乐盛世""仁宣之治"和"弘治中兴"等盛世，国力达到全盛，疆域辽阔。

256

寓意吉祥的传统物品

■ 石榴绘画

石榴不是一种单纯的水果，而是一种典型的药用水果；石榴可谓全身都是宝，果皮、根、花皆可入药，经常吃石榴可以防治很多疾病，且具有显著的美容功效，是一种难得的保健水果。

石榴鲜食，酸甜味美，加工制成饮料，也清凉可口。晋人潘岳在《安石榴赋》中赞石榴"御饥疗渴，解酲止醉"。

历代医药书籍对它的医疗用途也有不少记载，一直沿作药用。民间用酸石榴一个，连其籽一齐嚼烂咽下，治疗胃口不开，消化不良。

石榴止血作用要归功于石榴花、果实、根中所含的单宁，以及与单宁结合的鞣酸的作用。中国民间疗法是将石榴花250克与石灰混合，制成粉末，用香油等调和，制成涂抹药使用，对于割伤、烧伤、烫伤都有效。古代士兵作战，负伤时就用石榴汁治疗伤口。

古人咏石榴的诗篇中，除赞花外，写石榴果的也很多，形象地描绘了石榴晶莹透明、酸甜可人的特点，让人直觉口舌生津。

石榴素有"九州奇果"之誉，八月是其成熟的季节。中秋前后，沉甸甸的石榴压弯了枝头，雨后再经曝晒的石榴皮最易爆裂，像极了红唇女子的笑，还透露着颗颗晶莹剔透的牙齿。

石榴花果并丽，火红可爱，又甘甜可口，被人们喻为繁荣、昌盛、

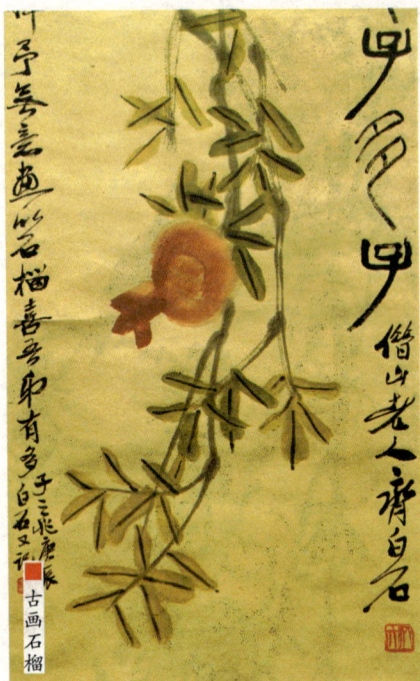
古画石榴

和睦、团结、吉庆、团圆的佳兆，是中国人民喜爱的吉祥之果，在民间形成了许多与石榴有关的乡风民俗和独具特色的民间石榴文化。

石榴籽粒丰满，在民间象征多子和丰产；人们常用"连着枝叶，切开一角，露出累累果实的石榴"的图案，以象征多子多孙，谓之"榴开百子"；石榴又是中国人民彼此馈赠的重要礼品，中秋佳节送石榴，成为应节吉祥的象征。

寓意吉祥的传统物品

阅读链接

中国过去有一幅年画叫《百子图》，原来描绘的是3000多年前周文王跟他的一大群孩子。他们是旧时人们意想中的福星。后来有人把此画演绎成一个胖娃娃怀抱绽开果皮的大石榴，以示子孙众多。

青年男女结婚时，洞房里要悬挂两个大石榴。结婚礼品总要送一对绣有大石榴的枕头，祝他们早得贵子；初生贵子，亲友喜欢赠送绣有石榴图案的鞋、帽、衣服、枕头等，以示祝贺；老年人庆寿时，晚辈要送石榴，祝老人幸福长寿。所以，石榴又是中国人民彼此馈赠的重要礼品。

吉祥图案

　　追求幸福是人类从古至今的美好愿望，而吉祥图案从某种意义上满足了人们的这个愿望。吉祥图案是以象征、谐音等手法，组成具有一定吉祥寓意的装饰纹样。吉祥图案起始于商周，发展于唐宋，鼎盛于明清。在明清时期，人们几乎到了图必有意，有意必吉祥的地步。

　　吉祥图案所要表达的含义，一般包括富、贵、寿、喜这4个方面。富是财产富有的表示，包括丰收；贵是权力、功名的象征；寿可保平安，有延年之意；喜则与婚姻、多子多孙等有关。

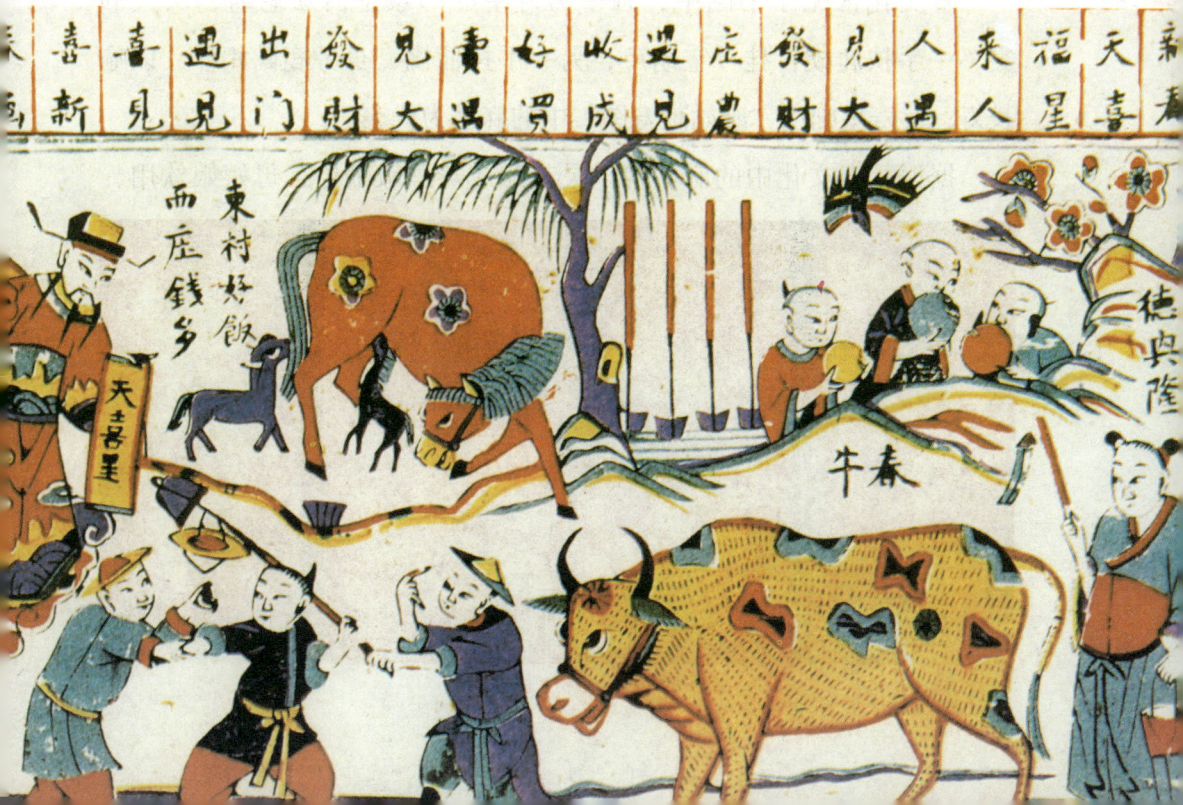

颂扬年高的《百寿图》

寿文化是中国传统国学的重要组成部分，《诗经》《老子》等古典文献中有极其精辟的论述。经过几千年的发展，寿文化更加完善。

寿文化常见于书画中，画中男寿星的形象是白须老翁，头大额突，一手扶鹿杖，挂一宝葫芦，另一手托仙桃，身旁鹿鹤相伴，以喻长寿；女寿星则以"麻姑献寿图"中的麻姑为代表。

据说，寿文化中的麻姑曾以灵芝酿成寿酒敬献给王母娘娘饮用，

百寿图

百寿图

王母娘娘因此封她为寿仙。除此之外，"上酒献寿"的佳作流传不少，如汉代的画像砖《酒宴》，及魏末画像砖《竹林七贤图》，等等。

以寿为题材的书画也随处可见，"松柏常青""龟鹤延年""福寿满堂"都象征长寿吉祥。除书画外，大自然的日、月、山、川也被用来象征寿文化中的长寿，如"天长地久""江山不老""与日月同寿"和人们最常说的"福如东海""寿比南山"等。

不仅如此，连百姓日常生活也充满"寿"的寿文化情趣，饮酒的有长寿酒，吃面的有长寿面，宴席有长寿宴，等等，寿文化无处不在，给中华民族追求生命的寿文化注入了美妙的活力。

人也寿、物也寿、山也寿、水也寿、吃也寿、玩也寿。中国对寿文化的追求，无时不在；中国的寿文化，无所不至。中国寿文化的重要内容是尊老敬老，这一点常体现在为寿星做寿上。于是，做寿也成了寿文化的亮丽风景。

在古代寿文化中，皇帝的生日称"圣寿节"，以

竹林七贤 中国魏晋时期的7位名士，他们是：嵇康、阮籍、山涛、向秀、刘伶、王戎和阮咸。因为他们常在当时的山阳县，也就是后来的河南修武一带的竹林之下喝酒、纵歌，肆意酣畅，因此被世人称为"竹林七贤"。

《老子》 又称"道德经""道德真经""五千言"或"老子五千文"，是中国春秋时期的老子所撰写。《道德经》是道家哲学思想的重要来源。分上下两篇，原文上篇《德经》、下篇《道经》，不分章，是中国历史上首部完整的哲学著作。

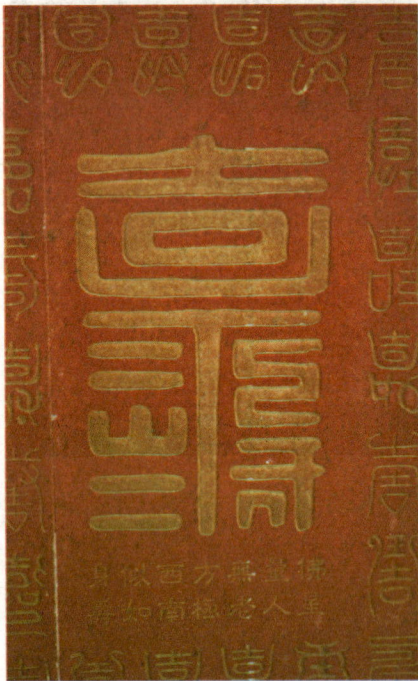
百寿图石刻

寓意吉祥的传统物品

唐代为例，唐玄宗的寿辰叫"千秋节"，唐武宗的寿辰叫"庆阳节"，唐宣宗的寿辰叫"寿昌节"。到了明清，变成了皇帝的寿辰都统称为"万寿节"，皇后则称"千秋节"。

民间老人过生日叫寿诞，六十岁为花甲寿、初寿，七十岁为古稀寿，八十、九十为耄耋寿，百岁为期颐寿，并称六十岁为下寿，七十七岁称为喜寿，八十岁为中寿，八十八称为米寿，九十九称为白寿，百岁为上寿。只有到五十岁才能称寿，小于五十岁只能称过生日。

中国传统的祝寿都十分隆重热闹，程序也很讲究，其中寿文化更加丰富多彩。首先主人要发精美的请柬，署名多以寿星之子的名义发出。亲友接到请柬后要如期而至，携带寿礼、祝寿字画、贺幛，贺幛上常题吉祥祝寿语，如"福寿双全""洪福齐天"等，特别是拜寿的程式一套一套，不能有丝毫马虎。

百寿图就是用100个不同形体的"寿"字所组成的图像，有圆形、方形或长方形数种；也有在一个大"寿"字中再写上一些小"寿"字的。

百寿图中的字体多为繁写，有篆体、隶书、楷书或好几种字体混合兼用。经过不同形体"寿"字组合成的百寿图，往往能够产生一种独特的艺术效果，给人以富丽堂皇、意蕴深长的感觉。

隶书 也叫"汉隶"，是汉字中常见的一种庄重的字体，书写效果略微宽扁，横画长而直画短，呈长方形状，讲究"蚕头雁尾""一波三折"。隶书起源于秦代，由程邈整理而成，在东汉时期达到顶峰，在书法界有"汉隶唐楷"之称。

当然，百寿图在创始之初并不是被人们当作一种艺术品来欣赏的。它是中国古代民间对长寿理想的一种寄托。因此，它总是被人们排列得整整齐齐，书写得端端正正，并且带有一种朦胧的神秘色彩。

百寿图从宋代以来就已作为稀世之宝、广为传颂。特别是南宋时期，专事拓印、装裱百寿图的作坊久盛不衰，无论是朝廷显贵、书香世家还是百姓士庶，都以拥有一幅"百寿图"而自豪。

如果有人收藏了百寿图，必定会将其悬挂在堂中，顿然使门庭生辉，宾客争相观赏。古代时要远行的商人或浮游宦海的人，更是把百寿图作为护佑身家平安的宝贝。

关于百寿图的来历，传说在南宋时，有一个古县，居住在古县东边的百姓总是有各种关于田地浇灌的苦恼，已经很久都没能解决。古县的新知县史渭到任之后，带领着一班衙役四处走访，想找几位年纪大的老者了解情况。

史渭和衙役们走着走着，看见一个在田间劳作的男子，看上去50多岁的样子。史渭走上前去，礼貌地问道："我是新上任的知县，有些关于田地浇灌的事情想请教一下，不知

篆体 汉字古代书体之一，也叫"篆书"。大篆指甲骨文、金文、籀文，它们保存着古代象形文字的明显特点。小篆也称"秦篆"，是秦国的通用文字，大篆的简化字体，其特点是形体均匀齐整、字体较籀文容易书写。在汉文字发展史上，它是大篆由隶、楷之间的过渡。

263

万事祈求

吉祥图案

■ 百寿图雕刻

您可否赐教呢？"

那名50多岁的男子愣了一下，温和地回答说："田地浇灌的事情，我还真是不知道，不如您问问家父吧。"说完，男子指了一下在不远的树荫下带着孩童玩闹的一名老者。

史渭随口问道："令尊高寿几何呢？"50多岁的农夫回答说："已经80多岁啦。"于是，史渭又走向那名皓首银发的八旬老者，问了同样的问题。但是那名老者挠挠头说：

"真是惭愧呀，这件事情我也不了解呢。大人不如去问问家父，他已经年逾期颐了，肯定会知道这些过往旧事的吧。"史渭听到这名80岁的老者说出这话，心中暗暗称奇，赞叹这祖孙三代养生有方。

当史渭找到那名百岁老人的时候，天色已晚了。史渭急忙说道："我是本县新上任的知县，有些关于古县过去的田地浇灌的事情想请教一下，烦请您一定帮忙。"

但是那名百岁老人嘿嘿一笑，说道："这样的事情我哪里会清楚呢？大人还是去问家父吧。"

史渭大吃一惊，脱口而出一句："什么？难道令尊仍然健在吗？"百岁老人摸摸已经白得发黄的头发，微微一笑说："那是自然。大人跟我一起来吧，

■ 百寿图剪纸作品

郑和（1371—1433），回族，原名马和，中国明代航海家、外交家、宦官。郑和懂兵法，有谋略，英勇善战，具有军事指挥才能，知识丰富，熟悉西洋各国的历史、地理、文化、宗教，具有卓越的外交才能。具有一定的航海、造船知识，因此能出色地完成七次远航任务。

我带您去见家父。"

史渭跟着老人上门敦请，进到三重草堂时，见到一个老翁端坐在堂前，童颜鹤发，已经有140多岁了。史渭目瞪口呆，问完田地浇灌的事情之后，就带着衙役们回衙门了。

时间一长，史渭才发现，原来在古县，过百岁的老人有很多，像是前些日子偶遇的长寿家族，在当地也并不稀奇。史渭大为感慨，为了纪念这件难得的奇事，就请来了当地的各位寿星各写一字，最终形成了《百寿图》。

《百寿图》是知县史渭集众人之智慧而成的。近800年来，《百寿图》作为稀世之珍，有口皆碑。

相传明代郑和下西洋时，曾骤遇狂风巨浪，桨断桅折。在这万分危急的关头，郑和看见一艘船上有一位龙钟老者稳坐船首，任凭风恶浪险，始终扬帆前进，风浪对他没有丝毫波及。郑和似有所悟，急忙命令其余的船只紧随在老者的船后面。

不一会儿后，海上的风暴平息了，那位神秘的老者却消失了。郑和让那艘船的水手仔细搜查，却只找到一副《百寿图》。于是，郑和与水手才明白，刚才那是《百寿图》显灵了。

■ 百寿图

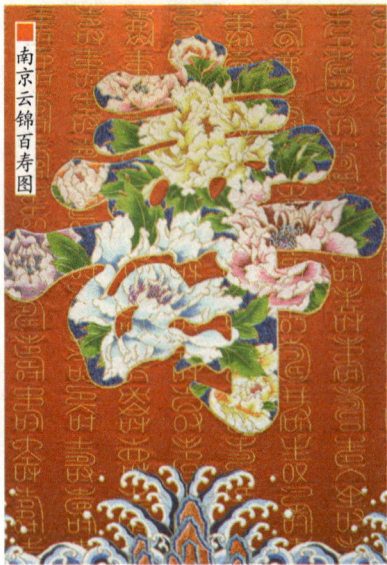
南京云锦百寿图

寓意吉祥的传统物品

《百寿图》之所以成为世人尊崇的珍品，还在于它自身所特有的艺术价值。宋刻的《百寿图》是中国古代书法、摩崖石刻中的一块瑰宝。

《百寿图》的大"寿"字，集正、篆、隶、行四法为一体。也就是说，这个大寿字的结构为正楷，运笔的方法却是篆书，那竖像鹅头，钩像燕尾叉的运笔属于隶书，但点像桃形，是行书的写法。

这个大"寿"字四法交融，无懈可击，匠心独具而又酣畅自然，更显得庄重浑穆，古朴圆润，是罕见的杰作。而嵌在大"寿"字笔画中的100个小"寿"字，更是珠玑并列，异彩纷呈。

百寿图是颂扬年高的吉祥图案，表达了人们追求长寿的心愿。从某种意义上说，百寿图又是中国文字、书法史的演变图，可以看作是华夏文明史的一个缩影。

阅读链接

相传在清乾隆年间，在顺德有个很有灵气的工匠被清晖园园主请来雕刻"百寿阁"。工匠一时疏忽大意，在设计的时候只在两面墙各画了48个寿字，等到园主验收时，怎么数都是96个寿，园主勃然大怒。

工匠走上前去解释道："这里内有玄机，'九'就是'久'，'六'就是'禄'，福禄长久，大吉大利。"园主心有不甘，"再怎么好也构不成'百寿图'哇！""其实还有4个寿是藏起来了，'藏寿'是为了'长寿'。左右两扇墙各藏一个大寿，一个藏在你身上，一个藏在我身上。"园主听了大喜，付了双倍的工钱。

象征喜庆连连的双喜

　　双喜字结构巧妙，是中国美术中的一绝。两个并列的喜字方正、对称，骨架结构稳定，如男女并肩携手而立，又有4个口字，既象征男女欢喜，又象征子孙满堂，家庭融洽与美满。

珐琅八宝纹双喜把镜

双喜字是象征男女婚姻成立的一种特殊符号，这建立在"喜"字的基础上。中国第一部按部首编排的字典《说文解字》里写道：

喜，乐也。从壴从口。凡喜之属皆从喜。歖，古文喜从欠，与欢同。

"喜"字的初文是用一个鼓的形状加一个喜笑的口形，表示喜庆的典礼。后来，又用一双手捧着一个"吉"字，下面加一个喜笑的口形。自古以来，"喜"字都是用来表达愉悦情绪的。

中国素有的"喜"字情结，使得人们用它代表整个人生中所有的吉祥与快乐，将"喜"与福、禄、寿、财一起构成"五福"。

"喜"字有两个图符，分别为"禧"和"囍"，"禧"字多用于诸如春节等节庆场合，表达一切顺心、万事如意之意。而"囍"字，又称"双喜"，更多用于婚嫁场合，表达婚姻吉祥如意之意。

关于这个"囍"字的来由，民间流传着这样一个故事：在北宋庆历年间，家住抚州临川的王安石历经十年寒窗，已是饱学之士。当时年仅21岁的王安石，正是英俊青年意气风发。

寓意吉祥的传统物品

■ 剪纸双喜

员外 也称"员外郎""外郎"，通称"副郎"。南北朝时简称员外散骑侍郎为"员外郎"，是较高贵的近侍官。隋代始于六部郎中之下设员外郎，以为郎中之助理，由此延至清代不变。明代以后员外郎成为一种闲职，不再与科举相关，可以用钱买这个官职。

1042年，踌躇满志的王安石赴京赶考。在赶往东京汴梁的路途中，主仆二人决定在江宁的马家镇歇息一下。

饭后闲来无事的王安石上街闲逛，却见马家镇的街上人来人往，热闹非凡。王安石一打听，原来是马家镇的马员外在征联择婿。王安石的好奇心上来了，问街边的小贩说："这个马员外是何方神圣啊？"

小贩热情地对他介绍说："我们镇这个马员外啊，可是个家有万贯钱财的大户呢！不过，这个征联择婿的主意倒不是马员外想的，是他家的千金马小姐。"

王安石来了兴趣，继续追问，小贩说："这个马小姐可是我们马家镇赫赫有名的人，不仅长相俊秀，知书达理，而且自幼熟读四书五经，琴棋书画无所不通啊！您这一身打扮一看就是个秀才，不如去试试吧！"

王安石走到马家附近，挤进人群中一看，马家的门楼上挂着两盏大灯笼，都是走马灯，其中一盏上贴着一副上联："走马灯，灯走马，灯熄马停步。"

王安石一看这幅上联，就赞叹这是好句。这幅上

五经 指儒家的五部经典，即《周易》《尚书》《诗经》《礼记》和《春秋》。儒家五经从抽象和象征的意义上说，分别探讨人的情感性问题、社会性问题、政治性问题、历史记忆问题、形而上问题。汉武帝立五经博士，儒教国家化由此谓开端。

部首 为东汉许慎首创。他在《说文解字》中把形旁相同的字归在一起，称为"部"，每部把共同所从的形旁字列在开头，这个字就称为"部首"。部首是将汉字里共通可见的相同偏旁，作为分类汉字的基准。所有汉字势必分类在某个部首中。

■ 银鎏双喜金杯

■ 双喜铜镜

联的妙处在于，前两句的几个字完全一样，只是排序不同，但所造的短句在语义上又都是互通的。而第三个短句的第一和第三个字，又都是前两个短句的独字。

这幅上联看似十分简单，但是要捏准其中的规律，想出一个好下联却不容易。王安石虽然饱读诗书，居然也一时语塞，苦苦思索半天，没有下文。他转头看看人群，来围观的几个青年才俊也是一副皱眉苦思的样子。

到了第二天，王安石不得不带着书童上路了。他感叹着自己与马家镇无缘，但心中却久久不能忘怀马家小姐出的那个绝妙的上联。

几天后，王安石到了东京汴梁。会试时，他飞书走檄，斐然成章，第一个交卷。当时，王安石的主考官是时任参知政事、太子少师的著名文豪欧阳修。

欧阳修见王安石少年英俊，答卷的速度又飞快，不由心中暗暗赞赏。他问王安石："你觉得你的答题做得如何呀？"王安石自信地回答说："学生自认尚可。"欧阳修笑了笑，突然指着衙门外的飞虎旗说了一句："飞虎旗，旗飞虎，旗卷虎藏身。"

王安石一听就愣住了。欧阳修出的这个半句对联，最后一个"身"字是平声，因此是句下联，这在对联中属于以下求上，往往难度较大。

突然，王安石灵机一动，脑中闪过了马家小姐的那半句对联，最后一个字是"步"，为仄声，正好是个绝妙的上联。王安石心中小小地惊叹了一下，脱口而出："走马灯，灯走马，灯熄马停步。"

欧阳修一听，赞赏地鼓掌大笑，称赞王安石说："你这个年轻人还真是才思敏捷啊！"王安石叹了一口气，心中也暗自称奇，惊讶于自己奇妙的际遇。

科考完毕，拜别主考官后，王安石急忙赶回馆驿，也不与其他学子考生谈诗论文、聚会饮酒，也没有逛街休息一下，只是急忙叫上书童，收拾了一下随身行李又出发，日夜兼程赶往江宁马家镇。

王安石主仆二人终于回到了马家镇。此时的马家门口早已没有了先前的热闹拥堵。王安石心中一沉，以为马家小姐已择得佳婿。但是仔细一看，那两只大灯笼依然挂在门前，一个有字，一个仍是空白。

王安石大喜过望，急忙走上前去。马家的两个小厮正百无聊赖地站立在门旁，见到一个书生打扮的人

仄声 指汉语拼音的第三声和第四声。中国古人写诗、词、曲以及对联，重视格律，平声和仄声的运用，是格律的重要内容。对联一般都是竖写，上联末字贴在右边，下联末字贴在左边。因为仄声短促，而平声和缓，平仄相异，能达到声调的和谐。

万事祈求

吉祥图案

■ 红缎绣双喜火镰

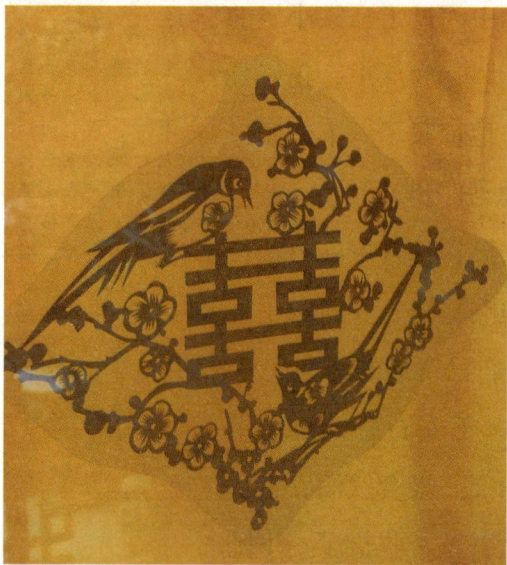
双喜梅花窗纸

寓意吉祥的传统物品

砚 也叫"砚台"，是以笔蘸墨写字的容器，"文房四宝"砚为首，这是由于它质地坚实，能传之百代的缘故。中国"四大名砚"之称始于唐代，它们是端砚、歙砚、洮砚、红丝砚。宋代澄泥砚兴起，"四大名砚"改为端砚、歙砚、洮砚、澄泥砚。

神色匆匆地走上前来，忙不迭地从身旁的案桌上备好笔墨纸砚。王安石拿起笔来，龙飞凤舞一挥而就，其中一个小厮立即拿起，送入大堂。

当时，马员外正心神不定地坐在大堂上，手中揉搓着一对掌珠。喝了一口茶，他有点后悔自已纵容女儿，任她由着性子胡来。已经过了这么久了，竟然没有一副下联能被马小姐认可，她可怎么嫁人？这征联择婿的闹剧又该怎么收场？

马员外越想越心烦，他坐不住了，烦躁地从太师椅上站起身来，背着手在大堂里踱来踱去。

这时，小厮拿着王安石写的下联正匆匆往里走来，迎面看见马员外阴沉的脸色，识趣地转了个方向往马小姐的闺房处走去。一个在院中赏花的丫鬟从小厮手里接过了墨迹未干的下联，急忙送入马小姐的闺房之中。

马家小姐接过对句，展开一看，笔法刚劲的字迹清清楚楚地写着"飞虎旗，旗飞虎，旗卷虎藏身"。她满意地一笑，立即打发丫鬟给马员外传话。

马员外知道这个消息，顿时喜出望外，招呼小厮说："别愣着！快，快去请那位才子进来！"小厮们赶紧迎出门去，接王安石入堂拜见马员外。马小姐则悄悄在内隔帘里观察着。

英俊年少的王安石气宇轩昂，眉目清朗，再加上他满腹经纶，因此对马员外的各种试探和考验都应付得得心应手，出口成章，马员外十分欣喜，马家小姐也对王安石芳心暗许。于是，双方立即决定近日成亲，王安石打发书童回家报讯，让父母前来下聘。

第三天，王家的聘书、聘礼送到了马府，马府更是张灯结彩，锣鼓喧天，合家上下喜气洋洋。正在此时，又有飞报传来王安石为钦定第四名进士的消息。如此一来，马家大院顿时一片欢腾，鞭炮齐鸣，满大街跟着庆祝。

王安石此时更是喜不自禁，抓起笔来在红纸上大书起来。想到金榜题名和洞房花烛这两件喜事被合在了一起，他就写出了一个喜的连体字"囍"。家人、丫鬟纷纷拿去到处张贴。这就是后来中国在办婚事时到处张贴大红双喜的由来。

从此，王安石外有欧阳修教诲提携，内有马小姐贤助辅佐，终于成为著名的政治家、思想家、文学家，列入"唐宋八大家"之内，在中国历史上留下了辉煌的一页。而双

万事祈求

吉祥图案

■ 古代婚房

喜字也根深蒂固地流传在了后人的心中。

双喜是把两个喜字结合在一起，但不是两个喜字相加，结合以后实际是一个新的固定的符号。因它由两个喜字合成，因此有"双喜"之称。

在民间，双喜字是家喻户晓、尽人皆知的吉祥符。但凡是嫁娶，都要在门口左右贴大"囍"字，娶亲的花轿也要贴"囍"。

新房之中，家具、墙壁、门窗也多贴"囍"。贴在屋顶四角的"囍"要倒着贴，这是因为"倒"与"到"谐音，取"喜到"之意。

新婚夫妇所用的被褥、妆奁以及其他几乎所有用品，也多织绣、图绘"囍"字。锦缎被面有织"龙凤双囍"者，是龙凤围绕"囍"的纹图。又有"双凤双喜"，即双凤围绕"囍"的纹图。

轿 一种靠人或畜扛、载而行，供人乘坐的交通工具。就其结构而言，轿子是安装在两根杠上可移动的床、座椅、坐兜或睡椅，有篷或无篷。轿子在中国有4000多年的历史。据史书记载，轿子的原始雏形产生于夏朝初期。因其所处时代、地区、形制的不同而有不同的名称。如肩舆、兜子、眠轿、暖轿等。

寓意吉祥的传统物品

■ 洛带古镇婚房

"囍"是两个喜字相合，有好事成双、夫妻恩爱、天长地久之意，所以每逢办喜事，"囍"字自然就成为重要的象征和吉祥含意。

在后来的使用过程中，民间的能工巧匠和艺人又创造出了各式各样、丰富多彩的剪纸双喜字，甚至很多古典家具中也雕刻着"囍"字作为吉祥图案，象征着喜庆连连，好事成双。

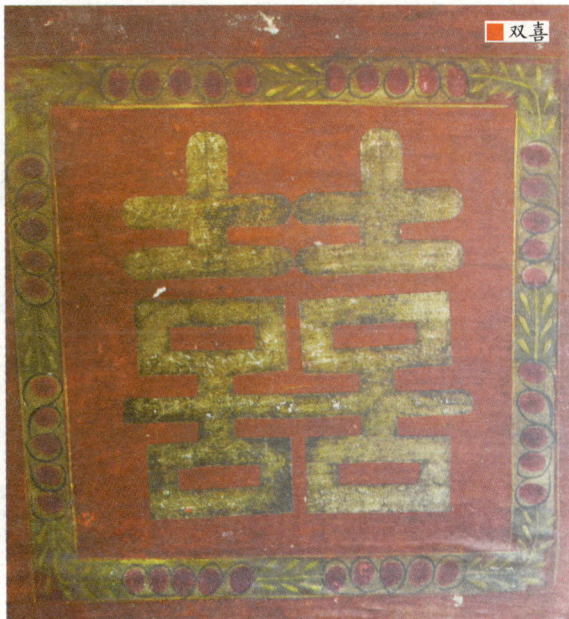
双喜

阅读链接

相传远古时期洪水泛滥，只剩下伏羲、女娲兄妹。太白金星叫他们生育后代，但女娲认为两人是兄妹，便不肯答应。可如果不这样，人类就会灭绝。

他们提出，如果能将割成许多段的竹子再接起来，就可以结婚。后来果真把竹子接上了，而且有许多竹节。女娲还是不愿答应，又提出，从两座山上往下滚两盘石磨，如果石磨能滚合到一起，就可以结婚。但是当石磨又合在一起后，女娲仍然不肯答应。女娲又出了一个主意，如果伏羲能够追上自己，就可以成婚。结果，伏羲始终追不上女娲，一只乌龟教伏羲从山的另一面沿着相反的方向追赶。女娲没有防备，果然一下子被伏羲抱在怀里，两人只好成婚。这个是中国最早的喜事。

解读农时的《春牛图》

春牛图

在古人心目中，牛是风调雨顺、国泰民安的象征。牛拥有五行中土属性和水属性的神力，五行中讲水能生木，所以牛的耕作能促进农作物生长。

中国自古以来就是以农立国的国家。牛则是人们从事农耕的必需品，和收获粮食有着密切关系的家畜。农家无耕牛，表示家境不好。

像许多的民间习俗一样，《春牛图》的出现与传统农耕文化有着密不可分的联系。民谚常说，"一年之计在于春"，而在旧时，立春就是一年二十四节气中的第一个节气，代表春季的开始，一年的农事活动也由此开始。

在古代，农业作为立国之本，是最受重视的社会活动，"劝课农桑"也就成为官府最为重要的职能之一。于是，每逢立春，各级官府都要举行隆重的"立春祈年"仪式。《春牛图》的"春牛"形象就来自这种传统的"立春祈年"礼俗。

■ 春牛图

《春牛图》是中国古时一种用来预知当年天气、降雨量、干支、五行、农作收成等资料的图鉴，在人们心目中也寓意着丰收的希望，幸福的憧憬以及对风调雨顺的祈求。

由于立春是一年之始，牛又是预示农耕的收获丰盛的动物，因此结合了这两者的《春牛图》是中国民间最常见的吉祥图案，也是千百年来一直为人们喜闻乐见、长盛不衰的绘画内容。

《春牛图》中所画的春牛，原本是土制的牛。古人在立春前制造土牛，好让文武百官在立春祭典中用彩杖鞭策它，以劝农耕，同时象征春耕的开始。

鞭打春牛的活动起源于先秦时的历史传说：相传古代东夷族首领少昊氏率民迁居黄河下游，要大家从

节气　指二十四时节和气候，是中国古代订立的一种用来指导农事的补充历法。中国农历是一种"阴阳合历"，即根据太阳也根据月亮的运行制定的，后来在历法中又加入了单独反映太阳运行周期的"二十四节气"，用作确定闰月的标准。中国正统二十四节气以河南为本。

《鞭春牛》刺绣

少昊氏 相传是黄帝之子，也是远古时羲和部落的后裔，华夏部落联盟的首领，同时也是东夷族的首领。少昊是中国五帝之首，中华民族的共祖之一。少昊国是凤凰的国度，少昊时期是凤文化繁荣鼎盛时期，少昊也是中国嬴姓及其秦、徐、黄、江、李、赵、梁、萧等数百个汉族姓氏的始祖。

游牧改学耕作，并派他的儿子句芒管理这项事业。

句芒是个聪明的孩子，他在寒冬即将逝去前，采河边葭草烧成灰烬，放在竹管内，然后守候在竹管旁。到了冬尽春来的那一瞬间，阳气上升，竹节内的草灰便浮扬起来，标志着春天降临了。于是句芒下令大家一起翻土犁田，准备播种。

人们纷纷听从句芒的号令，可是负责帮人犁田的老牛却仍沉浸在冬眠的甜睡中，懒得爬起来干活。有人建议用鞭子抽打它们，句芒不同意，说："牛是我们的帮手，不该虐待它，吓唬吓唬就行了。"

于是，句芒让大家用泥土捏成牛的形状，挥舞鞭子对之抽打。鞭响的声音惊醒了老牛，老牛看见伏在地上睡觉的同类正在挨抽，吓得站起身来，乖乖地听人指挥，下地干活去了。由于按时耕作，当年获得了好收成，原先以畜牧为生的人们都乐于从事农业了。

此后，看灰立春、鞭挞土牛逐渐积淀成了人们判断时令、及对耕作的定规。句芒则被尊为专行督作农耕的神祇，也是《春牛图》中站立在牛旁边的芒神，或者牧童的原型。

到了周代，随着农业经济的普遍开展，迎春鞭牛活动正式列为国家典礼。每逢立春前三日，天子开始吃素沐浴。到了立春那天，天子亲自率领公卿百官去东郊迎春，将预先塑制好和真牛一般大小的土牛运到东郊，用鞭子抽打土牛，表示督促春耕。

到了唐宋时代，这套礼仪更演成全国上下同时进行的活动。每年夏季，由太史令预测来年立春的准确时间，并根据年月干支，决定取哪一方向的水土做成一条土牛和一尊句芒神的造型。此后，各级地方官吏都据此规定和样式也照样塑制好一套。

到立春这天，京城内百官都要穿上朝服，备好牲

神祇 作为民间信仰一般可以理解为：天神与地神。神祇是一种象征，一种寄托。它象征着吉祥、威力和正义，寄托着人们的愿望、幸福和慰藉。在古代的民间信仰中，《左传》记载有天神、地祇、人鬼三类，此外还有物魅、精怪、妖魔等系统，到了宋代以后，民间信仰走向佛教、道教、西方宗教互相交织。

■ 牧童鞭赶春牛

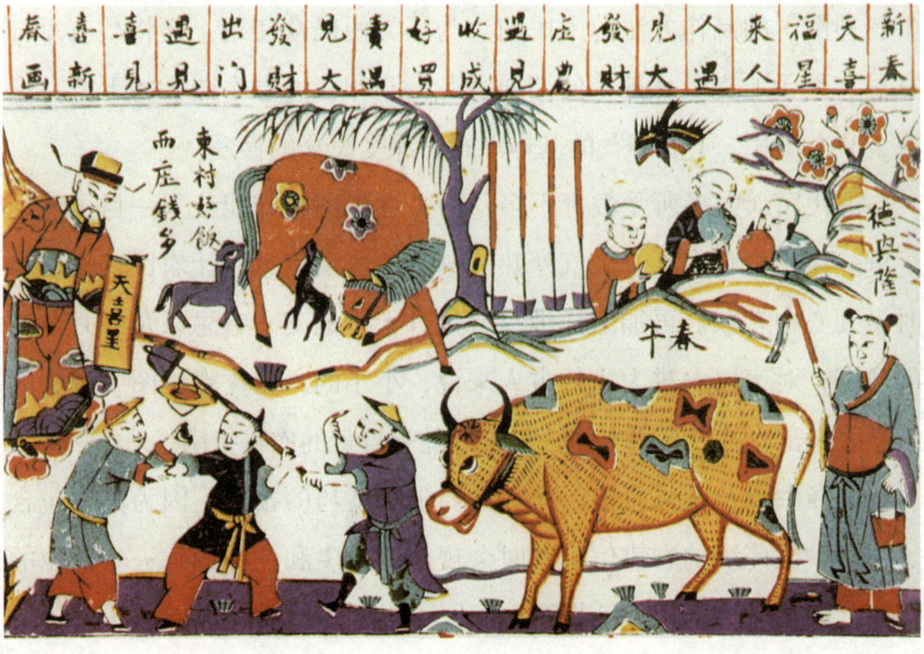

礼、果品，由皇帝率领百官在京都先农坛前迎春鞭牛，到"春牛所"前行礼。各官员都要手执彩杖三击春牛并作揖，再由礼官引导至芒神前再作揖。

《春牛图》最初为皇家所独有，在清代时期，掌管天文和历法事务的钦天监每年都要印制《春牛芒神图》，最初的目的就是为各级地方官府举行迎春之礼所需的春牛和芒神的塑像提供制作依据。

后来，著名的泉州历学家洪潮和从钦天监退隐回到泉州，将《春牛芒神图》的制作方法传入民间。为了方便民众使用，还将载有每日宜忌、天干地支、日神等的"通书"，刊印在《春牛图》的下方，形成了"上图片、下通书"的基本形式，深受民众的喜爱。

古代民众大多所受教育不多，而《春牛图》却能让人一目了然地了解一年中雨水多寡、天气寒热等基本的气象信息，让农民安排耕作时做到心中有数。再加上详细写有每日天干地支、宜忌以及每月节气的通书，对于以农耕为主的古人来说，小小的一张《春牛图》蕴含的信息之丰富，可以算得上是一份可以随身携带的农耕指南了。

《春牛图》看似简单，其实需要十分精巧的技艺，因为其中包含了很多中国传统的农耕信息和时令规律。春牛和芒神的每一个部位的描绘，甚至是色彩都大有讲究，每一个细微之处均在传递着信息。

在《春牛图》中，春牛身高四尺，象征一年四季。身长八尺，象征春分、夏至、秋分、冬至、立春、立夏、立秋以及立冬这农耕八节。春牛尾长一尺二寸，象征一年十二个月。

春牛的牛头代表当年的年干，牛身代表年支，牛腹代表纳音，牛角、牛耳及牛尾代表立春日的日干，牛颈代表立春日的日支，牛蹄代表立春日的纳音，牛绳的长短代表立春当日的天干，牛绳的质地代表立春当日的地支。

《春牛图》里的牧童，就是芒神，又叫"句芒神"，他原为古代掌管树木的官吏，后来作为神名。芒神身高三尺六寸，象征农历一年的三百六十日。他手上之鞭长二尺四寸，代表一年二十四节气。

芒神的衣服以及腰带的颜色，甚至头上所束的发髻的位置，也要按立春日的五行、干支而定。当他没有穿鞋和裤管束高时，就代表该年多雨水，农民要做好防涝的准备。相反地，双足穿草鞋则代表该年干旱，农民要做好抗旱蓄水的安排。

如果芒神一只脚光着，一只脚穿草鞋，则代表该年是雨量适中的好年景，农民们要辛勤耕作，勿误农时。

芒神的衣服与腰带的颜色，也因立春这天的日支不同而有所不同，亥子日，是黄衣青腰带，寅卯日是白衣红腰带，巳午日是黑衣黄腰带，申酉日是红衣黑腰带，辰戌丑未日是青衣白腰带。

芒神的鞭杖上的结，也会因立春日的日支不

万事祈求

吉祥图案

刺绣鞭春牛

■ 杨柳青《春牛图》
年画

年画 是中国画的一种，始于古代的门神画。年画大都用于新年时张贴，装饰环境，含有祝福新年吉祥喜庆之意。传统的民间年画多用木版水印制作而成。旧年画因画幅大小和加工多少而有不同称谓。整张大的叫"宫尖"，一纸三开的叫"三才"。加工多而细致的叫"画宫尖""画三才"。

同而改变。材料分有苎、丝、麻，结的铲都是用青、黄、赤、白、黑等五色来染。

芒神的年龄也有寓意。少年的芒神代表逢季年，也就是辰戌丑未年。壮年的芒神代表逢仲年，也就是子午卯酉年。老年的芒神是逢孟年，也就是寅申己亥年。

另外，如果芒神站在牛身中间，表示当年的立春在元旦前五天和后五天之间，如果芒神站在牛身前面，表示当年的立春在元旦五天前。如果芒神站在牛身后面，表示当年的立春在元旦五天后。

芒神的站位也是根据太史令颁布的立春时间来设计的。如果立春在农历腊月十五之前，句芒就站在土牛的前面，表示农事早。如果立春正值岁末年初，句芒和土牛并列，表示农事平。

如果立春在正月十五后，句芒就被安放在土牛身后，表示农事晚。在历法知识无从普及的古代，大多数人其实就是根据这些不同的排列方式来掌握立春之大概时间而进行农事准备的，所以土牛也叫"示农牛"。

在中国古代，每到春分这一天，民间就会出现挨家送《春牛图》的。送《春牛图》的人都是些善言唱的，会说些春耕和吉祥不违农时的话，他们每到一处人家更是即景生情，见啥说啥，说得主人乐而给钱为止。言词虽随口而出，却句句有韵动听。俗称"说春"，说春人便叫"春官"。

《春牛图》都会赶在年前发售。农民们买回家去，既当年画张贴，又因此知道了立春的大致时间，此外，这种供给张贴的《春牛图》上，照例都写有"新春如意""新春大吉"等吉利话。

在杨柳青年画中，《春牛图》是经典作品之一，表现了人们心目中寓意丰收的希望、幸福的憧憬以及对风调雨顺的祈求。在广大农村，每年立春，几乎每家每户都要在大厅正门后或正厅的显眼处贴上《春牛图》。房屋升梁、乔迁新居、新人结婚之时，《春牛图》也是必备之物。

阅读链接

古时，牛是玉帝殿前的差役，时常往返于天宫和大地之间。有一天，农夫托牛给玉帝传个口信，说是人间寸草不生，请玉帝带点草籽给人间。牛王自告奋勇地说："玉帝，我愿去人间撒草籽。"玉帝同意了牛王的请求，嘱咐牛王到人间后，走三步撒一把草籽。

牛王在撒草籽时，记错了玉帝的旨意，走一步撒了三把草籽，农夫根本无法种庄稼了。后来玉帝知道了，十分生气，就罚牛王和他的子子孙孙都只准吃草，祖祖辈辈帮助农夫干活。

天下太平的象驮宝瓶

象牙雕藕景

中国把大象视为祥瑞、太平的象征，把它当作是强壮、长寿、聪慧的化身。因为"象"与"祥"谐音，寿命又长，因此大象在中国文化里是吉祥的动物，享有崇高的地位。

野象在没有被驯服时，性情勇猛，力大无穷，是人类最大的竞争对手之一。有学者认为，中国历史上第一个驯服大象的人是舜，其依据是流传已久的"舜象传说"。

舜的父亲名叫瞽叟，是个瞎子。舜生下来不久，他的母亲就过世了，瞽叟又娶了一个妻子，生了一个儿子，名叫象。

《尚书》中称瞽叟"顽"，象"傲"，他们曾两次捉弄舜，一次叫舜上屋顶然后在

■ 太平有象摆件

下纵火焚烧，另一次叫舜浚井，然后落井下石，但两次都被舜成功逃脱。这本来是令人难以忍受的事情，然而舜在事后毫不计较，依然孝顺父亲，友爱兄弟，用自己的实际行动感化了他们，使象改邪归正，史称"虞舜服象"。

后世的学者对"虞舜服象"进行重新解读，认为"虞舜服象"指的是舜驯服野象，也就是说，传说里的那个"象"，是一头庞大的、有着长鼻、大耳、巨脚、利齿的野性未驯的动物大象。

据战国末期政治家吕不韦集合门客编著的杂家代表名著《吕氏春秋·古乐篇》里记载：商部落曾经役使许多野性未驯的象在东方一带的国家逞威，于是周公派军队去驱逐它们，一直把它们赶到长江以南的地方。可见商民族已经把驯服了的象使用到战争中去。

舜是商部落的始祖神，因此在古代商民族的神话

杂家是战国时期百家争鸣中的一家，其内容很多与方术有关。杂家的代表之一是淮南王刘安的《淮南子》，另一是编撰《吕氏春秋》的吕不韦。杂家在历史上并未如何显赫，虽然号称"于百家之道无不贯综"，实际上流传下来的思想不多，在思想史上也没有多少痕迹。

石雕太平有象

里，就有关于他怎样驯服野象的传说。后来民间传说里所说的"大舜用象耕田"应该就是远古传说的余波。在《二十四孝图》中绘的《大舜耕田图》，使用的耕田动物就是长鼻大耳的大象。

古代商部落能驯服大象，大象自然也成为他们的吉祥物。在商代青铜器中，就出现了大象的造型，其中最著名的是"象尊"。

这个象尊高64厘米，长96厘米，形体硕大，为所知商代动物形青铜器中最大的一件。此尊象鼻上翘中空，与腹相通，用作流，象背开口。象首额顶两侧凸出作角形，饰龙纹，象鼻饰鳞纹，腹饰兽面纹，十分精美。

象牙也是古代先民的吉祥物。三星堆遗址就出土了大量象牙，同时出土的还有青铜立人像。青铜立人像手持之物脱落或腐朽，其为何物，众说纷纭。

有学者认为，青铜立人像手持之物是象牙。正

蜀国 中国古代先秦时期的蜀族在四川建立的国家。蜀族是先秦时期一个不同于华夏族群的古老民族。"蜀"字最早发现于商代的甲骨文中，据记载武王伐纣时蜀人曾经相助。但关于蜀国的历史在先秦文献中一直没有详细记载，直到东晋才记有关于蜀国的历史和传说。

因手持象牙，铜像才需要这样高，手臂才需要这样粗壮。古代蜀国先民手持象牙的意图是个谜，可能是因为古人当象牙是吉祥物，认为象牙有辟邪的作用。毕竟古代有象牙筷子能探知食物是否有毒的说法。

象牙雕刻艺术在中国也有着悠久而辉煌的历史，始于新石器时代，江南地区的河姆渡遗址出土的"双鸟朝阳"蝶形器就是象牙制作的；良渚人也在象牙上雕刻神人兽面纹，这些纹饰都有特殊寓意。

象棋在古代用象牙做成。辽、金、元、明、清历代帝王都把象牙作为皇家用品，明代的果园厂和清代的造办处都有为皇宫做象牙制品的作坊。明清时期寓意吉祥的牙雕精品很多，具有很高的收藏价值。

在元、明、清时，信仰佛教的皇帝很多。他们把佛国进贡来的大象看成祥兽。每逢皇帝有重大庆典，仪仗中总爱用些大象，驾辇、驮宝也用它们。皇家专门豢养了象群，用于仪仗和节庆表演；在宫室、园林、陵墓里也遍布着大象的雕塑形象。

皇家专门豢养、驯化、演练大象的地方叫"象房"。大象在这里要有严格的训练，学会各种礼仪，要学会温顺、稳当地驾驭驯

良渚 杭州西北郊的一个镇名。这里是被誉为"中华文明之光"的良渚文化的发祥地。良渚文化是环太湖流域分布的以黑陶和磨光石器为代表的新石器时代晚期文化，存在时间已有4300至5300年。良渚遗址是实证中国5000年文明史的规模最大、水平最高的大遗址，具有唯一性和独特性。

■ 象牙雕刻

宝。经过专门驯象师调教，驯练好的大象或编入皇家仪仗队，或作为皇上出行的坐乘，或者在节日给皇亲国戚表演。

每当太和殿举行盛典，象群都会被牵到皇宫，有驾车的、驮宝的、站班的，各有分工。平时大臣上朝，大象站立排列于午门前御道左右，蔚为壮观。清代沿用了明代役使大象的标准，制度与习俗都不变。

作为古代皇家礼仪重要组成部分，大象不仅给皇家增添了无比的尊严和神圣，也给北京的百姓带来了许多欢乐。

北京宣武门西侧的象来街，是古时圈养大象的地方。由于大象的4条腿犹如柱子一样地立着，是国家繁荣的象征，代表国家太平、繁荣，许多人都会慕名而来，沾一沾繁荣的喜气。因此象来街被称作"最吉祥的街"，也叫"祥来街"。

明清时，每年旧历六月初六，是标志着盛夏已经来到的时令。这一天，不仅是人们洗浴、晾晒衣物的日子，也是皇家大象洗浴的日子，让大象在河水中自由喷水游戏，或是由驯象师给它们刷洗身体。

养在象房的大象要牵到宣武门外，或西便门附近

花丝镶嵌太平有象

午门 中国古代所有的建筑物都是非常讲究八卦方位的，尤其是皇家的陵墓。陵殿尤其要布局工整，不能犯忌讳。由于用十二时辰象征方位，午就相当于陵殿的南方。古代皇族认为"南"字音同"难"，不吉利，因此都把南门称为"午门"。

的护城河里去冲洗。老百姓管这叫"洗象"。当时，对一般百姓来说，大象是很罕见的动物，更何况是为皇家表演的神兽象呢！大家都愿在这天多得一些吉祥之气。久而久之，每年六月初六北京老百姓观看洗象，就成了一项民俗活动。

象因身材高大，性格温和，善解人意，能帮助人完成强度很大的工作，被视为力量的象征。它四蹄粗壮，着地稳如泰山，所以在君王看来，象是代表江山稳固、社会安定的标志。

在象的背上放一宝瓶，有些瓶内再插放五谷，寓意太平有象、五谷丰登。因为"象"与景象的"象"同音；宝瓶的"瓶"与太平的"平"同音；这样"大象宝瓶"就成为"太平有象"的吉祥图案了。

宝瓶，又叫罐、净瓶，作为吉祥之物，也是密宗修法时灌顶的法器，是无量寿佛的手中持物，象征灵魂永生不死。瓶中装净水，象征甘露，瓶口插有孔雀翎，象征吉祥清净，代表福智圆满。

宝瓶也寓意着吉祥，在中国的风水学中代表着神通广大。宝瓶多以陶瓷质地为

■ 铜鎏金象驮宝瓶

旧历 中国古代历法之一。旧历不是指夏历、阴历、农历，而是指二十四节气的年历，即以春分、夏至、秋分、冬至为四时的年历，多在八字中使用，在生活中已不多见。

289

万事祈求

吉祥图案

清粉彩象摆件

主，中国盛产瓷瓶的圣地当然以江西景德镇最为出名，已经成为风水学中非常重要的一个工具。

根据风水师的说法，宝瓶在风水学中有吸收煞气、趋吉避凶的作用，寓意吉祥、富贵、旺财、和谐，是阳宅风水学里必不可少的物件。又由于象五行属金，自古象为神兽，以善吸水驰名，水为财，所以有在家中张贴"太平有象"，就能大财小财为己所纳，放在宅中吉祥如意的说法。因此，《象驮宝瓶》备受青睐，成为家居风水布局中不可或缺的重要物品，深受大众喜爱。

阅读链接

远古时有一头象，年轻时非常强壮，打起仗来，神勇无比。但是岁月不饶人，年纪一大，却是衰弱不堪。有一天，它走到池塘边喝水时，不幸陷在泥中，脱困不得。人们费了一番力气，也没把它弄出来。国王知道后，就派一位驯象师去处理。驯象师叫人吹打战鼓。大象一听到隆隆的战鼓声时，仿佛又回到了战场，不由得精神大振，一鼓作气，就脱离了困境。

佛陀曾经以这头大象的故事告诉弟子们：你们要像这头大象自行脱困一样，要奋力地从烦恼中解脱出来。

赋予丰富寓意的颜色

    在中国古代，有几种颜色寓意着高贵、兴旺和吉祥。首先是黄色，由于黄色是太阳的颜色，是世间的万物之主，因此也常常用来比作君王。

    中国的"人文初祖"是有土德之瑞的"黄帝"，华夏文化的发源地为"黄土高原"，中华民族的摇篮为"黄河"，炎黄子孙的肤色为

唐代金栉

黄皮肤……黄颜色自古以来就和中国传统文化有着不解之缘。

古代的星象学家把五行学说与占星术的五方观念相结合，认为黄色为土，象征中央；又因为黄颜色位居五行的中央，是中和之色，居于诸色之上，最为贵，定为天子的服色。

■ 清同治年间黄底粉彩梅雀盘

当时的丞相也佩有金印紫绶，也就是金黄色的印章和紫色的系印绶带，它是皇帝一人之下，万人之上的最高权力象征，这最初奠定了黄色与紫色在中国传统文化中的重要地位。

唐代时，黄色被运用于中国传统文化艺术的各个方面。中国三大石窟之一的敦煌石窟中，保存着1万多幅珍贵的壁画，面积达4.5万平方米，但不同时期的壁画色彩也是不同的。

如北魏时期主要用红棕色，配以蓝、黑色，唐代则开始多用黄颜色，多彩多姿，明亮而华美，成为敦煌壁画中最辉煌的一页。

宋太祖赵匡胤在"陈桥兵变"时，诸将给他披上黄袍，便代表拥立为帝，成为一国之君，可见当时人民对黄色的重视。

明清两朝，北京成为首府，黄色更成为皇家专用

敦煌石窟 又名"莫高窟"，俗称"千佛洞"。坐落在河西走廊西端的敦煌，以精美的壁画和塑像闻名于世。它始建于十六国的前秦时期，形成洞窟735个，壁画4.5万平方米、泥质彩塑2415尊，是世界上现存规模最大、内容最丰富的佛教艺术圣地，被誉为20世纪最有价值的文化发现、"东方罗浮宫"。

色彩，平民百姓不得以黄色为衣。"九五之尊"的皇帝，穿的是黄袍，坐的御车叫黄屋，走的路叫黄道，出巡用黄旗，包扎官印用黄色织物，因此黄色引申为权力的象征。

在古代，只有皇亲国戚才能在红墙黄瓦的建筑中居住，百姓的建筑只能是青砖青瓦。登临北京景山俯瞰故宫，一片黄色琉璃瓦屋顶，宫殿前后安置的鎏金大铜缸、铜兽与之交相辉映，灿烂至极，至高无上。

中国传统文化中的"天"代表着高层的众神，皇帝之所以能够得天下、治天下是"天"授予的权力。所以皇帝虽贵为一国之君，但他只不过是"天子"，他不是天，他上面还有"天"来约束他。

皇帝是有道德约束的，这种天道的约束，就是神权高于王权。他必须"奉天承运"，也就是秉承天意治理人事，顺天者昌，逆天者亡，这样才是有道明君。黄色被历代帝王所用，也代表了君权神授，无比神圣与尊贵。

因此，皇帝穿的龙袍等一切饰物，都是以黄色为主，普通人是不能使用的。即使有人穿戴了以黄色为主的饰品或者服饰，那也是先有皇帝的特许才可以，比如黄马褂。

■古代丝织品龙袍

红衣罗汉图

红色在中国传统文化中，有驱邪的寓意，因此许多宫殿和庙宇的墙壁都是红色的。官吏、官邸和服饰也都以大红为主，也就是所谓的"朱门"和"朱衣"。

红色寓意喜庆，自古以来，逢年过节、婚嫁喜事，无论是服装用具，还是装备配饰，无不用大红的颜色来体现。这不仅表达了对节日的祝贺，也把人们内心的喜悦从红红的喜气当中扬洒出来。

象征吉祥的红色，也恒久地传递了喜庆气息。人逢喜事精神爽，大家也爱以"红"来形容人的飞黄腾达，好比"红光满面"事业得意，"红得发紫"备受宠爱，"红极一时"名气响亮，都是喜事连连的象征。

人们提到西藏的红色，就自然而然地想到红色的袈裟。它是如此的抢眼、神秘、威严，令观者不由自主地形成自身与世俗的强烈距离感。

藏民把藏式宫殿、寺庙建筑顶部、短墙部所用的赭石红颜色习惯性地叫作"喇嘛红"，由此成为体现藏民族风格的典型色彩之一。柽柳枝所提炼出的红颜色还经常出现在玛尼石等与宗教有关的场所与器具上。

在广大农牧地区，红颜色特有的魅力更是无法抵挡。农牧区妇女头上鲜红色的头巾和红色衬衣在广阔草原和农田中成为"万绿丛中一点红"的独特风景，给人以绝美的视觉享受。

牧区妇女更是对红颜色情有独钟，具体表现为：在脸上涂点两块有点嬉戏色彩的圆形大红色来美饰自己，极其引人注目。

青色，在中国古代社会中具有极其重要的意义。青色象征着坚强、希望、古朴和庄重，传统的器物和服饰常常采用青色。

作为一个语词，青色也往往能够给人美好的联想，"青青子衿，悠悠我心""客舍青青柳色新""草色入帘青"，都是古代诗文中的妙句。

青色是一种庄重的颜色。古代文人常着青衫，虽然这里的"青"指的是黑色，但作为一种统称，青色的确具有浓厚的文人气息和文化底蕴。

青色在古代是一种尊贵的颜色，古代将高官显爵称为"青紫"，把道德高尚而有威望的人称为"青云之士"。

青色是一种道教的色彩，又是一种雅俗共赏的颜色。在民间，青色也深得老百姓的喜爱。民间把黑布称为"青布"，是一种比较常见的布。许多少数民族也喜爱青色衣物。

青在五行中属木，代表东方，季节中对应春天，容易让人想到欣欣向荣，充满生机，所以用来比喻年轻人，由

龙泉青瓷

■ 清代湖蓝色暗纹氅衣

寓意吉祥的传统物品

此生发出的词有青春、青年等。

青也是汉字部首之一，由此生发出的字有很多，如精、清、晴、睛等，应该说，最早这些字都是和青有关的。值得注意的是无论是和青有关的字还是词组，其含义大多是积极的、美好的。

比如：晴朗的天空被称为青天；美丽的少女称为青娥；史书典籍称为青史；结婚的礼堂称为青庐；中意于某人、某物称青睐、垂青；等等。

由于"青"具有诸多美好含义，所以人们喜爱青色，也正因为人们对青色的喜爱，才使青色具有如此多美好的含义。无怪乎古代的文人骚客喜欢在诗文里用青字，一个青字也常常变成全篇的点睛之笔。

紫色在中国文化中也是高贵吉祥的颜色，风水学上将"紫气东来"视为天赐祥瑞之兆，非常人所能用。除了将皇帝的住所称为紫禁城以外，高级官员也垄断了紫色、红色。

古时只有达官显贵才可以用朱红色的大门，穿紫色的衣服。唐代规定，三品以上的官员和亲王的宫袍是紫色，五品以上是朱色。这就是把飞黄腾达的人形容为"大红大紫"的原因。

只有高官才有资格用紫色、红色的服饰，所以，官员们对于紫色、红色深怀渴望期盼之情。对于这种艳羡，皇帝大概也考虑到这种心理，因此又格外开恩，制定了"借绯""赐绯""借紫""赐紫"的制度。

所谓"赐"和"借"，无非就是说，虽然按照你的官品，你还没有资格用这个色彩，但是在一定的条件下，可以开恩赐给你这个资格，或者开恩权且借你这个资格，使用这种色彩。

以白居易为例，唐制，没有达到穿红袍资格的都督、刺史等官员，可以"借绯"。白居易当上忠州刺

■ 紫色柞蚕丝棉袄

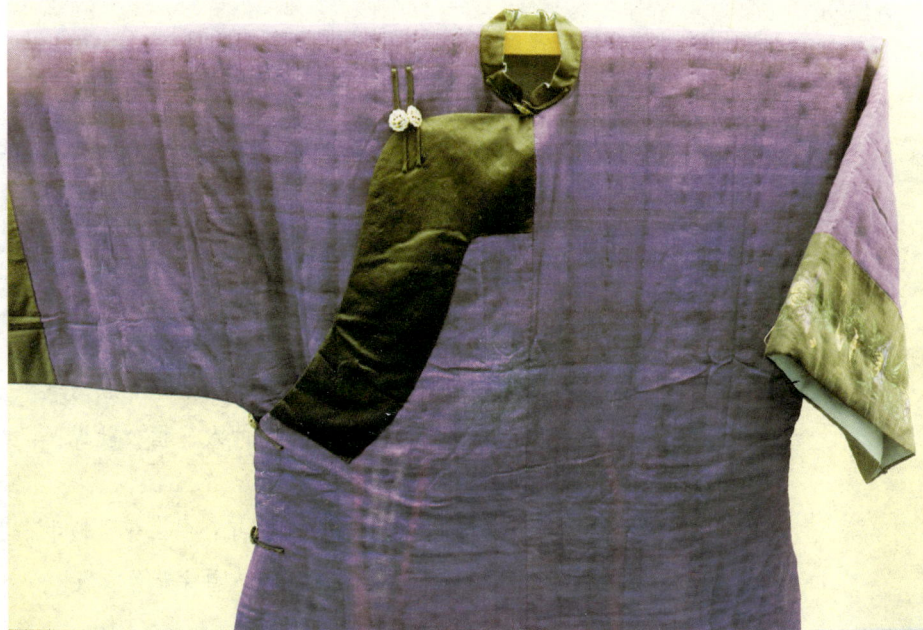

隋唐大袖对襟纱罗

史就享受了"借绯"的待遇，他羞涩地说："假著绯袍君莫笑。"

白居易50岁时，终于真正够服绯的资格，如愿以偿地穿上了大红袍，他得意地说："五品足为婚嫁主，绯袍著了好归田。"一副衣锦还乡、志得意满的样子。

不过绯色上面还有紫色，当官一场，没有穿上紫袍，总是遗憾。827年，白居易拜秘书监，散官为中大夫，官品是从四品下，不具备穿紫袍的品位，但皇帝开恩"赐紫"，白居易自豪地说："勿谓身未贵，金章照紫袍。"作为人臣，能够穿上紫袍，是尊贵至极了。

阅读链接

齐桓公喜欢穿紫色的衣服，整个都城的人都穿紫色的衣服。当时，5匹生绢也换不到1匹紫色的布。齐桓公对此十分忧虑，对管仲说："我喜欢穿紫色的衣服，紫色的布料很贵，整个都城的百姓喜欢穿紫色衣服的风气不消失，我该怎么办呢？"管仲说："您想制止这种情况，为什么不试一下不穿紫衣服呢？您可以对身边的侍从说：'我非常厌恶紫色衣服的气味。'"之后，侍从中如果有穿紫衣来进见的人，桓公就说："稍微退后点，我厌恶紫色衣服的气味。"

从这天开始，再没有侍卫近臣穿紫色衣服了；第二天，城中也没有人穿紫色衣服；第三天，国境之内没有人再穿紫色衣服。

象征美好的各式图案

　　吉祥物和吉祥图案可以说是吉祥观念的具体表现，为了表达对幸福、欢乐喜庆的向往，人们便把事物固有的属性予以加工，或加上艺术的象征意义。例如：把某个事物附上神话传说或取其名称的谐音，并视为吉兆，或把美好的故事和喜庆的征兆绘成图像。

　　中国象征美好的各式图案组合有很多，下面这些是在生活中比较常见的。

龙凤图案云锦

　　龙凤呈祥：龙凤是祥瑞的象征。由于龙占主导，大家都称为"龙的传人"。以后又发展成龙象征男性、凤象征女性。因此"龙凤呈

■ 武强年画

龙珠 珍贵的宝珠。传说得自龙颌下或龙口中,故名。也称"夜明珠"。龙戏珠的形象是佛教东传以后才出现的,在唐宋以前对称的双龙之间夹持的往往是玉璧或者钱币图案。中国唐宋以后,龙戏珠的出现,当与佛教有着渊源关系。

祥"也多用于夫妻喜庆之日。

二龙戏珠:两龙头相对,共含一珠。民间传说龙珠可避水火,图案祈求辟邪消灾。

三鱼争月:中国民间将"月"谐音于"跃"。看似"三鱼争月",意为"三鱼争跃"。鲤鱼跳跃即跳龙门。传说中,鲤鱼跃过龙门就能成龙,腾空上天。科举文人把考中状元叫作"鲤鱼跃龙门",老百姓则把生活幸福的飞跃也称作"鲤鱼跃龙门"。争跃是争着跃龙门,去争取更好的生活。

三星高照:由传说中的福、禄、寿三星组成,专管人间幸福、禄位、年寿,象征富有、升官、长寿。

流云百福:云纹形似如意,绵绵不断。"蝙蝠"谐音"遍福",有幸福绵延无边之意。

必定如意:毛笔、银锭、如意。"笔、锭"谐音"必定"。如意是由老人搔背的"不求人"演化而来。

年年有余：画面上是两条鲇鱼。"鲇"谐音"年"，"鱼"谐音"余"。是温饱小康生活的象征。

群仙祝寿：传说农历三月初三为王母娘娘生日，各路神仙前来祝寿。有喜庆吉祥之意。由于人物众多，多为较大型雕件。

福从天降：画面上一胖娃伸手抓一只飞的蝙蝠。寓意天降幸福。

龟鹤齐龄：龟，或者龟龙加仙鹤。龟享万年、鹤寿千岁，寓同享高寿之意。

松鹤延年：松象征气节清高、长寿，鹤象征长寿。

福禄寿喜：由蝙蝠、鹿、桃、喜字组成。"鹿"谐音"禄"，桃引申仙桃，食之长寿。

鹤鹿同春：鹤长寿，梅花鹿充满活力，松树永葆青春。有富贵长寿之意。

福寿双全：由一只蝙蝠、一只仙桃、两只金钱组成。"双钱"谐音"双全"，也表示禄位。象征福、禄、寿。

粤绣松鹤延年

麒麟送子年画

麻姑 道教神话人物。据《神仙传》记载，其为女性，修道于年州东南姑余山，年十八九，貌美，自谓"已见东海三次变为桑田"。故古时以麻姑喻高寿。又流传有三月三日西王母寿辰，麻姑于绛珠河边以灵芝酿酒为其祝寿的故事。

福寿三多：由蝙蝠、寿桃、石榴组成。有多福、多寿、多子之意。

福在眼前：由蝙蝠、古钱组成。"钱"谐音"前"，古钱方孔有眼。

福至心灵：由蝙蝠、寿桃、灵芝组成。桃形如心，灵芝借"灵"字，寓意为得到幸福后更聪明。

麻姑献寿：是仙女麻姑手捧蟠桃形象。麻姑为仙人王方平之妹，妙龄美艳有仙术。曾有麻姑献寿，为西王母祝寿。象征长寿、永葆青春。

长命富贵：画面是雄鸡在牡丹花旁长鸣。牡丹为花王，象征富贵。

流传百子：由石榴或葡萄组成。二者皆多子，多子即有福，寓意子孙万代。

连生贵子：由小孩儿，荷叶、荷花或莲子组成。"莲"谐音"连"，莲蓬多子。示人丁兴旺。

麒麟送子：由麒麟和小孩儿组成。麒麟为传说中的祥兽，常为新婚夫妻或人丁不旺的家庭送去儿子。

鸳鸯戏水：由鸳鸯、荷叶组成，有时还有鲤鱼。鸳鸯是一种水鸟，常成对出入；"荷"谐音"和"，有和睦之意；鲤鱼，寓意鱼水之欢。象征夫妻和美。

双鲤闹莲：画面是两只鲤鱼、莲藕、莲蓬。莲藕寓意偶合，莲蓬寓意多子，象征夫妻偶合，多生贵子。

和合二仙：传说中的二位神仙，主持夫妻和合。和仙手持荷叶、荷花、莲蓬一类，脚踩鲤鱼；合仙手持一只半开的宝盒，盒中飞出一对蝙蝠。

刘海戏蟾：刘海是五代时人，仕燕王刘守光为相，平时好谈性命，钦崇黄老。后遇钟离权，大悟辞官，由吕洞宾度为神仙。金蟾仅3条腿，是刘海的宠物。原意为钱乃身外之物，无忧无虑，后演化为撒钱不息的财神。

平安如意：由瓶、鹌鹑、如意组成。"瓶"谐音"平"，"鹌"音同"安"。寓意平平安安，万事如意。

喜报三元：由喜鹊两只、桂圆或元宝3件组成。古科举会考，乡、省、殿试第一名皆中。

四海升平：4个小孩儿共抬一瓶。"孩"谐音"海"，"瓶"音同"平"，抬则有"升"的意思。

马上封侯：一匹马上有一蜂一猴。有时省略蜂。"猴"音"侯"。寓意飞黄腾达。

除了上述这些外，还有一路平安、一帆风顺、岁岁平安、事事如意、诸事遂心、万寿长春、竹报平安、五谷丰登等。

最典型的吉祥图案还有祥云。"祥云"的文化概念在中国

钟离权 全真道尊他为"正阳祖师"，后列为北宗第二祖。也是道教传说中的"八仙"之一。少工文学，尤喜草圣，身长八尺，官至大将军，后来隐于晋州羊角山而得道。钟离权自称"天下都散汉钟离权"，意为"天下第一闲散汉子"。他的神仙传说起于五代和北宋时期。

■年画《莲生贵子》

■ 刘海戏金蟾

寓意吉祥的传统物品

有上千年的时间跨度，是具有代表性的文化符号。云本身和天空一起出现，代表了"渊源共生"和"和谐共融"。

云气神奇美妙，发人遐想，其自然形态的变幻有超凡的魅力，云天相隔，令人寄思无限。所以，在古人看来，祥云是吉祥和高升的象征，是圣天的造物。

阅读链接

据说，"福"字倒贴的习俗来自清代恭亲王府。一年春节前夕，大管家为讨主子欢心，照例写了许多个"福"字让人贴于库房和王府大门上。有个家丁因不识字，误将大门上的"福"字贴倒了，恭亲王十分恼火。这时，大管家跪在地上说："奴才常听人说，恭亲王寿高福大造化大，如今大福真的到了，乃吉庆之兆。"恭亲王听罢心想，怪不得过往行人都说恭亲王府福到了，吉语说千遍，金银增万贯，一高兴，便重赏了管家和那个贴倒福的家丁。

事后，倒贴"福"字之俗就由达官府第传入百姓人家，并都愿过往行人或顽童念叨几句："福到了，福到了！"

花中四君

梅兰竹菊与文化内涵

妆高翿翰寫孟題鸑阳
初破曉水晶簾外闊新
鎮軒烱共一香絕似漢宮
朱屑玉膺額鷔黄亂

梅

梅花在漫天飞雪的隆冬盛开，满身清气，屹立于严寒；坚贞不屈，傲视风雪独立奋进，不依附他物，象征着君子威武不屈，不畏强暴，正是中华民族气魄之根本和气节之象征。

自古以来，梅花清雅俊逸的风度不仅获得了诗人画家的赞美，更以它冰肌玉骨、凌寒留香的风韵被喻为民族的精华，被看作高洁守道的凛然君子和不畏严寒的刚毅雄杰，被世人所敬重。

瑶池仙女化身为梅花

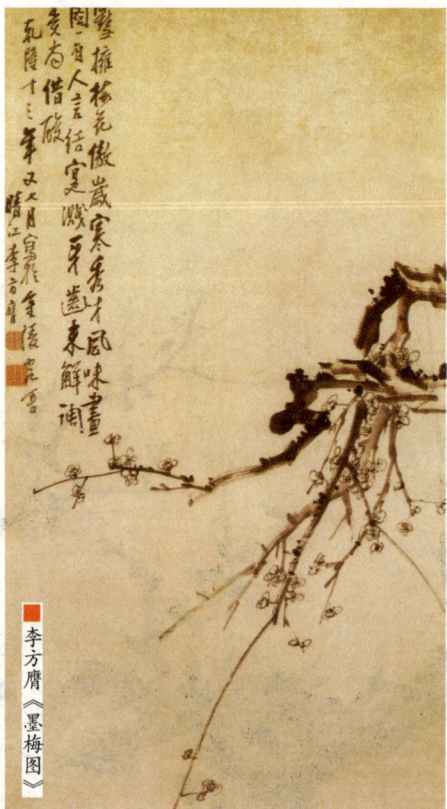

李方膺《墨梅图》

传说那是在很久很久以前，天地之间没有任何花草，无论在哪个季节，平原和荒野上都是一片死寂和苍凉。人们每天生活在这样枯燥无味的环境里，简直觉得苦闷无聊极了。

后来，天宫里的玉皇大帝发现了这个事情，觉得人们生活得太痛苦了，就命令主管花草的百花仙子到人间去播种一些花草，装点大地和江河。于是，百花仙子找来桃花仙子、杜鹃仙子、桂花仙子等很多花仙，让她们各自挑个喜欢的季节去人间绽放。

于是，从风和日丽的春天，到骄阳似火的夏天，再到瓜果飘香的秋天，花仙们一个个欣然地挑选了自己喜爱的季节。到了最后，只剩下天寒地冻的冬天没有人挑选了。

花仙们面面相觑，谁也不愿意到人间的严寒中去受苦。毕竟春天暖风和煦，夏天雨水滋润，秋天又有丰登五谷，但是冬天除了鹅毛大雪又有什么呢？

在一片寂静之中，有一个清脆的声音响起了："既然没人去，那我去吧！"

花仙们循声看去，原来是梅花仙子小妹妹在说话。她的年龄最小，长得小巧玲珑，总是十分活泼可爱而且聪明伶俐。在众姐妹中，她也是脾气最倔强、性格最坚强的一个，大家都很疼爱她。

花仙们纷纷劝阻说："人间的冬天很冷啊！你受得了吗？"

"在冬天开放的话，连个蜜蜂和蝴蝶都没有，你只能孤零零的一个人啊！"

……

梅花仙子站起来坚定地说："不就是冷一点吗？我才不怕呢！"

■《梅花仕女图》

309

一身傲骨

梅

天宫 古代神话传说中众神居住、游玩、工作的地方，以9层浮在空中的云承托着，入口处在紫微之星与北斗之星相对的南天门，由第一重天瑶池到第九重天离恨天共计33层。

金农《梅花图》

冬心先生新得南唐李氏砚
試杜道士小龍精墨爲羅
浮村中梅兄寫真

说完，梅花仙子嘴一噘，告别了众姐妹，就飘然来到了人间。从此以后，每到百花凋零、寒风刺骨的严冬时节，所有花草树木都在安心睡觉或躲避风雪时，只有梅花婀娜多姿地开放在山岭坡间和田园小径旁。

每当严冬时节，在银装素裹的天地之间，梅花悄然绽放，有如在一张巨大的雪白画布上洒落的点点绛红，有着说不出的调皮与可爱。

鲜红色的梅花艳若桃李，灿如云霞，又似燃烧的火焰，极为绚丽。粉红色的梅花如情窦初开的少女面颊，带着十二分的羞涩，如描似画，柔情似水。白色的梅花如银雕玉琢的雪灯，冰肌玉骨，是那么清丽超然，高雅脱俗。

关于梅花，中国很早就有记载。中国最早的诗歌总集《诗经》，其中写有"山有嘉卉，侯栗侯梅"。在《诗经·周南》里说："摽有梅，其实七兮。"中国重要古籍《山海经》里也有"灵山有木多梅"的记载。

上古文献汇编《书经》里说："若作和羹，尔唯盐梅。"中国古代重要书籍《礼记·内则》则记载："桃诸梅诸卵盐。"在《秦风·终南》《陈风·墓门》《曹风·鸤鸠》等诗篇中，也都提到了梅。可见，梅花早在3000多年前就已经被人们所重视了。

梅花性喜温暖、湿润的气候，在光照充足、通风良好条件下能较好生长，对土壤要求不严，耐瘠薄、半耐寒、怕积水。适宜在表土疏松肥沃、排水良好、底土稍黏的湿润土壤上生长。

梅花只有少数品种耐低温，剩下的都耐高温。平时在早春开放的梅花对温度非常敏感，若遇低温，开花期延后，若开花时遇低温，则花期会延长。一般生长在阳光充足、通风良好的地方，若处在背阴环境，光照不足，则生长瘦弱，开花稀少。

梅花的品种很多，大品种有30多个，下属小品种有300多个，一般花期在两三个月左右。按其品种、枝条及生长姿态可分为叶梅类、直脚梅类、杏梅类、照水梅类、龙游梅类。按花型花色可分为宫粉型、红梅型、照水梅型、玉蝶型、朱砂型、大红型、绿萼型和洒金型等。其中宫粉型最为普遍，品种最多，花粉红，着花密而浓。玉蝶型花紫白，别有风韵。绿萼型花白色，香味极浓。

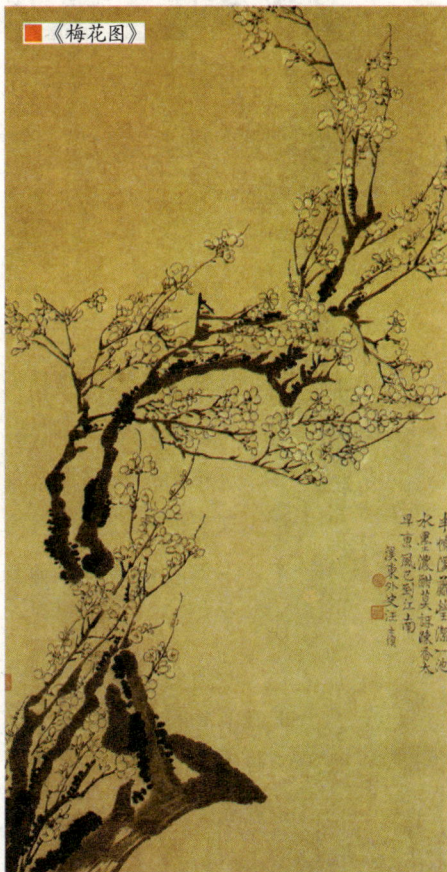

《梅花图》

梅花还有一种花型叫"洒金型"。花单瓣、复瓣或重瓣，一树上有红白两色或水红色条纹斑点的花朵，主要品种有昆明小跳枝、复瓣跳枝、米单跳枝等。种型分类分别为真梅种系、樱李梅种系。

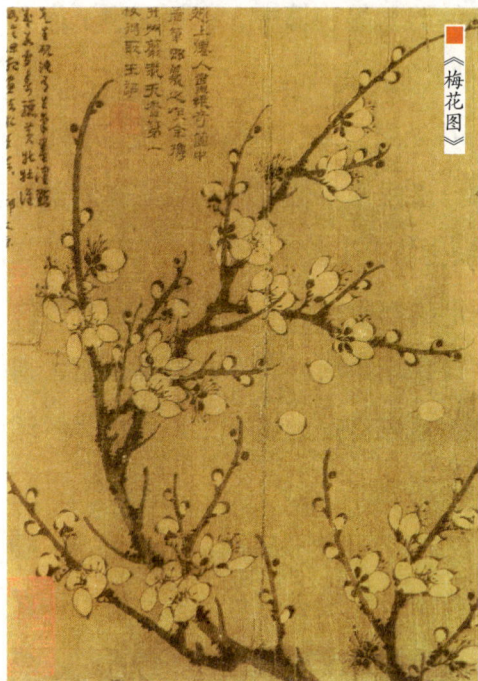
《梅花图》

梅花按照枝条姿态分为五大类。

第一类叫直枝梅类。枝直上或斜生。这是梅的家族中历史最悠久、成员最繁茂的一类，下分品字梅、宫粉等9种。

第二类名为垂枝梅类。枝自然下垂或斜垂，有粉花垂枝等型。

第三类名为龙游梅类。枝天然扭曲如龙游，仅有龙游梅类和玉蝶龙游型。

第四类名为杏梅，是梅与杏的杂交，下有单瓣杏梅型及春后型。

第五类是樱李梅类，乃紫叶李与宫粉梅的杂交种，紫叶红花，重瓣大朵，极抗寒。

阅读链接

传说玉皇大帝看见人间的冬天十分单调寒冷，就派花仙们到人间生根长叶，开花若干时日并修成正果后方可返回仙界。

众花仙便从瑶台来到人间，各自去了自己喜欢的地方。于是人间百花竞放，十分美丽。但有一个花仙到人间时却喝醉酒了，一直在酣睡。当她醒来时，却已是严冬，她只能在寒风中开放了。

其他花仙都回到仙界了，这个花还在冬天开放着，大家都说她真倒霉，就把她叫"霉花"。后来，一个白丁书生误写成"每"字了，后又寻思这花属木，又给这花加一"木"旁，于是就成了"梅"花。

梅花饱含公主高贵气质

到了中国南北朝的时候，说是在天宫有10个贴身服侍王母娘娘的仙女，她们每天往来于瑶池与凌霄宝殿之间，除了专门传递天上各宫的消息，还准备每6000年开一次的蟠桃会，照料天庭上的各类奇花异草。

时间一久，仙女们渐渐开始厌烦天宫里日复一日的生活，就把目光转向了相对来说更加有趣的凡间。人间老百姓每日带着亲朋好友游山玩水、嬉笑怒骂的平凡生活，是她们这些仙女可望而不可即的。

有一天，10个仙女偷偷溜出天宫，跑到人间游玩。很快，王母娘娘就发现

渾如冷蝶宿花房
擁抱檀心憶舊香
開到寒梢尤可愛
此般必是漢宮粧

马麟《层叠冰绡图》

山禽矜逸态
梅粉弄轻柔
已有丹青约
千秋指白头

■ 宋朝赵佶《腊梅山禽图》

寓意吉祥的传统物品

王母娘娘 也叫"金母""瑶池金母""瑶池圣母"或"西王母",是神话传说中专门掌管灾疫和刑罚的天神,是一位慈祥的女神。传说王母娘娘住在昆仑仙岛,掌管着瑶池和吃了之后可以长生不老的蟠桃园。

这10个仙女不顾天条、私自下凡的事情,她很生气,就派天兵天将捉拿她们。

10个仙女迷恋人间的美景,不愿意回天宫,但是,她们又怕不加掩饰地在人间逗留会被天将认出,这样就会被抓回天宫。那该怎么办呢?其中一位年龄最小的仙女出了个主意,她们都一动不动,变成花朵的样子,自然就不会被天兵们识破了。

这时的人间还没到正月,正是冬天,10个仙女各自回忆着在天庭照料仙草园和人参果时的情景,都变成了自己最喜欢的花朵样子,一动不动。有的变成了小巧玲珑的珍珠梅,有的变成了红艳欲滴的朱砂梅,有的变成了带着一抹淡绿的绿萼梅……

人间的花朵看见仙女们亲自变成了鲜花,都羞愧于她们惊人的美貌,不敢与她们争艳,就默默地凋谢了,悄悄地去其他季节盛开了。风雪也不敢惊扰仙女们的宁静,掠过仙女们身边时都小心翼翼,显得分外的轻柔。

天兵们在天上搜寻着仙女们的身影,却始终没有找着,只看见被雪覆盖的银白的大地上点缀着姹紫嫣红的几抹色彩，几棵被寒风吹得微微颤动的树上盛开着夺目的花朵。

　　天兵们没有办法，只好请王母娘娘亲自寻找仙女们的踪迹。王母娘娘从天上往下一看，没找到那几个仙女，却看见人间的大地上盛开着分外娇艳的花朵。她没想到人间也会有如此可爱的花朵，不由得赞叹了一句："没有花能比它更美了啊！"

　　于是，王母娘娘只得放弃搜寻仙女们，但是，她嘱咐天兵天将们时时刻刻向人间张望，不要遗漏了仙女们的踪迹。王母离开后，天兵天将们没有懈怠，几十双千里眼不停地搜寻着人间。

　　仙女们听见了王母娘娘下达的命令，大家悄悄一商量，反正回了天庭还要被惩罚，那不如就留在人间继续做花好了。但是凡间的人们不认识天庭上的奇花异草，该叫什么呢？

　　这时，有个年龄最小的仙女想出了主意，她说："王母娘娘赞叹说，没有花能比咱们更美了，既然如此，就叫'梅花'吧！"

　　仙女们都纷纷拍手叫好，然后又连忙化成花朵，继续开放。冬天有花朵开放，人们深深地喜欢这种清香温柔却又坚强得能独自面对风

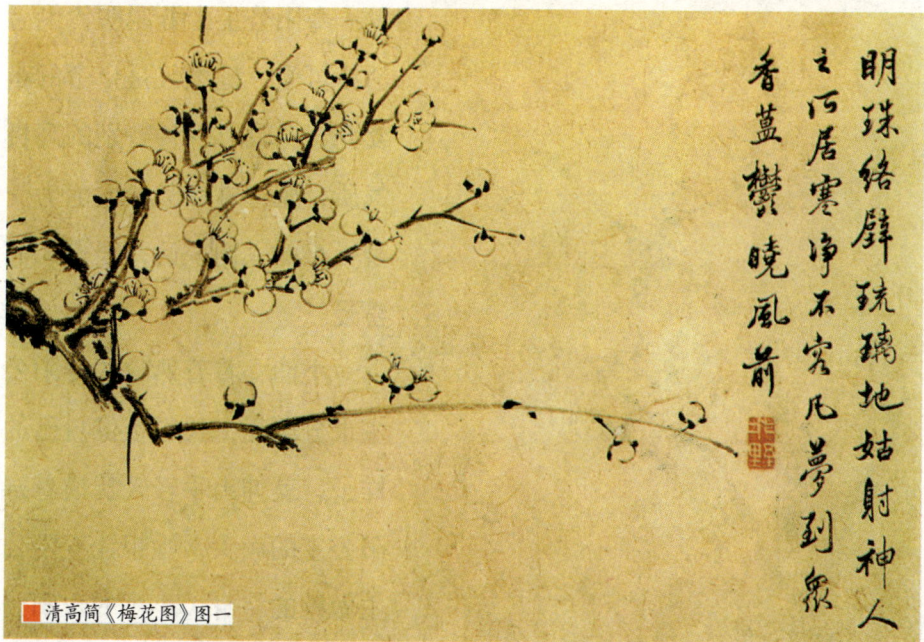

清高简《梅花图》图一

南朝 继东晋时期之后建立于南方的4个朝代的总称。420年东晋王朝灭亡之后，在南方先后出现了宋、齐、梁、陈4个朝代，而它们存在的时间都相对较短，是历史上朝代更迭较快的一段时间。在历史上，南朝与北魏、东魏、西魏、北齐、北周并称"南北朝"。

■ 清高简《梅花图》
图二

雪的花朵。同时，仙女们也渐渐失去了复原成仙子的能力，她们就一点一点地彻底变成梅树了。

仙女们毫不介意，她们享受着人间的生活。温暖的阳光和勤劳的人们，比起天庭的金龙玉凤和祥云朵朵，人间的生活要更真实，也更快乐。她们不仅盛开了梅花，还从自己幻化成的梅树上结出果子，让人们品尝酸甜的果实。

但是，最小的仙女在人间久了，她又开始思念天上的生活了，很想溜回天宫看看亲人，又怕姐妹们发现了不答应，就很想找一个替身。

这天正是南朝时期某年农历正月初七的下午，宋武帝刘裕的小女儿寿阳公主正与宫女们在宫廷里嬉戏。玩闹了一会儿，寿阳公主感到有些累了，便躺卧在含章殿的檐下小憩，不知不觉睡着了。

寿阳公主十分聪明伶俐，活泼可爱，她不仅是皇帝的小女儿，又具有一种特别的高贵气质，她经常在父皇面前为受苦受难的人们说话，很得人们喜爱。

小仙女看着熟睡的寿阳公主十分漂亮，长得很像自己的样子，就伸出手轻轻抚摸着寿阳公主的额头，她想让寿阳公主做她的替身。小小的寿阳公主睡得很香，她并没有发觉有人在摸她。

小仙女便借着一阵微风，将几瓣梅花吹落在了寿阳公主的额头上。寿阳公主由于与宫女们玩得太起劲了，额头上还挂着滴滴香汗。紫红色的梅花飘落在她的额头上，就被汗水渍染了，留下了淡淡的花痕，衬托得寿阳公主妩媚的脸蛋娇柔无比。

寿阳公主额头上的梅花印记虽然很淡，却过了整整3天才完全消下去。爱美的寿阳公主从此时常摘几片梅花，粘贴在自己前额上，使额上长出了梅花印记。宫中的嫔妃宫女们见后都十分羡慕，也跟着效仿起来。

此后，这种被人们称为"梅花妆"的妆饰方式，便在宫中流传开来，又进一步流传到了民间，并受到了女孩子们的喜爱。特别是那些官宦大户人家的女孩子以及歌伎舞女们，更是争相仿效，纷纷做了梅花样式的花钿。

再说寿阳公主自从得到梅花仙子的点化，慢慢就魂销魄散了。有一天，她在熟睡中就再也没有醒来，但是人们看见她额上那朵梅花却更加鲜艳了，她的睡姿也像一株千年横卧的梅树。人们于是就说，寿阳公主幻化成梅花了。后来，人们就说，梅花就像一位高

《水仙茶梅图》

农历 俗称"阴历"，又叫"夏历""汉历"，是中国长期采用的一种传统历法，以朔望的周期来定月，用置闰的办法使年平均长度接近太阳回归年，因这种历法安排了二十四节气以指导农业生产活动，因此称之为"农历"。

贵娇媚的公主，不仅说出了它的形态，更说出了它的气质。

后来，宋代类书《太平御览》对寿阳公主幻化梅花一事有记载：

> 宋武帝女寿阳公主日卧于含章殿檐下，梅花落公主额上，成五出花，拂之不去。皇后留之，看得几时，经三日，洗之乃落。宫女奇其异，竞效之，今梅花妆是也。

再后来有明代文学家张岱所著的百科全书类著作《夜航船》中，在说到这件事时说：

> 刘宋寿阳公主，人日卧含章殿檐下，梅花点额上，愈媚。因仿之，而贴梅花钿。

寿阳公主是因梅花妆而受到喜爱花草的人们的喜爱，因此她被尊为"梅花花神"。梅花因为是寿阳公主所幻化的，人们便赋予了她许多高贵公主的气质和说法。的确，梅花的娇艳动人丝毫不输给玫瑰和牡丹，特别是她在苦寒中盛开，只会让她的香气更加宜人，姿态更加高洁。

阅读链接

传说有10位仙女厌倦了天宫的枯燥生活，就飘然而下来到了人间，看到人间如景如画的地方便流连忘返了。玉帝闻讯后，就派天兵天将捉拿，十仙女不愿意离开人间，便就地化为了10株梅树，留了下来。因为梅花花朵很小，天兵天将看不见，他们就一直寻找十仙女，十仙女怕回天宫受罚，就一直变成梅花留在人间了。

林逋视梅花为红颜知己

　　自从人们知道寿阳公主变成梅花后，就更加喜爱梅花。到了北宋初年时候，有一个著名诗人叫林逋，他与梅花也结缘了。

　　林逋自幼刻苦好学，青年时便通晓经史百家。但他性情寡淡，孤高自好，从不稀罕做官或获得名利，因此一直隐居在杭州西湖的孤山上。

　　林逋是个生活中很从容随意的人，他看似对一切事物都漫不经心。他经常随性地游玩，有时乘着小舟慢悠悠地游览于西湖之上，有时踱着步出去悠闲地观览佛寺，有时又优哉游哉地找高僧诗友们谈经论道，品香

■林逋画像

杜堇为林逋所绘《陪月闲行图》

茗，赏落叶。

就连在写诗的时候，林逋也都十分地随意，他写诗只为了自己尽兴，完全不在乎是否能够得以留存，往往他把诗文写完了就扔掉。

这个随性自如的林逋却有两样喜好，一个是喜欢鹤，另一个就是喜欢看清香悠然的梅花。林逋一生未娶，也没有子嗣，他无牵无挂，但是由于他爱鹤与爱梅，自称以鹤为子，以梅为妻，世人于是都称他为"梅鹤因缘、梅妻鹤子"。

在一个清冷的冬天，林逋院中的各类花草都凋谢尽了。平日里各色花草盛开那欣欣向荣的景象也不在了。林逋在一片衰败萧瑟的园中，看见了在寒风中傲然开放的梅花。他喜爱极了梅花那大气娇媚和不屈的傲骨，便随口吟出了一首《山园小梅》的诗：

众芳摇落独暄妍，占尽风情向小园。
疏影横斜水清浅，暗香浮动月黄昏。
霜禽欲下先偷眼，粉蝶如知合断魂。
幸有微吟可相狎，不须檀板共金樽。

320

寓意吉祥的传统物品

在林逋的眼中，梅花不是没有半点人情味的冰美人，而是一个有血有肉、有着自己倔强和坚持的红颜知己。也许他真的是以梅为妻，因此林逋看梅时才饱含爱意。

在一片草木凋零的衰败景象中，在一片残花败柳的凄凉花园里，在往日神气活现自恃美貌的玫瑰、茉莉凋落完自己的花瓣，并把头深深埋在冻得僵硬的土壤里时，梅花却旁若无人地对着林逋开放了。

这时的林逋，他深深感觉到，梅花就像一个机灵聪敏却又文雅大度的女孩儿一样，在静悄悄地开放，没有喧闹和炫耀。但她到底还是年轻，藏不住心里的那点小得意，放出了一缕缕的清香来，只有凑近了才能闻到。似乎不是为了惊艳世人，而是为了取悦自己暗恋的心中人。

梅花的美貌是藏不住的，在风雪中怒放夺走了寒风历来的霸气和冰雪慑人的寒冷。特别是平日里别的花朵吵嚷着争宠和斗艳群芳时，她却不声不响，不发一言。但是在这冰天雪地和万物一片死寂之际，她却像精灵一样出现了，抢走了所有的瞩目和风头。

林逋看出了，梅花并不稀罕有多少人会注意到自己的美貌，也不会装出一副不在乎的样子去到处标榜自己，他看出

《林逋携鹤图》

一身傲骨

梅

《梅鹤图》

寓意吉祥的传统物品

书童 是中国古代侍候主人或其子弟读书的未成年的仆人。古代的书生一般都有书童作为跟班，书童要负责帮书生整理书籍、笔墨等，有时也一起陪读，是一个照顾书生生活起居的人。

了梅花不浮躁，也不肤浅。

在林逋看来，梅花并不需要别人认同自己的价值，也不需要多余的头衔来定位，就像他自己一样，功名利禄，皇恩浩荡，都算不了什么。在他和梅花的眼中，外物都不过是浮云而已。

林逋觉得，梅花在平日里也是极美的。白天她独自沉思，溪水映出她疏斜的侧影，痴痴地不愿流走；月光下她的香气似乎化成了烟雾，一缕缕地浮出，像暗涌的溪流一样涌动在月光之下。

林逋爱鹤，爱得就像自己的儿子一样。平日里他溜达出去寻访好友，书童是找不见他的。但是如果有客人登门拜访，书童只需要放飞一只鹤，林逋看见了之后就会立即动身赶回家。在他眼中，鹤就像个顽皮又惹人怜爱的孩子，而鹤需要他，就像儿子需要爸爸一样。

每当梅花盛开时，连鹤都不敢肆意地飞动了，生怕扰乱了梅花的安宁。因为主人十分喜爱梅花，鹤也喜爱上了梅花，它们在起飞落地之间也要先偷眼看一下梅花，不敢惊扰了梅花的宁静。

在林逋看来，也许对素来流连于群芳之间的蝴蝶来说，玫瑰牡丹之流都不过是庸脂俗粉，茉莉玉兰也只是以清纯之名掩饰自己没有姿色的平常人罢了。

林逋想，蝴蝶们见惯了群芳之间的争斗喧闹，听腻了她们的浮夸言辞，看烦了她们的忸怩作态，如果蝴蝶有幸能在严冬窥得梅花一眼，也会被梅花迷得失魂落魄了吧！

林逋望着梅花，心中有的全是满足。此情此景，真是太完美不过了。梅花不需蝴蝶赏识，不与群芳争妒，也不屑于盛开在风和日暖的春风里，更不需要那些不识趣的俗人，拿着檀板唱着不着调的曲子，或者那些整日醉醺醺的粗人靠饮酒来歌颂。

想到这些，林逋自言自语地说："有我林逋在此吟诗，对梅花就已经足够了。"

在林逋眼中，这是他和梅花独有的精神默契。梅花在他心里，是妻子，是同样选择了隐逸生活的隐士，更是千古难逢的知己。

梅花虽然独自开放，不言不语，季节一过就香消玉殒，但在林逋看来，他们已经是相伴一生心有灵犀的夫妻了。在林逋眼中，梅如人，梅花就是他的妻子。

阅读链接

林逋写了《山园小梅》诗后，并写成了书法作品。后来宋代著名文学家苏轼高度赞扬林逋之诗、书及人品，并诗跋其书："诗如东野不言寒，书似留台差少肉。"北宋著名诗人黄庭坚也写道："君复书法高胜绝人，予每见之，方病不药而愈，方饥不食而饱。"明代书画家沈周也作诗云："我爱翁书得瘦硬，云腴濯尽西湖绿。西台少肉是真评，数行清莹含冰玉。宛然风节溢其间，此字此翁俱绝俗。"

苏东坡用梅花喻爱人

在北宋时期，著名诗人、豪放派代表词人苏东坡对梅花也特别喜爱。在他看来，并不是梅如人，而是人似梅，梅花是他心中另外一个人的化身。

1071年，苏东坡因反对王安石新法被贬为杭州通判。一天，他与几位文友同游西湖，宴饮时招来一个歌舞班助兴。歌舞班中有位名叫王朝云的歌伎引起了苏轼的注意。

王朝云因自幼家境清寒而沦落在歌舞班中，当时已经是西湖有名的歌伎了。她天生丽质，聪颖灵慧，能歌善舞，虽混迹烟尘之中，却独具一种清新洁雅的气质。

在悠扬的丝竹声中，数名舞女浓妆艳抹，长袖徐舒，轻盈曼舞，而舞

苏东坡画像

《春消息图》

在中央的王朝云又以其艳丽的姿色和高超的舞技，尤其引人注目。舞罢，众舞女入座侍酒，王朝云恰恰转到苏东坡身边。

这时的王朝云，已经换了另一种装束，洗净浓妆，黛眉轻扫，朱唇微点，一身素净衣裙，清丽淡雅，楚楚可人，别有一番韵致，仿佛一枝凌寒的梅花般娇嫩别致。

此时，本是丽阳普照、波光潋滟的西湖，由于天气突变，阴云蔽日，山水迷蒙，变成了另一种景色。湖山佳人，相映成趣，苏东坡灵感顿至，为这位如梅花一般的歌伎挥毫写下了传诵千古、描写西湖美景的名诗佳句：

水光潋滟晴方好，山色空蒙雨亦奇。
欲把西湖比西子，淡妆浓抹总相宜。

豪放派 宋词风格流派之一，与婉约派并为宋词两大词派，代表人物是苏轼、辛弃疾。豪放派的特点大体是创作视野较为广阔，气象恢宏雄放，喜用诗文的手法、句法写词，语词宏博，用事较多，不拘守音律，然而有时失之平直，甚至涉于狂怪叫嚣。

《梅竹图》

寓意吉祥的传统物品

当时的王朝云刚刚12岁，虽然年幼，却聪慧机敏，由于十分仰慕苏东坡的才华，而且受到苏东坡夫妇的善待，十分庆幸自己与苏家的缘分，决意追随苏东坡先生终身。

后来，王朝云与苏东坡共同生活了20多年，特别是陪伴苏东坡度过了贬谪黄州和贬谪惠州这两段艰难的岁月，但一直没有享受到苏东坡夫人或妻子的名分，一直等他们到了黄州后，她的身份才由侍女改为侍妾。但是，她一向从容淡泊，之前从未争过名分。

林逋与梅花有吟诗作乐、不需檀板金樽的默契，苏轼和王朝云之间也有知己般的心有灵犀。在苏东坡的妻妾中，就数王朝云最善解苏东坡的心意。

苏东坡历来性情豪放，不拘小节，他当了官也仍然是憋不住话的直肠子，言谈之间对自己的政见毫不掩饰，没少得罪过当朝权贵。虽几经贬谪，但他丝毫不改本性。

有一次，苏东坡退朝回家，吃完饭指着自己鼓鼓的肚子问侍妾："你们有谁知道我这肚子里面装的是

侍妾 又称姨太、陪房、小妻、下妻、次妻、庶妻、旁妻等，也有小老婆等俗称。妾主要指一夫一妻多妾制结构中，地位低于正妻的女性配偶。妾是中国传统一夫一妻多妾制度下的产物，也作为女子对自己的谦称，类似于男人自称的"仆"。

什么吗？"

一名侍妾说道："您才高八斗，必定是满腹经纶。因此是一肚子文章。"

另一名侍妾回答说："您博学多才，这一肚子装的都是见识。"

但是，苏东坡摇摇头说："不对。"

这时，站在一旁的王朝云笑着说："您呀，这一肚子都是'不合时宜'！"

苏东坡拍掌大笑说："果然还是朝云最懂我！"

在此后的10年之中，苏东坡又先后出任颍州和扬州知府。在当时，他续娶的王夫人已逝，宋哲宗也已亲政，并任用章惇为宰相，因此又有一大批持不同政见的大臣遭贬，苏东坡也在其中。

在当时，苏东坡被贬往南蛮之地的惠州，这时的

王朝云（1062—1096），字子霞。大文豪苏东坡侍妾，1094年随苏东坡谪居惠州，第三年亡故并葬于惠州西湖孤山，苏东坡亲撰墓志铭，写下《悼朝云》诗，寄托了对朝云的深情和哀思。由于朝云临终前是念着佛经《金刚经》的"六如"偈而逝，故朝云下葬后，孤山栖禅寺的和尚就在朝云墓上建亭"六如"纪念。

327

一身傲骨

梅

■《梅花图》

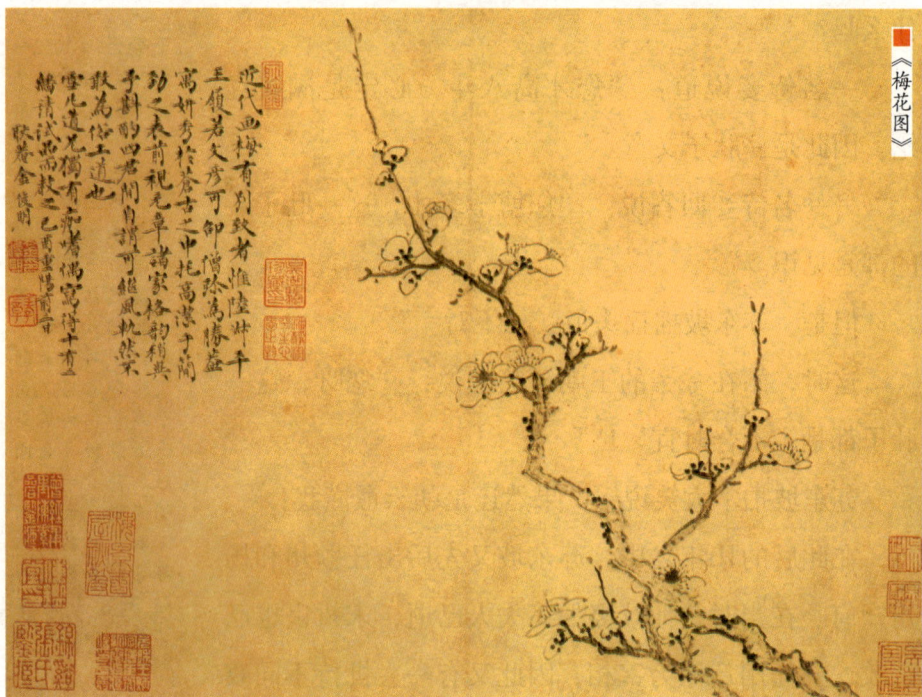

《梅花图》

寓意吉祥的传统物品

他已经年近花甲了。眼看运势转下，难得再有复起之望，苏东坡身边众多的侍儿姬妾都陆续散去了，只有王朝云始终如一，追随着苏东坡长途跋涉，翻山越岭到了惠州。

对苏东坡来说，朝云就是花丛中的梅花。出身于贫寒之下的她不争艳，不扭捏，却自有清香迷人之处。处在胜景之下的人想赏遍万山红花是件非常容易的事，但在困境之中还能为他绽放芬芳的也只有梅花一般的王朝云了。

可惜好景不长，王朝云在惠州时遇上瘟疫，身体十分虚弱，终日与药为伍，总难恢复，苏东坡只好四处拜佛念经，寻医煎药，乞求她康复。但从小生长在山水胜地杭州的王朝云是花肌雪肠之人，最终耐不住岭南闷热恶劣的气候，不久便带着对苏东坡的不舍与依恋溘然长逝了，年仅34岁。

为了怀念王朝云，苏东坡在惠州西湖上刻意经营，建塔、筑堤、植梅，试图用这些熟悉的景物唤回那已远逝的时日。但是佳人已逝，音容不再，苏东坡在彻骨的悲伤中，从盛开的梅花中寻找到了王朝云的踪影，因此他作了《西江月·梅花》一词：

玉骨那愁瘴雾，冰姿自有仙风。海仙时遣探芳丛，倒挂绿毛幺凤。

素面常嫌粉浣，洗妆不褪唇红。高情已逐晓云空，不与梨花同梦。

惠州的梅花虽然生长在瘴疠之乡，却不怕瘴气的侵袭，这是因为她有冰雪般的肌体和神仙般的风致，玉洁冰清的她怎么会在意这些瘴雾呢？

在苏东坡看来，梅花的仙姿艳态，引起了海仙的羡爱，海仙还经常派遣使者来到花丛中探望。这个使者，原来就是倒挂在树上的绿羽小鸟。

苏东坡看出来了，岭南梅天然洁白的容貌，是不屑于用铅粉来妆饰的。施了铅粉，反而掩盖了她的天生丽质。

张彦《雪景梅花图》

岭南的梅花，花叶四周皆红，像是用了胭脂的少女一样，即使她洗去妆饰，唇红还是未褪，素面之下仍然是绚丽多姿。

苏东坡心心念念最爱的梅花已经随着她去往了天国，想自己会不会像王昌龄那样，做个窥见梨花云那样的梦了。

苏东坡这首词明为咏梅，暗为悼亡，词中所描写的惠州梅花，实则是王朝云美丽姿容和高洁人品的化身。在苏东坡眼中，王朝云是梅，梅也是王朝云，而无论是哪一个，梅花都是他眼中独一无二的美景。

阅读链接

在黄州有一个传说：苏东坡初到黄州，住在定惠院，每天夜里在窗下读书，必定有一位漂亮女子在窗外听。苏东坡觉得奇怪，便问那女子："你是谁家姑娘？"

那女子回答说她是花又不是花。苏东坡说那一定是花魂，并问她是什么花魂。那女子却说是梅花魂，还问苏东坡喜不喜欢梅花。苏东坡说喜欢。那女子答应送他一株。第二天上午，果然有一老人给苏东坡送来一株梅花。

王安石视梅花为斗士

与苏轼同样作为"唐宋八大家"之一的王安石，他对梅花也有着难解的情怀。王安石是北宋时期的文学家，更是一名政治家，他的变法提议是中国历史上，针对北宋当时积贫积弱的社会现实，以富国强兵为目的的一场轰轰烈烈的改革。

当时的王安石颁布了农田水利法、均输法、青苗法、免役法、市易法、方田均税法，并推行保甲法和将兵法以强兵。但是由于并未处理好具体实行的问题以及与反对者的关系，于是只能与反对变法者长期反复地进行争斗。

■王安石画像

颜岳《花鸟图》

与闲逸的林逋和豪放的苏轼不同，王安石有个出了名的怪脾气，他性格又直又硬，做事急躁而缺乏耐心，认准了一条路就不回头，容不下别人的半点意见，因此他被人称作"拗相公"。虽然他的变法是出于好意，最后结局还是以失败告终了。

王安石怪得十分可爱，他对自己所坚持的事情有一种孩童般的执拗，即使得罪再多人，与再多人格格不入，他也在所不惜，这样的性格和在冬天独自盛开的梅花简直极为相似。

在这样一位政治家眼里，梅花不是静立于园中的红颜知己，也不是和自己相濡以沫的绝代佳人，而是和自己一样虽不得志却仍然坚韧不拔的斗士。

有一天，年过半百的王安石在家中郁闷地踱来踱去。当时的他，已经历了两次辞去宰相之职又两次复任了，推行新法遇到的阻力和反对声浪让他简直心力交瘁。对于这样一个做事坚定又十分固执的改革者来说，当时的前途是十分渺茫的。

王安石不想再次放弃，也不愿意再一气之下拂袖而去，但他对政治早已心灰意冷了。对于他来说，自己犹如笼中之兽，变法就像困兽犹斗，可能新主张会再一次被推翻，也可能这最后一次就会成功。

叹了一口气，王安石把目光向花园中投去。他看见自家园中的墙角处，被雪覆盖的枯寂土壤上，有一棵花树仍然焕发着勃勃生机，那纷飞的雪花也没能掩住润泽的棕色树干，断枝处还有新抽出的嫩芽。但奇怪的是，这棵树似乎空荡荡的，没有花朵也没有果实。

王安石按捺不住，披了件衣服就匆匆走出门去查看。庭院之中寒风阵阵，那棵植物却傲然挺立，小小的身躯却有着十足的硬气，才一人多高的细长枝条，在风雪中有着巍巍然泰山般的霸气，看上去既好笑，又让人心生敬佩。

王安石凑近了一点看，还是没有半点头绪。满树枝都是团团积雪，望上去是一树的雪白，没有一丝花朵果实的影子。

"花匠往我院子里种的这是什么东西呢？"王安石有点纳闷地想。这时，寒风又起。王安石猛然闻到一阵清香。他恍然大悟，更仔细地望向树上的朵朵积雪。果然，是白色的梅花。

萧晨《踏雪寻梅图》

看着被风吹得微微颤动却依旧傲立、绽放清香的雪中梅花，王安石想到了自己所处的极为相似的孤立无援的处境。

王安石深知，白梅花虽酷似积雪，却不能和积雪混为一谈。积雪始终会掉落枝头，在地上堆积，最终也不过或被阳光所消逝，或化成一摊泥水而已。

王安石知道，白梅花虽然有着无瑕美玉般的冰清玉洁，却永远不会被阳光消逝，或是被寒风所动摇，即使看上去酷似积雪，但是，淡雅香味总会让明眼人把它们区别开来的。感慨之下，王安石写下了一首诗：

墙角数枝梅，凌寒独自开。

遥知不是雪，为有暗香来。

王安石通过对梅花不畏严寒的高洁品性的赞赏，用雪喻梅的冰清玉洁，又用"暗香"点出梅胜于雪，说明坚强高洁的人格所具有的伟大魅力。

当时，年过半百的王安石，在北宋时期极端复杂和艰难的局势下积极改革，却得不到支持，他的孤独心态和艰难处境，与梅花自然有共通的地方，因此深得王安石的心意。是的，梅花千姿百态，温柔娇媚，却能盛开在风雪之中。

每到寒冬，梅花便如顽皮仙女，悄然绽放，在风雪之中，她们的娇媚别有韵致。含苞的娇羞欲语，脉脉含情；乍绽的潇洒自如，落落大方；怒放的赧然微笑，嫩蕊轻摇。

梅花有的娇小玲珑，憨态可掬，就像初生的婴孩般可亲；有的青春洋溢，热情奔放，似亭亭玉立的少女般可爱；有的超凡脱俗，端庄大方，如持重的贵妇般可敬。她们或仰，或倾，或倚，或思，或语，或舞，或倚戏秋风，或笑傲冰雪，或昂首远眺，

陈录《梅花图》

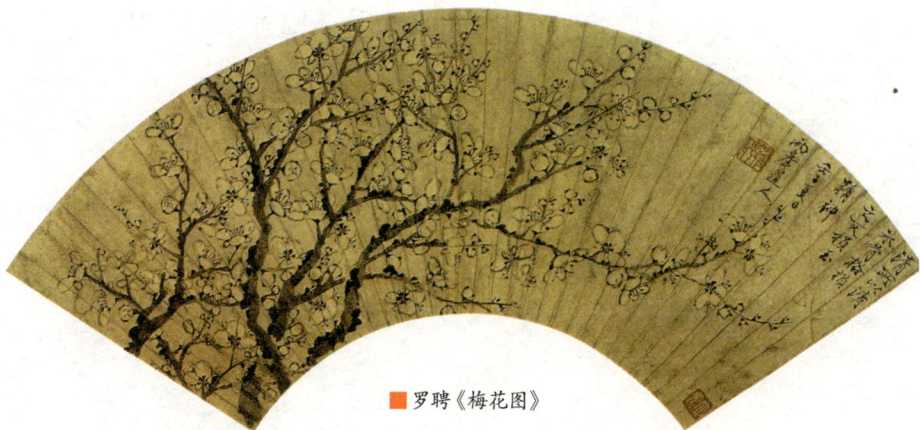

■ 罗聘《梅花图》

奇姿异态纷呈，简直美不胜收。

梅花娇美却不柔弱，清香却不俗媚，不与百花争时光，不和群芳斗艳丽，这种高风亮节也吸引着自古以来的很多诗词大家对它们的盛赞，因为他们从梅花身上看到了自己的影子——不争世俗、不媚君王。这样说来，梅花整个被拟人化了，又被赋予了高洁的品质。

阅读链接

王安石爱梅，他写有好几首有关梅花的诗。他的《红梅》："春半花才发，多应不奈寒。北人初未识，浑作杏花看。"他的《梅花》："白玉堂前一树梅，为谁零落为谁开。惟有春风最相惜，一年一度一归来。"他的《沟上梅花欲发》："亭亭背暖临沟处，脉脉含芳映雪时。莫恨夜来无伴侣，月明还见影参差。"他的《证圣寺杏接梅花未开》："红蕊曾游此地来，青青今见数枝梅。只应尚有娇春意，不肯凌寒取次开。"

仲仁和尚始创墨梅画法

在宋代，苏东坡、王安石等文人都十分喜爱梅花，赋予了梅花许多高洁的人格。在宋代还有一个叫仲仁的和尚，他也最爱梅花，总是在自己床前放置着梅花，时时观察梅花的颜色和神韵。

每当夜色来临，月光之下的梅花疏影横斜，仲仁和尚就用笔墨描摹梅

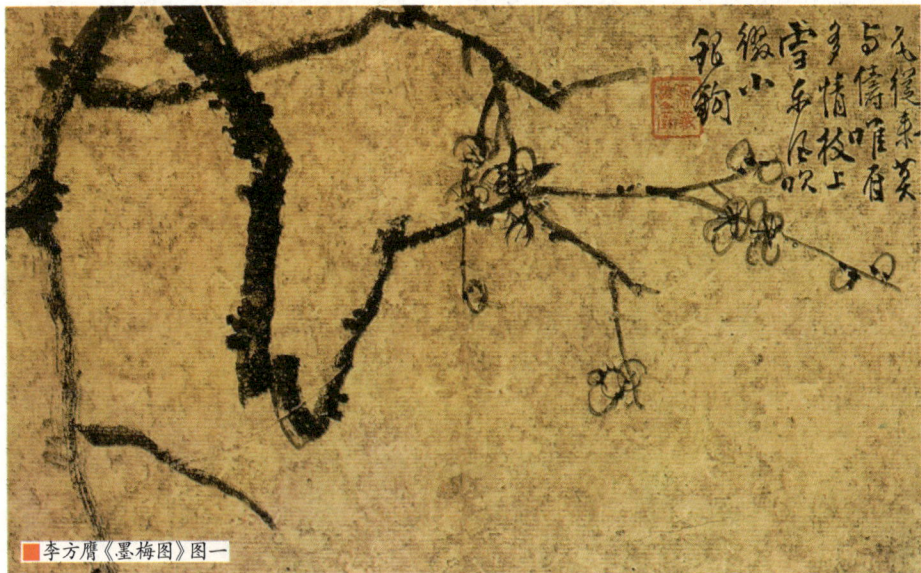

李方膺《墨梅图》图一

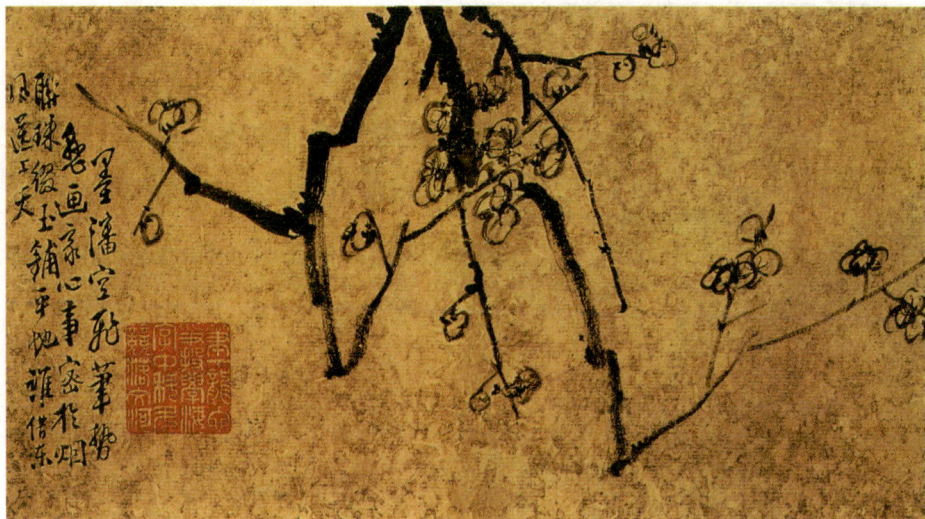

花的形状，结果他发现，只要他用墨一点染，就可以表现出梅花的韵味，因此他首创了"墨梅"的画法。

墨梅讲究的是画梅全不用颜色，只用浓淡相间的水墨晕染而成，就可以用来表现梅花的精神，并以水墨晕写梅花的各种姿态，因此自成一格。

当时著名诗人黄庭坚称仲仁和尚所画的梅花是：

如嫩寒清晓，行孤山篱落间，但欠香耳。

当时著名诗僧惠洪也极其欣赏水墨描绘的梅花，称仲仁和尚的墨梅为：

华光作此梅，如西湖篱落间烟重雨昏时节。

后来，元代著名书画家赵孟頫在墨梅题跋中称：

世之论墨梅者，皆以华光为称首。

黄庭坚（1045—1105），北宋时期著名诗人、词人、书法家。是盛极一时的江西诗派开山之祖，还跟杜甫、陈师道和陈与义素有"一祖三宗"之称。在诗歌方面，他与苏轼并称为"苏黄"；在书法方面，他则与苏轼、米芾、蔡襄并称为"宋代四大家"。

■ 童钰《月下墨梅图》

華光，正是仲仁和尚的法号。仲仁和尚十分喜爱梅花，最终老于梅林之中。但是，他创下的墨梅画法却没有失传，后代画家都对他独具一格的墨梅画法啧啧称奇。

仲仁突破前人技法，以水墨晕写梅花的各种姿态而自成一格，墨梅遂成为花鸟画领域中的新品种，对于中国绘画题材与技法的开掘具有十分重要的意义。

是的，梅花在漫天飞雪的隆冬盛开，不畏严寒，象征君子威武不屈，不畏强暴，是自古以来很多画家钟爱的花朵。据有关画史记载，之前的南北朝时期就已经有人画梅花，到了北宋时期，画梅就成了一种风气，其中最有名的就是仲仁和尚。

仲仁和尚还著有一本《华光梅谱》传世，对宋代画梅理论具有突出的贡献，后来著名的南宋词人、画家、书法家扬无咎和元代著名画家、诗人、书法家王冕皆源于此。

年轻时的扬无咎所居住的地

338

寓意吉祥的传统物品

方有一棵"大如数间屋"的老梅树，苍皮藓斑，繁花如簇。他经常对着梅树临摹写生，深得梅花真趣。因此，在梅花画法上，他有着自己独特的感悟，形成了自己的画法。

正当年轻，雄心勃勃的扬无咎也曾将自己的梅花图进献于宫廷，却不得宫廷赏识，被当时的徽宗皇帝斥为"村梅"。

来自宫廷的嘲讽，并没有影响扬无咎对自己艺术风格的坚持。从此，他在自己的画上题以"奉敕村梅"，既是一种自嘲，也是一种自傲。他继续按照自己的审美理想，钻研墨梅艺术。

扬无咎非常善于学习前人的艺术成就。曾经有位来自华光寺的僧人来清江慧力寺修行，将仲仁和尚的墨梅画法带到了这里。扬无咎经常前往虚心学习。

仲仁的画法给了扬无咎极大启发，在这难得的艺术切磋中，扬无咎结合自己的艺术经验，将前人的墨梅艺术提升到了一个新的高度。虽然善画，但他并不以

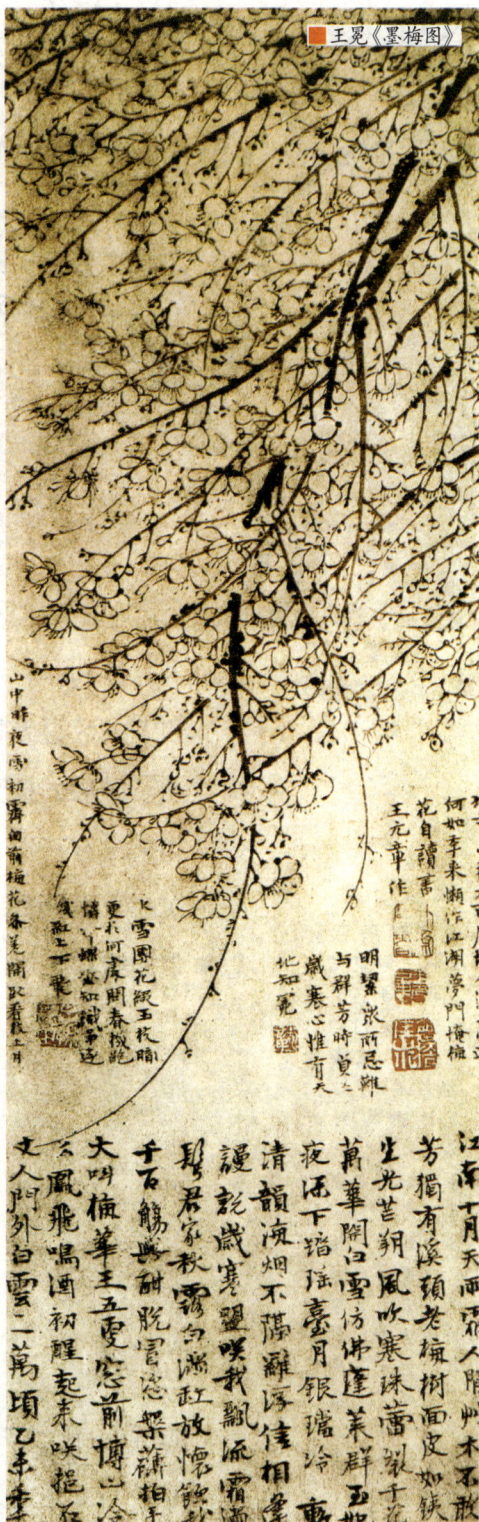

寓意吉祥的传统物品

■ 扬无咎《四梅图》
图一

作画求名逐利。

　　和大多数喜爱梅花的诗人一样，扬无咎也喜欢赏梅饮酒。醉后的扬无咎往往不管什么场合都能挥毫泼墨，如果没有兴致，想求得扬无咎一幅画，却很难。

　　在南宋学者曾敏行所著的宋代史料笔记《独醒杂志》中记载：

《独醒杂志》
宋代史料笔记。《独醒杂志》的体例是无门类、无统系、无条目篇名的笔记，是逐条排列的记录。《独醒杂志》全书分10卷，共有255条，其内容可分为宋代政事及典章沿革、宋代著名人物的逸事、有关江西地方志的史实和有关谶语、因果、神仙、宗教、炼丹、法术等的记载。

　　绍兴初，花光寺僧来居清江慧力寺，士人扬补之、谭逢原与之往来，遂得其传。补之所作，后益超出，格韵尤高，然觞次醉馀，虽娼优墙壁肯为之，他有求者往往作难。

　　喝醉的扬无咎能在任何一堵墙上涂画自己的墨梅，但是如果是别人特意带着重金去求画，扬无咎却很少同意。

据说，扬无咎曾乘兴在临江的一家驿馆的墙壁上画了一幅折枝梅，吸引了不少往来的文人士大夫，驿馆一时也生意兴隆。

但这块画了折枝梅的屋壁后来居然被人窃走，使得这家驿馆顿时车马稀少，门庭冷落。扬无咎艺术的魅力于此也可见一斑。

南宋时期著名诗人刘克庄曾经评价扬无咎说：

> 扬补之，其墨梅擅天下，身后寸纸千金，所制梅词《柳梢青》十阕，不减花间、香奁，及小晏、秦郎得意之作，词画既妙，而行书姿媚精绝……

扬无咎最著名的传世花卉作品是《四梅图》，又叫"四清图"，是他晚年的作品，画分4段，可分可合，每段自成一幅，有独立的内容和章法，从自跋中可知作者创作此图的初衷是要完成一位挚友的命题：

> 要余画梅四枝，一未开，一欲开，一盛开，一将残，均各赋词一首。

341

一身傲骨

梅

■ 扬无咎《四梅图》图二

这个独特的命题激发了扬无咎的兴致，使他在创作中表现出了应有的大家手笔。画梅花未开，在疏枝斜干上突出描绘了花苞的聚五攒三，以少胜多；画梅花欲开，在枝干上布了些整朵梅花，花瓣清晰可数而不露其花蕊，以求含蕴；画梅花盛开，则极写其雨浴脂浓，烟笼玉暖之致；画梅花将残，则堕溷飘零，偃蹇自嗟。即使留在枝上的残梅，也是蕊托外露，已无一瓣可寻！四段梅花图，将梅花的盛衰过程表现得淋漓尽致，不经过仔细揣摩观察，是无法具备如此准确传神表现力的。

《四梅图》的花用线勾，不设色。枝干不用双勾，以运墨中的自然枯湿变化，表现老干新枝的差异。在构图上，4幅图都以疏朗自然取胜，瘦枝冷蕊，清气逼人，写出了梅花的真魂。

最妙的是，每幅枝干的穿插取势不同，枝梢的趋向也不同，显示出扬无咎娴熟的艺术技巧和高妙的构图能力。《四梅图》的可贵之处还在于它集中展现了艺术家的诗、书、画三绝，画幅上4首寄调《柳梢青》的词作，既表达了画家对梅花品格的感受，又紧扣画意。

寓意吉祥的传统物品

扬无咎《四梅图》图三

扬无咎以他广受称道的清劲小楷，录下这自谱的4首梅花词，还题上一段作画缘起的自述。这种在画作上留下大段题画文字的做法，在宋代以前的绘画中是十分罕见的，无疑是一种章法和观念上的创新。因此后人在《明画录》中说：

华光一派，流传至南宋扬补之，始极其致。

扬无咎的墨梅在古代绘画史上产生过很大影响，历代仿效他的人很多。南宋时期花鸟画家赵孟坚，扬无咎的从子季衡、外甥汤正仲、汤叔用等都是他的传徒。后代的花鸟名家徐禹功、王冕等都是他的嫡系。他们都以画来赞赏梅的风姿，表现梅的精神。

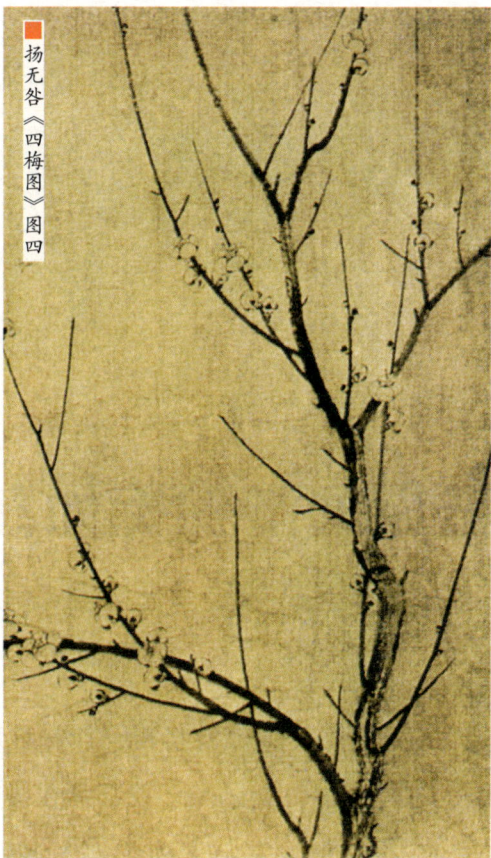
扬无咎《四梅图》图四

343

一身傲骨

梅

阅读链接

仲仁是北宋末年以善画墨梅著称的华光和尚，他在方丈之前植梅，花放时移床于花下，每于月下见梅疏影横斜，即以笔墨摹其状，颇得梅之神韵，此后经过不断地对梅花的观察和笔墨的积累，终于突破前人技法，以水墨晕写梅花的各种姿态而自成一格，墨梅遂成为花鸟画领域中的新品种，对于中国绘画题材与技法的开掘具有十分重要的意义。

陆游如醉如痴如狂爱梅

　　南宋著名诗人陆游将梅花深深地印在了自己生命里。在他所作的9300多首诗中，有1000多首都是在描写梅花。陆游的梅花诗，晶莹高洁，芳香扑鼻，其笔下梅花饱含多种意象，或白描，或隐喻，或叙

陆游唐琬

事，或抒情，勾勒出了那个爱梅花到了如醉、如痴、如狂的陆翁。

陆游赏梅不像其他人略略一看就可以，他赏梅极其讲究，为了表示对梅花的虔诚，他赏梅之前一定要先洗净鞋上的泥土，衣帽不沾染半点尘埃才可以。不仅他自己这样做，他还对不这样做的赏梅人非常不以为然，他作诗曰：

体中颇觉不能佳，急就梅花一散怀。
冲雨涉溪君会否？免教尘土涴青鞋。

陆游同样认为，梅花是神圣而不沾人间气息的。梅花如此高雅圣洁，赏梅的人也完全可以不食人间烟火，他作诗曰：

欲与梅为友，常忧不称渠。
从今断火食，饮水读仙书。

对于赏梅的方式、时间、环境，陆游更是特别讲究，他认为，赏其他花可在风和日丽之时，但赏梅则必须在月夜，携一壶浊酒，在梅林下坐一夜，听凭梅花的香露浸透头上的乌

一身傲骨

梅

《梅花图》

鳌头 中国唐宋时期皇帝殿前陛阶上镌刻有巨大的鳌鱼。殿试中，选出状元、榜眼、探花三甲后，这些人就要迎接殿试榜，站在中殿石上。由于状元一人独占殿中的大鳌，所以就说他独站鳌头，后来就借喻为考试得到第一的意思。凡翰林学士、状元和承旨官朝见皇帝时均立于陛阶正中的鳌头上。

■《梅花图》

巾，这样赏梅，才会有真趣。他作诗曰：

一点不杂桃李春，一水隔断车马尘。
恨不来为清夜饮，月中香露湿乌巾。

他常常带着酒去赏梅，一高兴就喝得大醉，喝得忘乎所以，喝得"一瓢邀月醉梅花"。对陆游来说，饮酒赏梅是人生一大乐事。他作诗曰：

老来乐事少关身，犹喜樽前见玉人。
岂是凄凉偏薄命，自缘纤瘦不禁春。

在陆游看来，那些说梅花开在严冬是因为命运不济、凄惨苍凉的人都是愚不可及的，难道他们都没看见梅花娇弱的身躯吗？如此纤弱的梅花哪里禁得住春

寒陡峭呢！如此一来，梅花俨然从不惧严寒的斗士转变成了一位挑剔的娇小姐。

陆游不喜欢把梅花看成一个忍辱负重的侠士，在他的心中，梅花从来都是平和又善解人意的，是个步履匆匆的君子，是个做事毛躁的年轻人，是个独占鳌头的忘年交。他作诗曰：

年年烂醉万梅中，吸酒如鲸到手空，
花欲过时常惜别，今年此别更匆匆。

往年陪他烂醉如泥的梅花今年开得太急了，走得太早了。陆游在诗中发泄着不满，还没等自己尽了酒兴，梅花就匆匆开过了，口气就像在抱怨一个失信爽约的老友。

一旦这位老友赏光，与他相聚一堂，陆游就乐得飘飘然了。他心满意足到什么程度呢？和老友喝得尽兴还不够，还要将一枝梅花插在帽子上。陆游在《看梅绝句》里得意扬扬地写道：

老子舞时不须拍，梅花乱插乌巾香。
尊前作剧莫相笑，我死诸君思此狂。

为了将梅花牢牢插在头上，就算乌巾损坏，对陆

《红绿梅花图》

一身傲骨

梅

绝句 古代诗歌体裁的一种。按照每句的字数，绝句可分为五言绝句、六言绝句和七言绝句，其中以五、七言绝句居多，六言绝句很少。按照诗歌格律，绝句分为律绝和古绝。

官帽 中国古代官吏的制帽，与"便帽"相对。各朝代的官帽形象均有所不同。1370年，太祖朱元璋规定："凡常朝视事，以乌纱帽、团领衫、束带为公服。"从此，乌纱帽成为只有当官的才能戴的帽子。清朝官帽又可以分为朝冠和吉服冠。

游来说也算不了什么。他作诗曰：

老子人间自在身，插梅不惜损乌巾。
春回积雪层冰里，香动荒山野水滨。

陆游戴着梅花看尽湖光山色，一起香动荒山野水，这样的情谊，只怕伯牙和子期都难以企及了吧！

插在乌巾上或把乌巾插坏，都不算什么。陆游甚至敢冒着亵渎朝廷的罪名，把梅花堂而皇之地插在官帽上，自己还若无其事地拿围观自己的路人打趣。他作诗曰：

断岸通别浦，孤舟入春烟。
与梅本无期，忽到醉眼边。
折花插纱帽，花重觉帽偏。
居人空巷看，疑是湖中仙。

《红梅图》

酒后乘着舟摇摇晃晃地闲逛，没想到就这么同梅花不期而遇了啊！本来还以为和它错过了呢，看来真是有缘啊！

大大咧咧地折下一枝花插在官帽上，哎哟，折多了，梅花重得压歪了帽子。哈哈，有好多人跑来盯着我看呢，大概以为我是湖中的什么仙人吧！

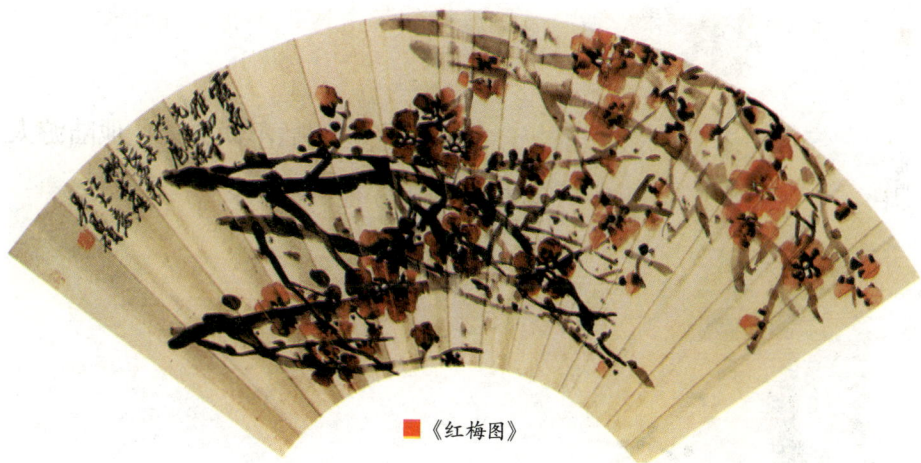
《红梅图》

喝醉酒插梅花的陆游，被围观的次数可不止一次。他有诗曰：

锦城梅花海，十里香不断。
醉帽插花归，银鞍万人看。

很难说梅花在陆游的心中扮演的是什么角色。他在意梅花，担心梅花，有时还会因梅花开晚而担心、生气，但只要梅花终究开了，陆游还是会乐呵呵地喝完酒跑去插一枝，还不忘一本正经地为自己辩解一番。他有诗曰：

年年踏雪探梅开，二月今年始见梅。
从此逢春心转懒，小诗不拟觅花栽。
寻梅不负雪中期，醉倒犹须插一枝。
莫讳衰迟杀风景，卷中今岁欠梅诗。

赏梅后心情愉悦的陆游也有手舞足蹈的时候。他有诗曰：

山村梅开处处香，醉插乌巾舞道旁。

349

一身傲骨

梅

饮酒得仙陶令达，爱花欲死杜陵狂。

即使老了也照插不误，谁让他陆游太爱梅花了呢？他的诗曰：

醉插江梅老更宜，犹能小树拣繁枝。
假令住世十小劫，应爱此花无厌时。

陆游不是不知道自己赏梅的醉态是有多么的不寻常，但他完全不在意世人的一些评论和看法，反而是一笑置之。陆游在《园中绝句》一诗中写道：

梅花重压帽檐偏，曳杖行歌意俗仙。
后五百年君记取，断无人似放翁颠。

梅花不只能令陆游醉酒，甚至还能让他醒酒。他有诗曰：

夜枕梦回春雨声，晓窗日出春鸟鸣。
典衣沽酒莫辞醉，自有梅花为解酲。

在病中的陆游，更是把梅花视为百灵的解药。他在《病中杂咏》一诗中写道：

半黄半绿柳满城，欲开未开梅有情。

吴昌硕《红梅图》

寓意吉祥的传统物品

放翁一病又百日，回视新春如隔生。

　　梅花不仅能治陆游自己的病，更是赐予冰雪生命的精灵。北坡上有棵梅树迟迟不开花，陆游心里总是惦念着，每天都要去看看。在立春日，那棵梅终于绽放了一枝，给了陆游莫大惊喜，在他看来，就连风雪也被梅花医治得起死回生了。他有诗曰：

　　　　日日来寻坡上梅，枯槎忽见一枝开。
　　　　广寒宫里长生药，医得冰魂雪魄回。

　　陆游赏梅不是路边随处赏，而是整装待发到处去寻盛开的梅花。寻得了，就再插满一头。他有诗曰：

　　　　小雪湖上寻梅时，短帽乱插皆繁枝。
　　　　路人看者窃相语，此老胸中常有诗。

因为太爱梅花，因此常常有人赠给陆游梅花赏玩。陆游也每每欣喜地将获赠的梅花仔细地保存起来，作诗赞美：

高标已压万花群，尚恐娇春习气存。
月兔捣霜供换骨，湘娥鼓瑟为招魂。

梅花是陆游生命中的乐事之一，任凭时间流逝，梅花带给他的欢愉和慰藉却从未减少过。他有诗曰：

五十年间万事非，放翁依旧掩柴扉。
相从不厌闲风月，只有梅花与钓矶。

即使是年纪大了，梅花在陆游心里仍然是能解千愁的知己，只要一看到梅花，他就烦恼全无了。他作诗曰：

素娥窃药不奔月，化作江梅寄幽绝。
天工丹粉不敢施，雪洗风吹见真色。
出篱藏坞香细细，临水隔烟情脉脉。
一春花信二十四，纵有此香无此格。
放翁年来百事惰，唯见梅花愁欲破。

对于仕途的坎坷、情路艰辛的陆游，梅花是他在

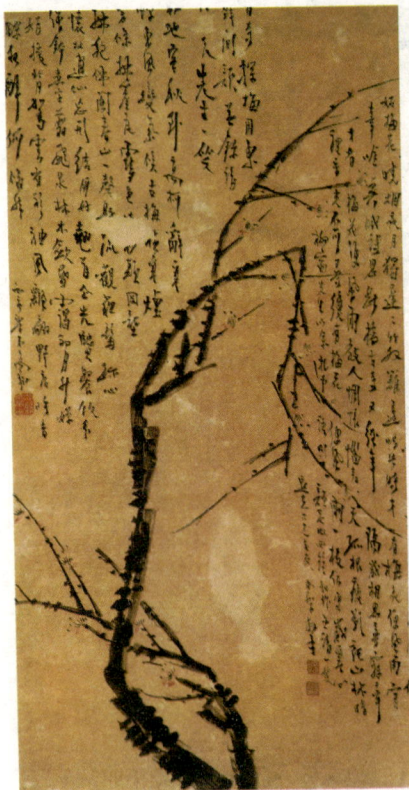

《梅花图》

素娥 中国古代对月亮的别称。传说中素娥是月中女神，也就是嫦娥。传说嫦娥是后羿的妻子，美貌非凡，后来因为误食仙药而飞天成仙，住在月亮上的仙宫广寒宫里。在道教中，嫦娥也被称为"太阴星君"。

辛酸生活里唯一的信赖和依靠。他有
诗曰：

岁月相寻岂有穷，早梅唤醒醉眠翁。
坐中酒量人人别，花底春风处处同。

　　梅花在陆游的生命中占据了太重
要的位置，即使是陆游怀念往事，慨
叹人生，也处处有梅花的影子。他作
诗曰：

青羊宫前锦江路，曾为梅花醉十年。
岂知今日寻香处，却是山阴雪夜船。

　　他在诗作《梅》中也说道：

三十三年举眼非，锦江乐事只成悲。
溪头忽见梅花发，恰似青羊宫里时。

　　陆游羡慕梅花的自在和从容，欣
赏梅花的淡泊和纯净。他作诗曰：

野迥林寒一水傍，密如疏蕊正商量。
半霜半雪相仍白，无蜂无雪自在香。
月过晓窗移影瘦，风传残角引声长。
还怜客路龙山下，未折一枝先断肠。

沈铨《雪中游兔图》

一身傲骨

梅

时光飞逝，人老了之后总会有万般感慨。视梅如命、爱梅成痴的陆游在回首人生时，看见的还是梅花，他为此骄傲，为此自豪。他作诗曰：

我与梅花有旧盟，即今白发未忘情。

不愁索笑无多子，唯恨相思太瘦生。

身世何曾怨空谷，风流正自合倾城。

增冰积雪行人少，试倩羁鸿为寄声。

但陆游最有名的梅花词作还要算《卜算子·咏梅》，词曰：

驿外断桥边，寂寞开无主。已是黄昏独自愁，更著风和雨。

无意苦争春，一任群芳妒。零落成泥碾作尘，只有香如故。

在陆游心里，梅花是他生命中不可或缺的一部分，是一种精神的寄托。

阅读链接

后人为纪念陆游曾在崇州兴建了一座祠堂。陆游祠为仿清建筑，含大门、长廊、过厅、序馆、两庑、正殿等，主体陈设突出"梅"的主题。过厅以"梅馨千代"命名。序馆为"香如故堂"。堂后的辟梅园，广植了陆游喜爱的梅花。

附近有个与陆游祠遥相呼应的梅花寨，被称为"放翁遗香圣地"。陆游任蜀州通判登临古寺时曾从这崖上山。山道断桥边的梅花在黄昏风雨中寂寞开放而芳香不改的美景，为他后来写《卜算子·咏梅》提供了创作灵感。

元代王冕留下传世梅画

元代著名画家王冕也十分喜爱梅花，他隐居在会稽九里山，种梅千枝，筑茅庐三间，题为"梅花屋"，自号"梅花屋主"。王冕虽然也画墨梅，但他画梅以胭脂作梅花骨体，或花密枝繁，别具风格，也善写竹石。

王冕的梅画别具一格，得到画界的认可。明代有人称赞说：

王冕半身像

古今画梅谁者高，前有补之后王老。

王冕的"墨梅画派"虽然出于北宋时期的"扬无咎派"，但宋人画梅大都疏枝浅蕊，王冕则喜欢画繁花密枝的梅花，十分独特。他所

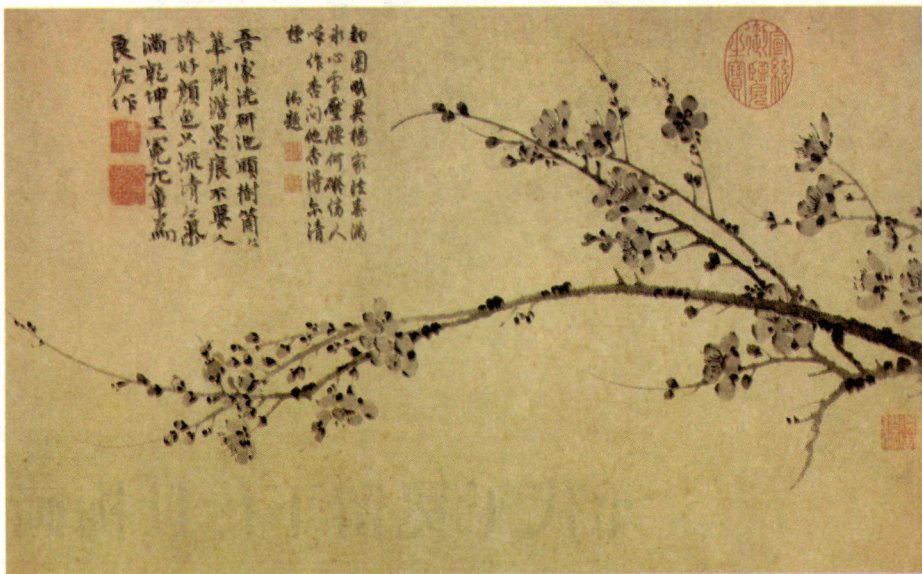

■ 王冕《墨梅图》

创作的《元王冕墨梅图》就是繁盛梅花的代表作。

《元王冕墨梅图》作倒挂梅，枝条茂密，前后错落。枝头缀满繁密的梅花，或含苞欲放，或绽瓣盛开，或残英点点。正侧偃仰，千姿百态，犹如万斛玉珠撒落在银枝上。洁白的花朵与铁骨铮铮的干枝相映照，清气袭人，深得梅花清韵。

《元王冕墨梅图》中梅花的干枝描绘得如弯弓秋月，挺劲有力。花的分布富有韵律感。长枝处疏，短枝处密，交枝处尤其花蕊累累，勾瓣点蕊简洁洒脱。

《元王冕墨梅图》有一首题画诗，叫"墨梅"：

我家洗砚池头树，朵朵花开淡墨痕。
不要人夸好颜色，只留清气满乾坤。

王冕出生在贫苦农民家庭。据《明史》记载，王冕白天放牛，晚上到附近佛寺长明灯下读书。青年时

《明史》 《明史》是一部纪传体断代史，也是中国二十四史最后一部，共332卷，包括本纪24卷，志75卷，列传220卷，表13卷。《明史》记载了自1368年至1644年以来200多年的历史。其卷数在二十四史中仅次于《宋史》，但其修纂时间之久，用力之勤却大大超过了以前诸史。

期，王冕曾一度热衷于功名，但后来拒绝仕途，浪迹江湖。最后回到家乡九里山隐居，白天种粟锄豆、灌园养鱼，晚上读书作画，过着自食其力的清贫生活。

与诗中不求人夸，只愿给人间留下清香的墨梅一样，王冕是个不向世俗献媚的有着高尚节操的隐士。才华横溢的王冕同情人民苦难、谴责豪门权贵、轻视功名利禄，为人又豁达爽快，得到很多人的敬仰。

由于王冕的梅画风格特异、不同凡响，声名鹊起，很多人向他求画。对上门求画之人，凡友好，他会持笔挥毫，双手奉送。对不入伍者，王冕时常拒之。

传说，有一位达官贵人向他索要梅画，第一次以银财赠买，王冕没答应；第二次，他派人前来说，他所要之画是送给他上司的寿礼，想向上司推荐王冕，如果上司看了王冕的梅画，王冕一定会前途无限……达官以为，这样就可获得王冕的梅画。

当达官再次上门索画时，正

王冕《南枝春早图轴》

碰上王冕画梅，他以为王冕是给他作画，便高兴地等待。

可当王冕画完梅花后，在画上题"冰花个个圆如玉，羌笛吹它不下来"时，达官明白王冕意志坚定，心如白玉，决不为当权者画梅。王冕把这幅梅画挂在墙上，以此向世人表明他的意志。

元代末期蒲庵禅师创有《胡侍郎所藏会稽王冕梅花歌》赞美王冕：

会稽王冕高颊颧，爱梅自号梅花仙。豪来写遍罗浮雪千树，脱巾大叫成花颠。有时百金闲买东山屐，有时一壶独钓西湖船。暮校梅花谱，朝诵梅花篇。水边篱落见孤韵，恍然悟得华光禅。我昔识公蓬莱古城下，卧云草阁秋潇洒。短衣迎客懒梳头，只把梅花索高价。

从《梅花歌》来看，王冕正是接受了华光、扬无咎一派的传统，孜

孜不倦地学习"梅花谱"和"梅花篇"，在此基础上，发挥了他的艺术才能。

王冕所画的野梅下笔沉着有力，虽然野梅少有盘曲，画的是直梅，但直梅之中，没有浮华轻飘之意，全是自然之形，毫无斧斫之痕。但王冕画梅有一个与众不同的特点，即只画野梅。据《竹波轩梅册》记载，清代宜兴吴仲伦在题郑小燋梅册上说：

王元章喜写野梅，不画官梅。

但王冕为何只画"野梅"，不画"官梅"？只画"直梅"，不画"曲梅"？这是一个历代文人雅士与评论家永远也说不清的话题。

何谓"野梅"？凡生长在山野清绝的地方，梅干劲直，尽自然之本性，都叫"野梅"，也有人称"村梅"。何谓"官梅"？凡由人工

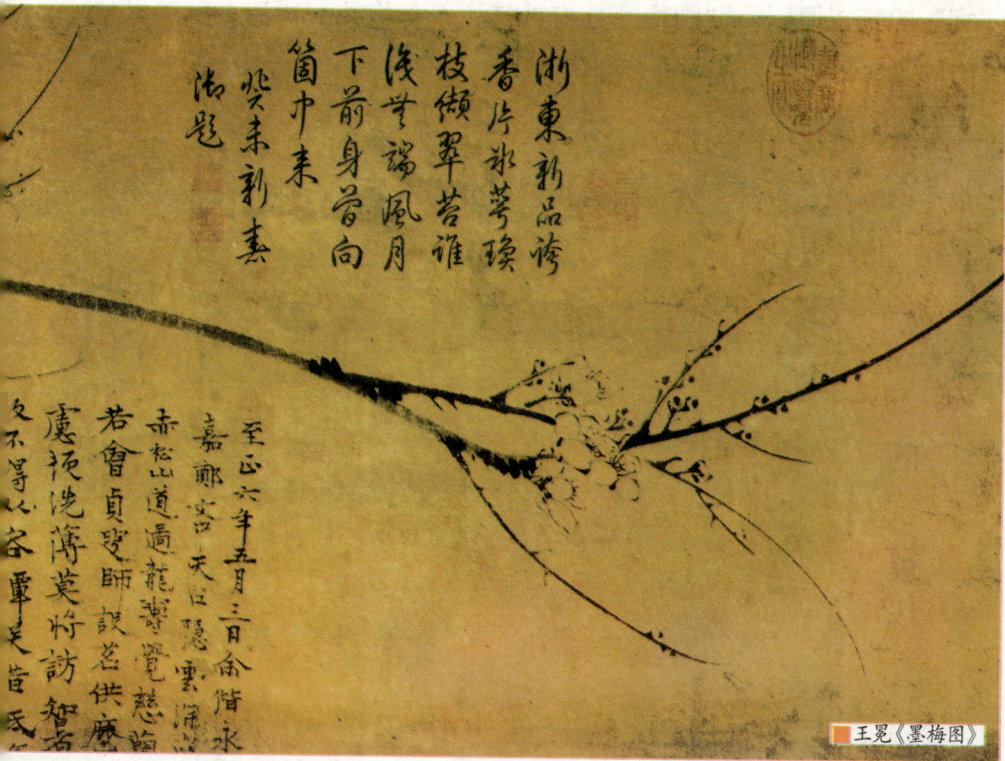

王冕《墨梅图》

造作，失却天真，干多盘曲，叫作"官梅"，也称"宫梅"。有人往往以野梅比为"疏旷平远"，以官梅比为"金碧庄严"，借以隐喻不同环境中的不同人格。

野梅之直，有的稚气洋溢、天真一派，有的气势磅礴、浑然大气。王冕把野梅的清韵、艳丽、傲然、孤高之神气，描绘得淋漓尽致，使野梅的内涵意韵更为深浓。

明代画家孙长真很佩服王冕的梅画，他说：

> 梅花取直不取曲，此理世人多未推。
> 诗人独得梅清性，不画官梅画野梅。

后来清代朱方霭则说："画梅须高人，非高人梅则俗。"

他们的话，道出了王冕画"直"不画"曲"、画"野"不画"官"的真正原因。"画梅须具梅骨气，人与梅花一样清。"王冕笔下的梅花就是他个人精神世界的体现。

后来，清代的两位画家，扬州八怪之首的金农和扬州八怪之中年纪最小的罗聘，也都十分喜爱梅花，并分别留下了古雅拙朴的《墨梅图》和《梅花记岁图》。

阅读链接

王冕爱梅、咏梅、艺梅、画梅成癖。他还写过一篇《梅华传》，他把《三国演义》中的"望梅止渴"故事改写成了一篇趣味盎然的童话：大将军曹操行军迷路，军士渴甚，愿见梅氏。梅聚族谋曰："老瞒垂涎汉鼎，人不齿之。吾家世清白。慎勿与语。竟匿不出。"王冕借赞扬梅花蔑视权贵的精神来暗喻自己的人格。

兰花最早的含义是爱的吉祥物，自古以来人们就把兰花视为高洁、典雅、爱国和坚贞不渝的象征。屈原在诗歌中将兰喻为君子，因此后人又把兰理解为君子高洁、有德泽的象征。

如"兰桂齐芳"喻德泽长留，经久不衰，也就是把恩惠留给后辈子孙，也用来称颂别人的子孙昌盛。美好的文章称"兰章"，对别人子弟的美称叫"兰玉"，对友情契合而结拜成兄弟称"金兰之好"，等等，因此兰花具有丰富的寓意。

兰

与世无争

素雅兰花只为圣人而开

《兰花图》

传说从前，在大别山一个幽谷里住着一位兰姑娘，她美丽纯洁，心地善良，总是无私地帮助有困难的人。但是，和她住在一起的贾婆婆却是个丑陋又狠毒的恶人，总是诬赖童养媳兰姑娘好吃懒做，动不动就不给她吃喝，还罚她干重活。

有一天早上，兰姑娘在门外石碓上舂米，家中锅台上的一块糍粑却被猫拖走了。恶婆婆一口咬定是兰姑娘偷吃了，逼她招认。逼供

■《幽兰赋图》

不出，就把兰姑娘毒打一顿，又罚她一天之内要舂出9斗米。兰姑娘只得拖着疲惫不堪的身子，不停地踩动那沉重的石碓。

太阳落山了，一整天滴水都没沾的兰姑娘又饥又渴，累倒在石碓旁，她顺手抓起一把生米放到嘴里嚼着。恶婆一听石碓不响，跑出来一看，气得双脚直跳："你这该死的贱骨头，偷吃糌粑，又偷吃白米！"拿起来木棒打得兰姑娘晕倒在地。恶婆并不解恨，还说兰姑娘是装死吓人。

卑鄙的贾婆婆又扯下兰姑娘的裹脚带，将她死死地捆在石碓的扶桩上，然后撬开兰姑娘的嘴巴，拽出舌头，拔出簪子，狠命地在兰姑娘的舌头上乱戳一气，直戳得兰姑娘的舌头血肉模糊……

可怜的兰姑娘，就这样无声无息地死去了。此后，贾婆婆也因为好吃懒做、为人阴险而受到人们唾

簪子 用玉石制作的发簪，是古代人用以固定头发或顶戴的发饰，同时有装饰作用。古代的簪除了用玉制作之外，还有竹、木、玳瑁、陶瓷、骨、金、银、铜等各种材质。在古代，无论男女都会用簪来固定发冠。由于戴官帽时会用簪来固定，因此簪绂、簪缨和簪笏，都用来比喻荣显富贵。

江南 古代地理概念之一，在不同的历史朝代指的是不同的地区。江南最早出现在先秦两汉时期，是以楚国为背景所指的长江中游（今湖南和湖北的南部、江西部分地区）。狭义的江南指长江中下游平原南岸、濒临长江沿线组成的江南地区。广义江南涵盖长江中下游流域以南，南岭、武夷山脉以北。

■ 兰花图

弃，最后孤独凄凉地死去了。

也不知过了多少年多少代，在兰姑娘去世的幽谷中，长出了一棵小花，淡妆素雅，玉枝绿叶，无声无息地吐放着清香，人们都说这花是不能再发声的兰姑娘的化身，因此取名叫"兰花"。而兰姑娘则化身成了天上的兰花娘娘。

当然这只是一个传说而已。兰花是中国产的兰属重要花卉，是中国十大名花之一，它以叶秀花香著称，不论何种兰花，都带有宜人的幽香，它的香气浓而不烈，香而不浊。

野生兰花生长在背阴、通风、不积水的山地，因此栽培基质要求通气、松软、渗水性好，呈微酸性。室外栽培最常用的是兰花泥。

兰花泥是指山上附在岩石凹处的泥土，由植物叶子经风吹雨淋日晒腐烂而成，土质松软、通气、呈微酸性。江南一带习惯在绍兴会稽山、余姚燕窝岭、富阳石牛山、杭州保山、宜兴铜管山、南通军山、常熟虞山等地采挖兰花泥。

由于野生兰花大部分生长在茂林修竹下，丛林遮挡了强烈的阳光照射，使兰花喜阴畏阳。兰花喜欢早上的阳光。朝阳初升，阳光照射角度低，兰花受光面积大，又因为早上阳光经晨雾阻挡，光线相对柔和，直射不会灼伤兰叶。兰花经夜间营养积累以后，早晨光合作用能力最强。

控制水分是养好兰花的最根本条件。

古代兰花图

兰叶质地较厚，因此不会消耗大量水分，较能耐旱。除发根、发芽期、快速生长期需要较多水分外，其他时间消耗水分较少。

兰花是喜雨而畏涝，喜润而畏湿。由于春、夏、秋、冬空气湿度不同，兰花生长速度亦不同，对水分要求也不同。因此有会不会种兰主要看会不会浇水之说。可见，兰花跟水分有很大关系。

阅读链接

传说西楚霸王项羽的爱妻虞姬生性酷爱兰花，衣服上绣着兰花，头上戴着兰花，连发髻上插着的一根碧玉簪，也是兰花图案。

项羽最宠爱虞姬，虞姬也深爱项羽。垓下之战，项羽惨败后带着爱姬和亲信骑着马连夜突围，奔返江东。两军混战在古道上，人喊马嘶，天昏地暗。

混战中，虞姬的兰花碧玉簪不慎失落在一个塘埂上。从那以后，这失落兰花碧玉簪的塘埂上，田野间，山坡上，驿道旁，到处长满了青翠的兰花。每逢春暖花开之际，香飘数里，令人心醉神迷。后来，人们就将此地命名为"兰花塘"。

孔子让兰花与儒学相关

　　中国史书《左传》曾记载了郑穆公出生与去世皆跟兰花有关的故事。传说郑文公的侍妾燕梦见九天玄女赠她兰花，并告诉她"以是为尔子"。后来果然生子，取名为兰，也就是后来的郑穆公。

白丁《兰花图》

■《灵芝兰花图》

郑穆公即位22年后，有一天病了，他说："要是兰花死了，我恐怕也要死了吧！我是靠着它出生的。"后来，宫中的兰花谢了，于是郑穆公也"刈兰而卒"。

可见，兰花在中国文化中与君王有着神秘而特殊的联系。由此可以看出，兰对早期贵族和民间生活产生了广泛的影响。在秉兰拂恶、赠兰传情、沐兰致祭、执兰迎祥、纫兰上朝、燃兰溢香、借兰祭祀等活动中，中国古人与兰花建立了各种关系。

兰花也和道家文化相通，有着天然的混合之美。老庄哲学讲"道"，宣扬和主张"清静无为"。其中，清静就是无染，无为就是不偏不激，言行端正。

那"道"是什么呢？中国古代哲学书籍《周易》里面说"一阴一阳之谓道"。道家认为，"道"是阴阳和合之气，万事万物皆秉气而生，"清静无为"即阴阳和合之状，平衡之态。在天成象，在地成形，阳

《周易》也叫"易经"，简称"易"，是中国古哲学书籍。《周易》是中国传统思想文化中自然哲学与伦理实践的根源，对中国文化产生了巨大的影响，是中华民族智慧与文化的结晶，被誉为"群经之首，大道之源"。在古代是帝王之学，政治家、军事家、商家的必修之术。

施阴受阴阳交合而天地位焉，天地定位，日月旋转，五行相推，万物生矣，这就是"道"。

"道"追求的是流转平衡有则，也就是阴阳之和，因此道家主张人生要与大自然和谐相处，不失衡，不冲突。因此，"清静无为"的思想实质上就是抱朴守真、行为不乱之意。

兰花是天地的万物之一，其幽贞、淡雅、香清、缥缈的物性，完全符合道家"清静无为"的思想。儒家欣赏的"不以无人而不芳"，在道家眼里就是开花不求俗人赏，自在山林淡放香。

道家认为，兰花守阴采阳柔和刚健之叶吐出了平和舒展的神韵美，阴阳之道尽蕴其中，花色也众彩纷呈，素色、单色、复色齐全，叶艺、色彩、瓣型多姿多彩，竭尽变化之能事。

中国古代思想家、道教学派创始人老子在道家哲学著作《道德经》里写道：

一生二，二生三，三生万物。

这句道家主旨对应兰花无不应验。"一"是事物的基数，指兰花色彩的素色单色，"二、三、万"则指事物的衍生与变化，喻复色，体现在兰花身上，就是兰花色彩的调和与各种微妙的色变，包括叶艺、瓣型。道家认为兰花本身就表现了大自然的天机和阴阳和合之美，道就在兰花的叶中花中色中。

兰在中国古代时被称为"蕙"，"蕙"指的是兰花的中心，也叫"蕙心"。由于兰花幽雅可爱，古人也常用"蕙质兰心"这个成语形容拥有兰花一样心地的人，比喻淑美善良有气质的女性。

兰花的香气淡雅却极有韵味。古人干脆将兰花的香味称为"王者之香"或"天下第一香"，这也许和兰花往往生长在幽谷，并且很少受外界影响的特性有关。中国文化先师孔子曾赞美兰花说：

水墨画——兰花

芷兰生幽谷，
不以无人而不芳，
君子修道立德，不
为穷困而改节。

兰花的气味淡雅不浓郁，却清新柔和，正是所谓"久坐不知香在室，推窗时有蝶飞来"。由于兰花代表的是高雅纯洁，古人也将兰花视为美好而有品德的君子形象。记录孔子言行的著作《孔子家书》里写到了孔子眼中的兰花：

> 与善人居，如入芝兰之室，久而不闻其香，即与之化矣。

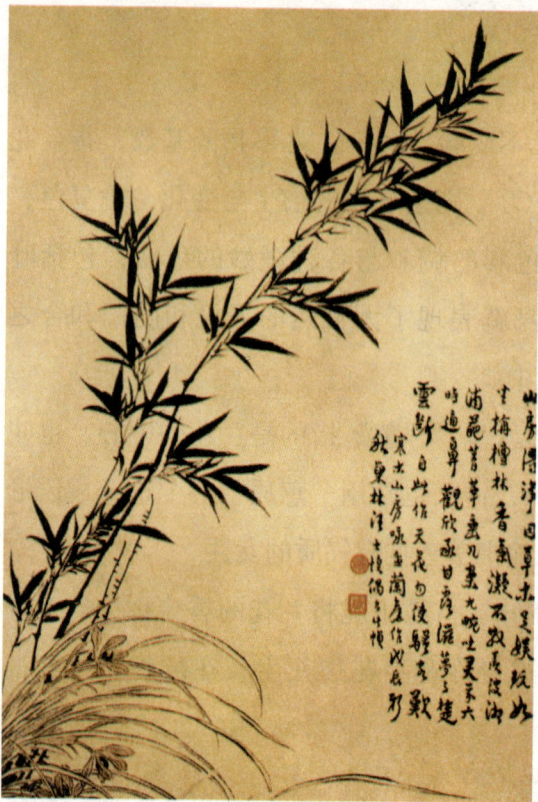

《兰竹图》

很显然，在这位孔圣人的眼中，兰花就是位儒雅敦厚又稳重高尚的君子，他的品德高尚，举止文雅，甚至能令在他身边的人也慢慢变得风度翩翩。从此，兰花的"君子花"形象就被确立了。

孔子将兰花的地位捧得很高，这其中也有他拿兰花自喻的原因在里面。当年孔子在外周游十多年之久，四处游说传播自己的思想和信念，却始终没有得到任用。在从卫国返回鲁国的途中，感慨之余的孔子偶然见到兰花独茂，于是触景生情，感慨万端：

> 夫兰当为王者香，今乃独茂，与众草为伍，譬犹贤者不逢时，与鄙夫为伦也。

孔子的这样一句感慨，从此为后世定下了兰花贵

《孔子家书》
孔子在外地或外国时写给自己家人的信，信中详细地记录了孔子的言语，以这些言行事迹表现孔子的思想观点，记言与记事并重，具体内容相当于《论语》的扩展。

为"王者之香"的基调。后代几乎所有涉及兰花的文章、著作都会提到它。

此句的本意是，兰花是应当为王者提供香气的花，也就是兰花应是只有国君才能欣赏的高级花卉。但这句话实际上也是未遇到伯乐的孔子一句对自身境遇的慨叹。

孔子把兰花比作贤臣，实际上也是自喻，说自己周游列国，却生不逢时，得不到重用，只能混迹于人群之中，就像独茂的兰与众草为伍一样，屈尊与鄙夫为伍。

虽然孔子这样的言论似乎有些失礼，不像是温文儒雅的思想家会说出来的话，但无论是在哪个时代，天才都是寂寞的。得不到重用的天才尤会按捺不住发发牢骚，这也是他们颇有人情味的一点。

孔子觉得自己是贤臣，是君子，而兰花也像贤臣

伯乐 中国古代著名相马师。伯乐是春秋时代的人，本名孙阳，据说他是赵简子御者，善相马，字子良，又称王良。由于他对马的研究非常出色，人们便忘记了他本来的名字，干脆称他为"伯乐"。

■孔子及弟子画像

一样，因此自己就是兰花。兰花品行高洁，卓尔不群，连与其久居其室都能满身香气，正如君子的道德可以感化教育周围的人一样。

孔子在兰的自然属性与儒家人格特征之间找到了呼应与契合，并借助于兰的文化意象，使儒家的人格特征得以直观、清晰地表达，同时，兰的文化内涵也由此产生了。

兰的幽香清远适合君子德行的高贵雅洁，不媚流俗，同时也体现了儒学重社会功用的特点。再加上孔子盛赞兰花的那句"不以无人而不芳"，这种悠然豁达的思想境界又将兰花的君子形象推上了一个新的至高点。

兰花的叶态绰约多姿，色泽终年常青，花朵幽香高洁，并以独有的天姿神韵，最早介入古典贵族生活的各个侧面，最早载入历史典籍，并且进入了儒者的审美视野。

金农的《红兰花图》

古人爱兰的高洁典雅，或许还与它那段奇特而神秘的际遇有关。怀才不遇的孔子见隐谷中的兰与众草为伍，顿起身世之感，从此确立了兰与儒家人格的内在联系，而这种花与人之间同位一体的思维模式，则来自古人的图腾崇拜。

但真正奠定兰花为"君子花"基调的依然是孔子。他的一句"兰当

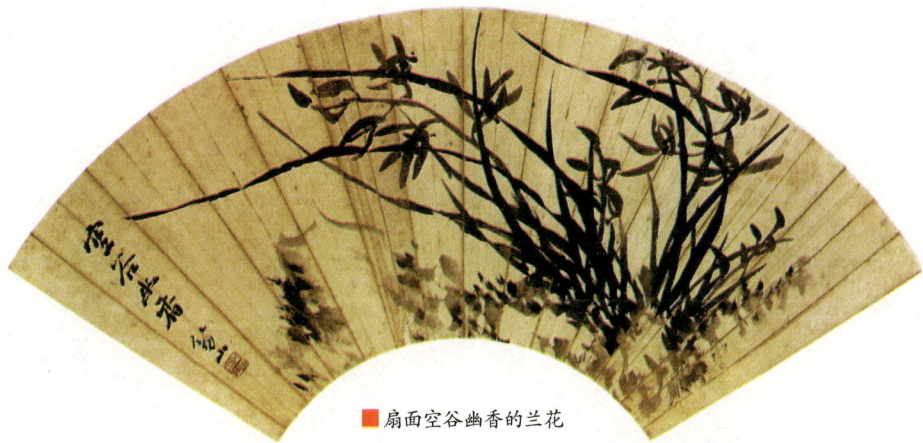

扇面空谷幽香的兰花

为王者香"成了先秦时代儒家的共识，后来战国时期的荀子也在著作《荀子·宥坐》里表达了同样的观点：

> 且夫芷兰生于深林，非以无人而不芳。君子之学，非为通也，为穷而不困，忧而意不衰也。

就这样，儒学将不为外物所动的兰花提升到了人的品行和毅力层次。抱有操守和气节，在儒家文化里是很重要的一个层面，因为古人的生活环境并不是一直都太平，人的品行和道德会在很多时候受到考验。这时，有没有兰花一样的儒雅品行和坚韧操守，就是判断一个人是否为君子的重要标志。

阅读链接　　子夏与子贡都是孔子的有名高徒。孔子认为，子夏喜欢与比自己贤明的人在一起，所以子夏的道德修养就能够日益提高。子贡喜欢同才质比不上自己的人相处，因此他的道德修养就日渐减少。孔子说："与善人居，如入芝兰之室，久而不闻其香，即与之化矣。"孔子还说："与不善人居，如入鲍鱼之肆。"最后，孔子得出结论"君子必慎其所处"。

屈原以兰花比喻贤才

　　符合儒家道义的兰花，当化之为人时，就是历代圣贤所标榜的君子。因为儒家讲究的是，君子要"修身、齐家、治国、平天下"，要以"诚意修身"为本，"齐家治国平天下"为务。

　　如兰花一般，君子务本，本为根，根固则枝叶繁茂，人生的言行与事业就是枝叶。身心修好了，家必齐业、必旺。

　　在儒家看来，"治国平天下"是人生追求的大目标，大目标实现了，人生的价值也就体现出来了。

　　不过，即使人生的大目标没有实现，缺乏自己展示"治国平天下"的政治平台也不要紧，那么保持一颗如兰的平常

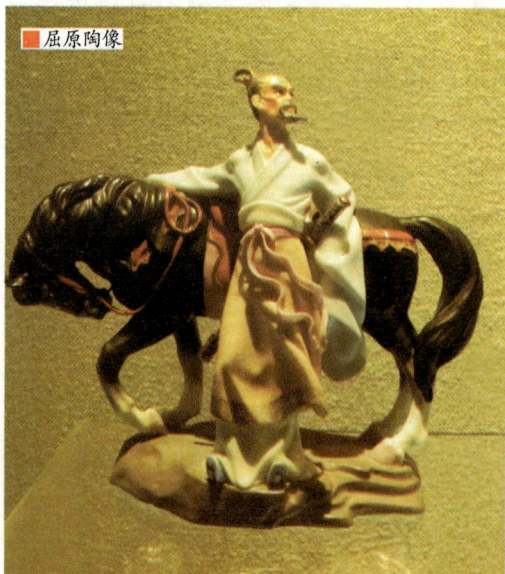

屈原陶像

心，不怨天不尤人，做个隐者过箪食瓢饮的生活也是乐事，也是君子。

作为儒家主要代表之一的思想家孟子就对兰花这样的修养进行了极其巧妙的描述：

士穷不失义，达不离道；得志泽加于民，不得志修身见于世，穷则独善其身，达则兼善天下。

没有能力改变大环境，就洁身自好，独自芬芳；要是有了能力，就像兰花一样用君子的品德和香气去晕染这个世界。拥有兰花难以察觉香气一样的品格，就是幽兰一样的君子。达到这样境界的人，就像幽兰一样，即使在无人处也会绿茂叶健，吐蕊放香。

说到君子，就不能不提起屈原。屈原是楚国丹阳人，他自幼勤奋好学，胸怀大志。他是一位品德高尚，而且又有抱负的政治家，曾任左徒、三闾大夫，他常与楚怀王商议国事，参与法律的制定，主张彰明法度，举贤任能，改革政治，联齐抗秦，提倡"美政"。在屈原的努力下，楚国国力有所增强。

因为屈原为人耿直，在修订法规的时候，没有和

■《兰竹图》

375
与世无争

孟子 名轲，字子舆，战国时期伟大的思想家、教育家、政治家、文学家、雄辩家。孟子是儒家的主要代表之一，代表儒家的思想流派。孟子在政治上主张法先王、行仁政；在学说上推崇孔子，反对杨朱、墨翟。

屈原雕塑

寓意吉祥的传统物品

上官大夫同流合污，因此受到了部分奸人的排挤。

同时，楚怀王的令尹子兰、上官大夫靳尚和他的宠妃郑袖等人收了秦国使者张仪的贿赂，不但阻止楚怀王接受屈原的意见，并且使楚怀王疏远了屈原。

公元前305年，楚怀王与秦国订立了"黄棘之盟"。屈原知道秦国居心不良，一直反对，但楚国还是彻底投靠了秦国。之后，屈原被楚怀王逐出了郢都，开始了流放生涯。结果楚怀王在其幼子子兰等人的极力怂恿下被秦国诱去，最终囚死秦国。

楚襄王即位后，屈原的境遇仍旧没有好转，继续受到迫害，并被放逐到了江南。公元前278年，秦国大将白起带兵南下，攻破了楚国的国都。屈原的政治理想彻底破灭，对前途感到绝望，虽有心报国，却无力回天，只得以死明志，在同年五月怀恨投汨罗江自杀而亡。

屈原在投江之前，曾留下了一篇传世的美文——《离骚》，抒发自己遭遇君王误解而被流放、被抛弃的心情。屈原的一生像极了不为无人而不芳，不因清寒而萎缩的兰花，他与兰花有着深深的缘分。

传说屈原遭到奸臣陷害，被革职罢官后，他回到了家乡归州，住在牛肝马肺峡的南岸，于仙女山下的九畹溪边办起一所学堂，亲自教授弟子。

有一天，仙女山的兰花娘娘出游，从这里路过，发现清癯的屈原正在讲课，于是自空中降下云头，立在窗外一侧静听。

屈原挥舞双手，慷慨激昂地陈述振兴楚国的道理，那种矢志不渝的爱国精神，令兰花娘娘也为之感动。她深知屈原平素性喜兰花，临走时，特意施展法术，将其栽种在窗下的三株兰花点化成精。

兰花品格高尚，开着淡绿或浅黄的花朵。屈原诲人不倦，舍己忘我地传道授业。

有一次课间，他抱病讲到国家奸臣当道、百姓受难的情形，由于过分激动，义愤填膺，一口鲜血从嘴里喷射出来，恰巧溅落在窗外的兰花根部。

那三株兰花，得到屈大夫的心血滋养，一夜之间竟长成了一大蓬，学生们数了数，足有几十株。屈原闻着扑鼻的清香，病情也好转了许多。大家喜出望外，一齐动手将兰花分株移栽到学堂四周的空地上。

说来奇怪，那兰花第一天入土即生根，第二天便发蒐抽芽，第三天则伸枝展叶，第四天就绽蕾开花。

到了第五天，每一株又发出大蓬大蓬的新蒐来。屈原率领学生们在溪边、山上忙着移栽，兰花因此得以铺展蔓延。

山里老农欣喜地说："我们这里十二亩

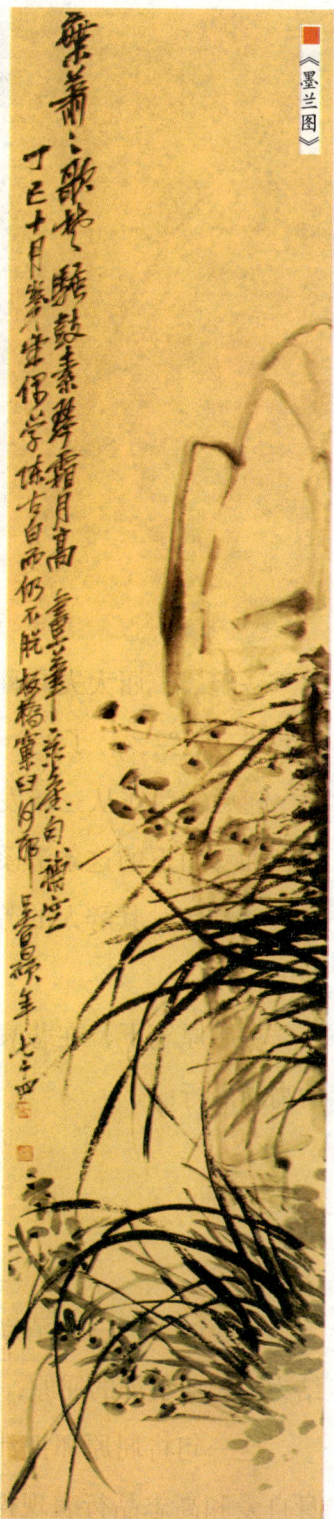

《墨兰图》

377

与世无争

《墨兰图》局部

称'一畹'，屈大夫栽种的兰花，怕有三畹了！我们这山乡啊，真该改名叫'芝兰乡'了。"

随后，兰花从三畹发展到六畹，又由六畹逐步扩展到了九畹。从此，仙女山下的这条清溪就叫作了"九畹溪"。九畹溪边的兰花，一年更盛一年，其醉人的芳香漫溢了西陵峡，香飘归州，直至香飘半个楚国！

在屈原笔下，在悲哀忧愁的《离骚》之中，他用兰花描述了自己的高尚品行：

扈江离与辟芷兮，纫秋兰以为佩。

兰花的香气一向清新迷人，而满身披挂着江离和芷草，还以秋兰结为绳做成装饰的屈原，也是位品行端正、高洁儒雅的君子。

这一句将屈原那把江离和芷草戴在肩上，摘秋兰佩挂在胸前的洁身自爱和高志品行表现得气宇轩昂。有着远大报国理想的屈原和兰花一样，出身高贵，品质高洁无染。

兰花的清香淡雅、冷艳芬芳表现了诗人那高洁的出身和不屈于世俗的理想。兰花从此成了品质、节操和志向的文化寄托。"物芳""行廉"也随之成了中国知识分子永远的追求，也成了中国老百姓对"官"永远铭心的期盼和评判。

这种观念不仅在民间流传，甚至还潜移默化地影响到了帝王。所以，就连后来的唐太宗李世民也在《芳兰》里感叹道：

唐太宗 唐朝的第二位皇帝。唐朝建立后，李世民受封为秦国公，后晋封为秦王，在唐朝建立与统一的过程中立下了赫赫战功。626年，李世民即位，年号贞观。为帝之后，他虚心纳谏，在国内厉行节约，使百姓能够休养生息，开创了中国历史上著名的"贞观之治"，为后来唐朝100多年的盛世奠定了重要基础。

　　　　日丽参差影，风传轻重香。
　　　　会须君子折，佩里作芬芳。

从此，几乎中国的历代帝王都有咏兰诗作。这绝非随意，而是君王对官员"行廉""物芳"的期望和要求，更是感叹屈原当年如兰花一般的君子品质。

■ 郑燮《荆棘丛兰图》

辛丑二月
薛素之写

■ 《墨兰图》局部

屈原被楚怀王流放，并非由于自己品行不端，而是因为受到奸臣的挑拨。这让一腔热血地爱国，又以赤胆忠心对待楚怀王的屈原有苦难言，心中万分委屈。

在被流放的时候，屈原苦苦思索着法规修订的失败之处，认为除了法规可能还不成熟，可能会遭遇失败之外，更多的就是那些因为修订过的法规会妨碍到其利益的贪官们。

由此，兰花不仅仅是屈原眼中高尚人格的体现，更是他苦心想奉献给楚怀王和国家的法规和人才：

余既滋兰之九畹兮，又树蕙之百亩。
畦留夷与揭车兮，杂杜衡与芳芷。

屈原将最有才华的人才比作兰，这充分展现了兰花在屈原心中的地位。他培养的不只是兰花那样顶级

楚怀王 楚威王之子、楚顷襄王之父，史称楚怀王，公元前328年至公元前299年在位。楚怀王曾被山东六国推为纵约长，曾乘越内乱攻灭越国，在江东设郡。但由于排斥改革派，误信秦国说客张仪，导致毁坏了齐楚联盟，先后败于秦、齐，失去汉中等地。

的可塑之才，对等级低的揭车、杜衡与芳芷一样的人也没有放弃。可见，当时为国奉献的屈原对国家的前景是信心满满，干劲十足。

可惜并不是所有兰花都有始终如一的芬芳，有的兰花失去了自己的香气，就如屈原苦心培养的后起之秀里有了变节、贪心的人一样，曾经对其抱有期望的年轻后辈们被蛊惑了，培养出的人才被奸臣的一方拉拢了。就像曾经最喜爱最信赖的兰花也变质不再散发芳香一样，屈原的心中满含着悲愤和感慨！

人生在世，会受到许多苦难。有些是高处不胜寒的孤寂，有些是沧海桑田的无奈，有些则是弦断无人听的苦闷。很不幸的是，身为一个志向高远、一心为民的贤臣，屈原却偏偏尝尽了这些苦涩。

国难当头，自己效忠的君主却偏偏听不进谏言；同僚贪腐，不愿同流合污反而被排挤；培养人才，本以为是后继之辈的人才却也被拉拢走。屈原投江前而作《离骚》，不只是对世境的一种逃避，对于心灰意冷的他来说，死亡更是一种解脱，让他可以不必再目睹国破家亡的惨状，不必再为无力扭转局面而内疚。

兰花在屈原的心中是完美的，他把不再芳香的兰花当成世间最大的堕落，只因兰花在他心中太过圣洁高雅，甚至已经成为他衡量身边一切人和事物的标准，以及无比美好的理想。

　　一位忠诚的大臣，他最诚挚的理想会是什么呢？当然就是贤明君主采纳自己能使国家随之强大的锦囊妙计。于是，此刻的兰花也成了屈原心中美好愿望的化身，他追求它的实现，就像在对待爱人：

时暧暧其将罢兮，结幽兰而延伫。

　　日色渐渐昏暗而余光将近，屈原编结着幽兰仍旧驻足而立，久久地等待着，像等待心爱的女子一样等待着君主的赏识和接纳，一往情深却又不免失落悲伤。此时的兰花已不再是简单的兰草，更是屈原心中对待国家前景的爱情信物。可惜的是，他没能见到楚怀王龙颜大悦的那一面。

　　屈原又把兰花"王者之香"的形象转移到了忠臣的坚持操守，甚至不惜以死明志的忠贞烈骨。兰花的寓意就更加深刻了。

寓意吉祥的传统物品

> **阅读链接**
>
> 　　传说屈原在归州后期，他乘着一叶扁舟，载着满溪花香，独自出走了。那一年五月，九畹溪畔、芝兰乡里葳蕤的兰花，突然全部凋零枯萎而死，只留下阵阵暗香。
>
> 　　乡亲们预感到将有什么不祥的事情发生，心里惴惴不安。几天之后果然传来噩耗，就在兰花凋谢的那天，屈大夫已经含冤投身汨罗江自尽了。人们悲痛不已，仙女山上的兰花娘娘也哭肿了眼睛。
>
> 　　屈大夫的学堂遂被改建成了芝兰庙，广植兰草，后人借此以示永久的纪念。

兰花人格的升华和延续

屈原的逝世令人惋惜，悲痛的人们曾经争先恐后地来打捞他的尸体，想为他好好安葬，结果却一无所获。

于是，有人用苇叶包了糯米饭，投进江中祭祀屈原，这种祭祀活动一年一年流传下来，渐渐成为一种风俗，形成了端午节。

世人皆知屈原投江，却不知在屈原投江之前也有人劝过他。在楚国失去忠臣，国家逐渐消亡之前，屈原曾和别人交谈过，只是对方最终没能成功劝阻他以身赴死。

后来，西汉史学家司马迁在他所著的史书《史记·屈原列传》里就记载了

屈原汉白玉雕

整件事的过程：

屈原至于江滨，被发行吟泽畔，颜色憔悴，形容枯槁。渔父见而问之曰："子非三闾大夫欤？何故而至此？"屈原曰："举世混浊而我独清，众人皆醉而我独醒，是以见放。"

屈原被放逐以后在四海间流浪，口中不断念着悲哀的词曲，在湖边一路吟唱。他披头散发，面色憔悴，神情枯槁，往日的风采早已不复存在。湖上有位渔夫看到他这样，便问道："您不就是那位大名鼎鼎的三闾大夫吗？怎么如今竟落魄成了这般模样？"

屈原苦笑道："整个世道都是污浊的，只剩我一人独自清白。别人都像醉酒那般视线模糊，心志被迷惑，却唯独只有我还清醒着。可笑吧？这就是我如今被流放、沦落至此的真相啊！"

渔夫说：

夫圣人者，不凝滞于物，而能与世推移。举世混浊，何不随其流而扬其波？众人皆醉，何不哺其糟而啜其醨？何故深思高举，而自令见放为？

■ 屈原画像

白起 战国时期秦国名将，号称"人屠"，为秦昭王征战六国，曾在伊阙之战大破魏韩联军，攻陷楚国国都郢城，长平之战重创赵国主力，功勋赫赫，是继中国历史上自孙武、吴起之后又一个杰出的军事家、统帅，与廉颇、李牧、王翦并称为"战国四大名将"，位列"战国四大名将"之首。

面对屈原的嘲讽和满肚子苦水，渔夫欣然回答说，真正的人才不是不懂变通呢！既然大家都是一片昏昏然，那也跟着糊里糊涂不就好了吗？既然大家都像喝醉酒一样视线模糊，心志被蒙蔽，那也跟着喝酒，不就不用受罪了吗？何苦非要守着自己的那点气节不肯低头，以至于被流放被排挤呢？渔夫的言论，也许看似懦弱不堪，其实也是一种明哲保身的思想。

在屈原被流放的时间里，楚国的形势愈益危急。公元前278年，当时的秦国战将白起已经攻破了楚国的都城郢，并在楚国又进一步深入。

毕竟屈原曾是楚国的王族出身，国破就注定了家亡。虽有珍惜的家人子民却无法相助，一度兴旺的国家已经无望，悲愤交加的屈原忆起当年赤胆忠心的自己被君主误解、被同僚陷害的往事，在渔夫向他宣扬"入世论"时，他没有接受渔夫的说法。屈原说：

> 吾闻之，新沐者必弹冠，新浴者必振衣。人又谁能以身之察察，受物之汶汶者乎？宁赴常流而葬乎江鱼腹中耳。又安能以皓皓之白，而蒙世之尘埃乎？

郢 古时的楚国都城，是当时楚国的政治、经济和文化的中心，位于今湖北江陵。春秋末期时昭王迁都郢，称"鄢郢"。战国末期，因被秦将白起攻破后56年楚国灭亡。郢城随历史的变迁遂废。

385

与世无争

■《兰石竹趣图》局部

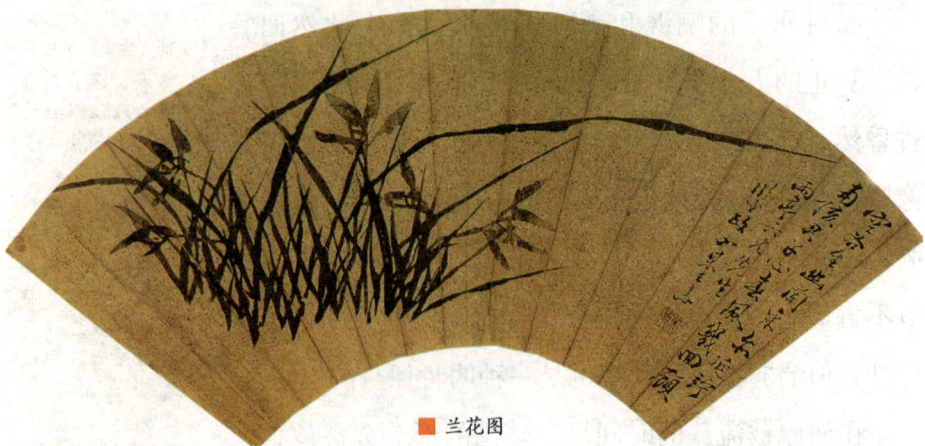

■ 兰花图

屈原说，刚刚沐浴清洁过的人必定会除去帽子上的污渍，掸去衣服上的灰尘，这也是难怪，爱好干净整洁的人，怎么可能愿意忍受尘埃的困扰呢？要是有人想让我这么做，那我反而宁愿去投江呢！

刚刚沐浴过的人，对待自己干净的躯体尚且如此，何况是品德呢？劝我装糊涂，与那些小人一起同流合污，将自己的品行也蒙上尘埃，变得低劣，这又怎么可能办到呢？

喜爱君子之花的屈原，在与渔夫的对话中，将自己兰花一般的君子气节一览无遗地展示了出来。兰花生而高贵，高风亮节，只供君主欣赏，不与小人为伍，这就是兰花的品性。

"宁为玉碎，不为瓦全"，这是和隐士相悖的观念中最典型的一种。果然，渔夫没有说服屈原，转身离去了。文中说：

渔父莞尔而笑，鼓枻而去，乃歌曰：沧浪之水清兮，可以濯吾缨。沧浪之水浊兮，可以濯吾足。

渔夫转身离去时唱着这样一首歌：沧浪之水清又清啊，洗干净我的帽缨吧！沧浪之水浊又浊啊，洗干净我的脚吧！

如果能身涉沧浪之中，只要适应环境，终究还是会有好处的。要是水脏就用来洗脚，水清就用来净衣冠，自己不必受被排斥的折磨，也仍旧可以在一方天地中保留自己的姿态。

渔夫的处世哲学是温和而圆滑的，和屈原正直尖锐的气概格格不入。虽然最后屈原不听渔夫忠告还反唇相讥，但渔夫不愠不怒，不强人所难，以隐者的超然姿态心平气和地与屈原分道扬镳了。

可惜，曾考虑过出走他国，但最终还是爱恋故土的屈原，在与渔夫的一番争论之后，心中的悲怆之情更加深厚，转而自沉于汨罗江，殉了自己的理想，也保全了自己兰花一般的气节。

屈原和渔夫都是兰花人格的升华和延续。兰是花之骄子，它的文化内涵既可发展为孔子那种"当为王者香"的理想和不为贫贱失意所动的人格信仰，也可发展为屈原个人美德的保持与追求。总之，兰象征了儒学的人格理想：德行高雅，坚持操守，淡泊自足，独立不迁。

在屈原的眼里，兰花是自己抱持忠诚的谏言翘首

隐士　隐居不仕之士。首先是"士"，即知识分子，否则就无所谓隐居。不仕，不在仕途，终身在乡村为农民，或遁迹江湖经商，或居于岩穴砍柴。历代都有无数隐居的人，皆不可称为隐士。真隐士的人格特点是寻求诗意的栖居，是人性的一种回归，是对仕隐情结的一种解脱。

387

与世无争

《荆棘丛兰图》局部

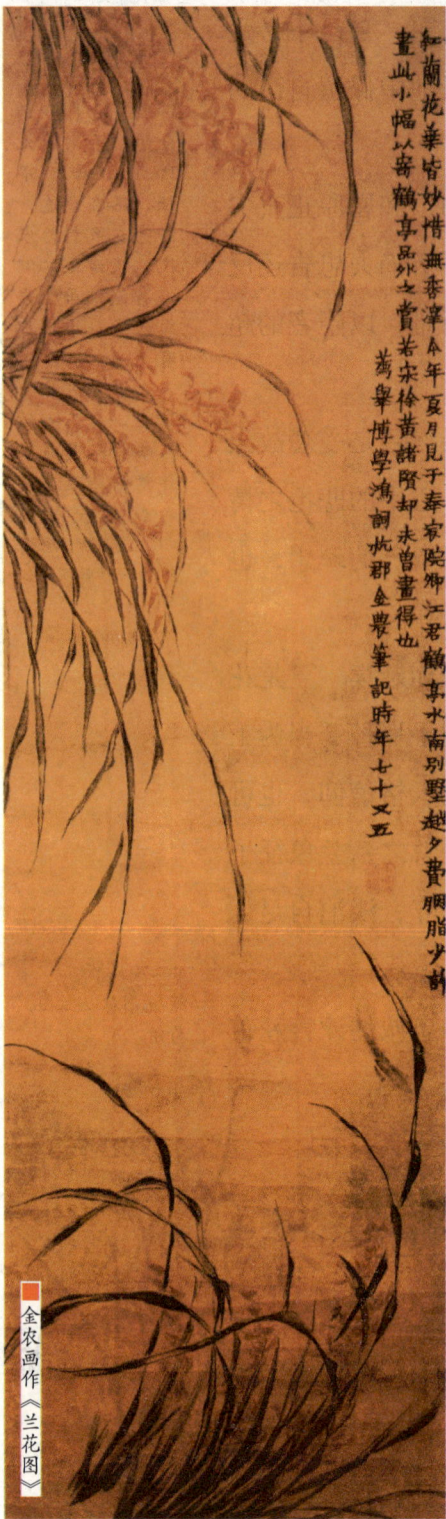

画兰花、萼皆妙悟，无春泽今年夏月见于奉家院绅江君鹤亭水南别墅夕费胭脂少许
画山小幅以寄鹤亭品外之赏若宋徐黄诸贤却未曾画得也
蒿箪博学鸿词杭郡金农笔记时年七十又五

金农画作《兰花图》

以待的君主，是人才济济的后辈带来为国添彩的新希望，是能为人民造福的美政，是高尚的君子的化身，是美德的集合体，更是值得自己以死捍卫的修养和节操。

屈原所作的《离骚》，更是从此奠定了中国兰花文化的基石，历代忠臣烈士以兰表志，以兰示节，以兰寓心，涵育人生修为的兰花文化在中国文化中是绵延不息。屈原对兰花文化的奠基性贡献，是其他人难以企及的。

儒学和兰花一样，不止一面，儒学提倡坚持操守，更提倡"中庸"。兰花那种其叶常绿，昌茂不凋，抱清寒而不萎缩的精神品质，和儒家所倡导与追求的"中庸""中和""礼、义、让"的思想契默吻合，相通一致，因此，兰花有儒文化的义理与内涵。

那什么叫"中庸""中和"呢？儒家经典著作《中庸》里解释"中庸"时说：

不偏之谓中，不倚之谓庸……喜怒哀乐未发谓之中，发而皆中节谓之和。

其实"中庸"就是"中和"，也就是说修养好的人喜不表于颜，怒不形于色，哀不溢之，乐不放之，从而表现出来都流露为有理有利有节的祥和之貌。这是一种人生的大境界，要想有这种高度的城府，必须要有极高的知识素养与精神气质。

屈原和渔夫的观点看似矛盾，其实是相辅相成的。儒学传统的人格特征由推崇"王者之香"的高雅变为崇尚个性的张扬，由"不以无人而不芳"的自赏变为不改其志的坚贞，这是儒学注重个体道德修养的传统在环境中发生的衍变，它们并没有突破或逸出儒学的价值范畴，而是对传统人格定位的补充与延伸。

兰花似乎生来就是为了诠释儒家的文化精华，它喜阴，性洁，香清味淡，雅逸幽致而格高，因此历来被文人士大夫、诗人、画家所钟情喜爱。为什么他们对兰花情有独钟而爱之不厌呢？因为儒家追求的人生宗旨正是进则立功，退则静养。

立功不成就退而植花养草，著书立说，授徒传道，或结社吟诗，雅咏酬唱，写字画画。兰花淡雅幽贞的品性，生在荆棘丛中的君子之风和高洁操守，这种人生观与价值观左右和支撑着国人的思想意识，少

389

与世无争

■《牡丹玉兰图》

《中庸》是《小戴礼记》中的一篇，作者为孔子后裔子思，后经秦代学者修改整理。《中庸》是被宋代学人提到突出地位上来的，南宋朱熹作《中庸章句》，并把《中庸》和《大学》《论语》《孟子》并列称为"四书"。宋元以后，《中庸》成为官定的教科书和科举考试的必读书，对古代教育产生了极大的影响。

说也有2500多年的历史了，并将注定继续影响下去。

由于儒家，人们接受了兰花，爱上了兰花，创造了浩如烟海的兰诗、兰文、兰书、兰画等不朽的文艺杰作，同古玩字画一并成为太平盛世的珍宝，开启了国人爱兰、养兰、咏兰、画兰的浓厚情结。

阅读链接

相传屈原在芝兰开坛讲学时，住处窗台上放着一盆兰花。当天夜里，那盆兰花放出了灵光，而且兰草发苋抽芽，满盆盛开兰花，香气芬芳怡人。第二天早晨，屈原看到盛开的兰花，香气扑鼻，感到十分奇怪。他想，既然兰花能在这里适应生长，就让兰花香溢开去。这话很快就传到山里人们的耳里，他们说："我们这个山乡，有这么好的福气，就应该改成芝兰乡。"后来，老百姓们在九畹溪两岸到处种植兰草，越种越多，越传越远，到处长出幽香扑鼻的兰草花。后来，人们都叫它"九畹兰"。

书圣在兰亭留下名篇

　　中国古代的文人狂士向来不少，最张扬的一批是在魏晋，因为那时的社会风气就是追求自然洒脱。说起魏晋时期的名士，最不屑的就是追求功利。他们的观念是，无论出于什么目的，为朝廷做贡献或为百姓谋福利也好，做个小官养家糊口以尽孝道也罢，只要想做官，那就是没品位、没骨气、没追求。

古人于兰亭观赏风景图

兰亭修褉图

寓意吉祥的传统物品

太守 又称"郡守"，是中国古代州郡的最高行政长官，负责管理州郡之内的所有官吏、为皇上推荐贤能的人才、决断案件和检举贪污受贿的官吏。原为战国时代郡守的尊称。西汉景帝时，郡守改称为"太守"，为一郡最高行政长官。历代沿置不改。明清则专称"知府"。

当时的魏晋文人烦官吏烦到什么程度呢？"竹林七贤"中的嵇康，就因为朋友山巨源举荐了自己去做官，就恼得写了一篇《与山巨源绝交书》出来，摆出了"老死不相往来"的架势。

嵇康的哥哥嵇喜与他的弟弟不同，他博学多才，温文有礼，历任江夏太守、徐州刺史、扬州刺史、太仆，直至宗正。有一次，"竹林七贤"中的另外一位雅士阮籍的母亲过世了，嵇喜好心前去吊唁，结果愣是被阮籍以翻白眼相待，最后郁闷地走了。是他哪里做得不妥吗？不是的，只是因为阮籍也是极其鄙视近功名利禄之人，他嫌嵇喜当官，太俗了。

也许因为仰慕与"竹林七贤"相合的兰花的清淡高洁和玲珑美丽，后来东晋时期的书法家王羲之也十分喜爱兰花，他养兰赏兰，对兰花的痴迷达到废寝忘食的地步。甚至于在精研书法体势时，王羲之也得益于爱兰。兰叶青翠欲滴、素静整洁、疏密相宜、流畅飘逸，跟书法有不少相似之处。

王羲之与其后的书法家颜真卿同写兰花的"兰"字，结构不同表现特点就不同，就是在于对"兰"

的理解不一样。王羲之将兰叶的各种姿态运用到书法中，使他的书法结构、笔法、章法的技巧达到了精熟的高度。

王羲之的书法兰画映素，气脉贯通，字体秀美，错落自然，且因字生姿、因姿生妍、因妍生势、因势利导，达到了神韵生动、随心所欲的最高境界。

相传，越王勾践曾在浙江绍兴西南的兰渚山种过兰花，从此之后，当地人就把这个地方叫作"兰亭"。在王羲之所处的东晋时期，圣洁纯净的兰花早已经成了隐者雅士的标志。那时的隐者们，要是谁家没有养几盆兰花，是会被人嘲笑的。

东晋穆帝永和九年，也就是公元353年的时候，王羲之搞了个修禊活动。所谓的"修禊"，是古时候人们的一种风俗习惯，人们往往在阳春三月到水边洗洗手、洗洗脚、沐浴更衣，并用香薰草蘸点水洒在身上，意思是除去一年不祥的征兆，祈祷来年幸福平安，以表吉祥。

与世无争

兰

■ 兰亭曲水流觞图

知老之将至及其所之既惓情
随事遷感慨係之矣雨宜所
欣俛仰之間以為陳迹猶不
能不以之興懷況脩短隨化終
期於盡古人云死生亦大矣豈
不痛哉每攬昔人興感之由
若合一契未嘗不臨文嗟悼不
能喻之於懷固知一死生為虛
誕齊彭殤為妄作後之視今
亦由今之視昔悲夫故列
叙時人錄其所述雖世殊事
異所以興懷其致一也後之攬
者亦將有感於斯文

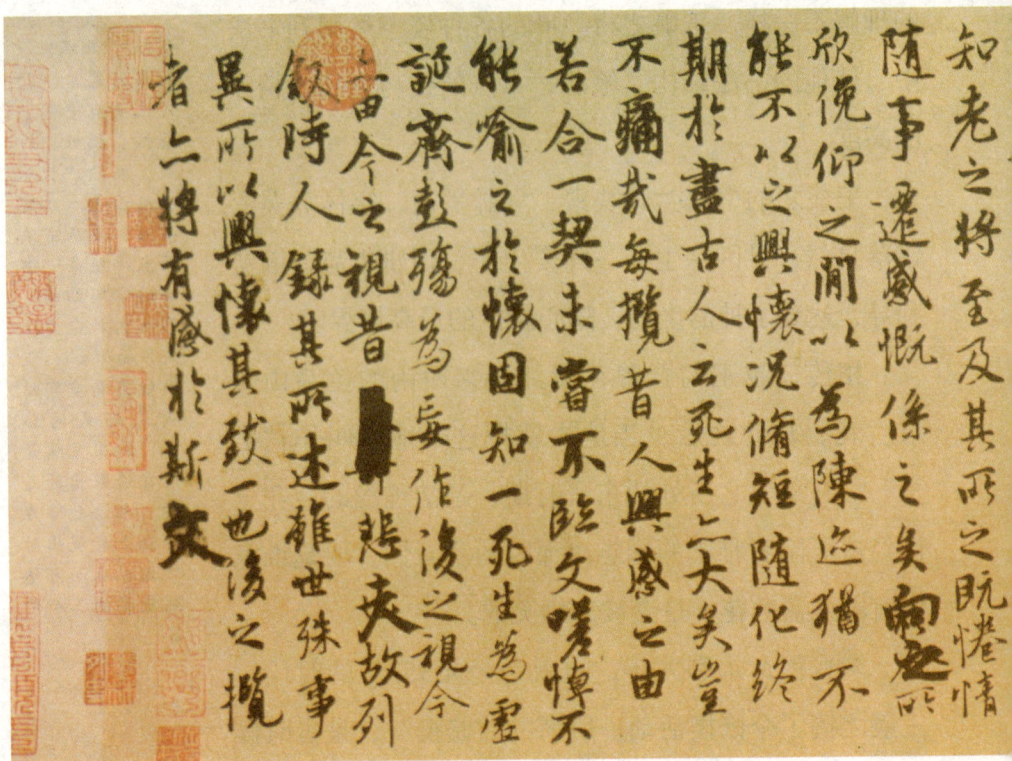

■ 王羲之《兰亭集序》

羽觞 又称"羽杯""耳杯",是中国古代的一种盛酒器具,器具外形椭圆、浅腹、平底,两侧有半月形双耳,有时也有饼形足或高足。因其形状像爵,两侧有耳,像鸟的双翼,因此叫"羽觞"。羽觞杯是从战国开始就有的,到了汉代以后被定名,到唐代的时候绝迹,至明清又有出现,不过这时只作为礼器或摆件。

爱兰的王羲之选择兰亭作为修禊之所,除了"此地有崇山峻岭,茂林修竹,又有清流激湍,映带左右"之外,更是因为兰亭遍地盛开幽兰,馨香扑鼻。那一天,王羲之请来的客人也都是当时的名人,如孙统、孙绰、谢安、支遁等。

这些同样喜爱兰花的名士们每个人都是才华横溢的,要来借这个重要的聚会发表作品。只见他们列坐水边,让盛酒的羽觞从水的上游放出,循流而下,流到某人面前,某人就得即席赋诗,不然罚酒三觞。

这次聚会有26人作诗37首,名士们因此而留下了"俯挥素波,仰掇芳兰""微音迭泳,馥为若兰""仰泳挹遗芳,怡神味重渊"等咏兰名句。王羲之为这些诗作了序,记下了宴集的盛况,写出了与会诸人的观永和九年歲在癸丑暮春之初會于會稽山陰之蘭亭脩禊事也群賢畢至少長咸集此地有崇山峻領茂林脩竹又有清流激湍暎帶左右引以為流觴曲水列坐其次雖無絲竹管弦之盛一觴一詠亦足以暢敘幽情是日也天朗氣清惠風和暢仰觀宇宙之大俯察品類之盛所以遊目騁懷足以極視聽之娛信可樂也夫人之相與俯仰一世或取諸懷抱悟言一室之內或因寄所託放浪形骸之外雖

感，这就是有名的《兰亭集序》。

王羲之的这篇序，写得流畅劲健，成为后世人们称道的《兰亭帖》。传说当时王羲之是趁着酒兴方酣之际，用蚕茧纸、鼠须笔疾书此序，通篇28行，324字，凡字有复重者，皆变化不一，精美绝伦。

虽然后世很少有人能再有王羲之和朋友们饮酒赋诗的潇洒情怀，但幽雅的兰亭和兰花的清香以及飘逸俊秀的《兰亭集序》，总能令人联想起当年文人雅士们流觞作诗的风雅场面。

名士雅集，名文记盛，名书传世，《兰亭集序》使原来已有"山水竹树之胜"的兰亭因此更加出名。根据有关记载，早在200多年以前，到兰亭游览的人就络绎不绝了。

亭 中国传统建筑之一，多建于路旁，供行人休息、乘凉或观景用。亭一般为开敞性结构，没有围墙，顶部可分为六角、八角、圆形等多种形状。亭的历史十分悠久，古代最早的亭并不是供观赏用的建筑。如周代的亭，是设在边防要塞的小堡垒，设有亭史。到了秦汉，亭的建筑扩大到各地，成为地方维护治安的基层组织所使用。

后来的兰亭建于1548年，亭址仍旧依山傍水。兰亭布局以曲水流觞为中心，四周环绕着鹅池、鹅池亭、流觞亭、小兰亭、墨华亭、右军祠等。

流觞亭就是王羲之与友人吟咏作诗并完成《兰亭集序》的地方。流觞亭面阔三间，四面有围廊，亭前有一弯弯曲曲的水沟，水在曲沟里缓缓流过，这就是有名的曲水。

兰亭为四角碑亭，内有后来康熙帝御笔"兰亭"二字的石碑。流觞亭北面有堪称兰亭中心之幽美的八角形"御碑亭"，建于高一层的石台上，亭内御碑刻有康熙临摹的《兰亭集序》全文，书风秀美。

御碑的背面刻有后来乾隆帝亲笔诗文的《兰亭即事》七律诗，对兰亭的仰慕之情溢于言表。祖孙两代皇帝同书一碑，所以又称"祖孙碑"。御碑亭的亭后有稍微高起的山冈，风景十分优美。

兰亭中的右军祠是纪念王羲之的祠堂。王羲之当时任右将军、会稽内史，因此人们常称他为"王右军"。右军祠的祠内有许多碑刻，正中悬挂王羲之画像，两边的楹联是：

寓意吉祥的传统物品

魏晋南北朝书法家王羲之

毕生寄迹在山水，
列坐放言无古今。

右军祠的祠内还有一水池，称为"墨池"。据说，王羲之当年常在兰亭中用这池子的水蘸笔习书，把池水染黑了，甚至染黑了池水旁的兰花。从此，世上就有了"墨兰"这一兰花品种。

王羲之出身名门望族，但并不热衷于仕途钱财。他风流倜傥、才华横溢，向往宁静淡泊的生活，对兰花的喜爱和痴迷使他的书法全然突破了隶书的笔意，字如其人，人如其兰，这不可不说是书圣与兰花奇妙的缘分。

王羲之喜爱兰花，相传他从婀娜多姿的兰花中得到启发，创造出了飘逸流畅的书法新体。王羲之将兰叶的各种姿态运用到书法中，使书法结构、笔法、章法的技巧都达到了神韵生动的艺术境界。

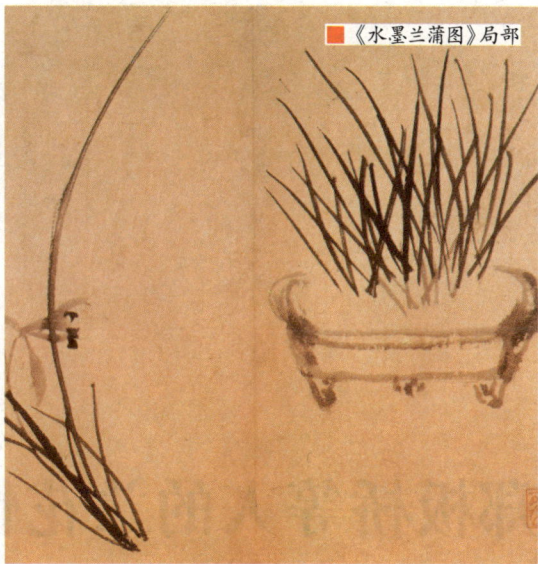
■《水墨兰蒲图》局部

阅读链接

南宋著名画家郑思肖善画兰，尤其擅长画露根兰。他所画兰花，刚劲挺拔，疏花简叶。有趣的是，他画兰时，不画泥土，根芽暴露，人问何故？答道："土地为人夺，忍者耶？"寥寥数语，道出了画家的殷殷爱国之情，令人顿生敬意。

明代著名画家文徵明喜欢养兰画兰。他在诗中写道："手培兰蕊两三载，日暖风和次第开。坐久不知香在室，推空时有蝶飞来。"画家栽兰、赏兰的情景跃然纸上。他喜爱产于福建的兰花名品建兰，并赋诗道："灵根珍重自瓯东，绀碧吹香玉两丛。"正因如此，文徵明不断从栽兰、赏兰中获得了艺术灵感，他所画的兰花，秀丽婉润，风度翩翩，人称"文兰"，以至成为驰名画坛的画兰大家。

郑板桥等人的兰花情结

中国历代思想家都乐于将兰花视为至高无上的花中君子。南宋著名思想家朱熹在《兰涧》里就赞颂兰花说：

郑思肖画像

光风浮碧涧，兰枯日猗猗。
竟岁无人采，含薰只自知。

在古代，一个人能面对的最大冲击和磨难是什么呢？不外乎就是国家之间交战带来的动荡。当江山易主，家人失散，国土破裂，作为中国传统文化的主流，儒学尊奉的最高道德境界就像兰花，那就是坚贞的操守和内敛的个性。

所南翁《墨兰图》

这一人格特质在宋末元初著名的诗人兼画家郑思肖的画风中得以集中完整的体现。郑思肖在宋亡后隐居苏州，无论坐卧都会面对南方，自号所南，以表示不忘故国之意。

据古籍《宋遗民录》记载：

> 郑思肖……精墨兰，自更祚后，为画不画土，根无所凭借。或问其故，则云："地为人夺去，汝有不知耶？"

郑思肖画兰不画土，以兰花失去赖以扎根的土地来比喻失去家园的自己，用"根"喻故土，以"兰花"喻人，以"失根的兰花"比喻飘零异邦的人及其悲凉惆怅的心情。"失根的兰花"成为情思的聚合点，使故国之思、故园之恋表现得更加深沉和真挚。

郑思肖用"失根的兰花"自喻，足见他深厚的儒

朱熹 （1130—1200），字元晦、一字仲晦，号晦庵、晦翁、考亭先生、云谷老人、沧州病叟、逆翁。汉族，祖籍南宋江南东路徽州府婺源县人，出生于南剑州尤溪。南宋著名的理学家、思想家、哲学家、诗人、闽学派的代表人物，世称"朱子"，是孔子、孟子以来最杰出的弘扬儒学的大师。

学素养。因为兰花是中国传统文化特征的象征，它身上积淀了一个民族的历史。

与此同时，兰作为一种人格的象征，它的内涵不是单一的，而是多重的。自孔子对它的文化内涵作了人格化定位后，兰文化显示了自身的延展性，在不同的文化背景下对儒学人格进行了调整和补充。

就连后来开创了康乾盛世的千古一帝康熙也欣然为君子花作诗，他在《咏幽兰》中写道：

婀娜花姿碧叶长，风来谁隐谷中香。
不因纫取堪为佩，纵使无人亦自芳。

康熙 爱新觉罗·玄烨，中国古代时期清朝最伟大的皇帝之一，因为年号是康熙，所以也被称为康熙皇帝。康，是安宁的意思，熙是兴盛的意思，康熙两字寓意着万民康宁、天下熙盛。康熙大帝8周岁登基，14岁亲政，共在位61年，是中国历史上在位时间最长的皇帝。

■ 郑思肖画作《墨兰图》

都说万物本无情，其实也是有道理的。自然造化之间，一切生命都是如常变化，并不含什么深意。变的只是赏花赏草人的心意，因此本来单纯的万物也显得极有韵味了。

这样一来，在清代文学家同时也是"扬州八怪"中赫赫有名的郑板桥眼里，兰花也像他一样，是个狂放、叛逆、清高、磊落坦荡、耿介刚直、为民请命的正人君子，他笔下的兰，秀劲绝伦，神韵十足。

郑板桥其人性格狂放，连写字也是大小不一，歪歪斜斜，却偏偏有一种错落有致的美感，被称为"板桥体"。古话都说"字如其人"，郑板桥本人也和他

儒学 又称"儒家学说"，或称"儒教"，是中国古代最有影响的学派。儒家并非通常意义上的学术或学派，它是中华法系的法理基础，对中国及东方文明发生过重大影响，儒家思想是东亚地区的基本文化信仰。儒家是指由孔子创立的后来逐步发展为以仁为核心的思想体系。

的字体差不多，有一种张狂疯癫的气质。

粗略一看，具有傲气的魏晋文人倒是很有兰花的气质，与郑板桥好像不搭边，因为郑板桥挺喜欢做官的，他一直没有放弃考取功名，即使经历了清代三朝皇帝之久，他才得以脱颖而出。但是，他做官也发扬了兰花的精神。

说来有趣，郑板桥是康熙时的秀才、雍正时的举人、乾隆时的进士，虽然科考之路比较漫长，但他与那些皓首穷经、终生不第的知识分子相比，他还算是幸运的。

说来也怪，魏晋时期文人雅士有关的逸事，郑板桥也几乎一件都没落下。他花了那么久才考取功名，让人以为他很珍惜自己的官位，会战战兢兢地与上级同僚相处，实则非也，郑板桥是个不折不扣的"刺头"，他我行我素的风格简直不逊于任何魏晋名士。

在郑板桥担任潍县知县时，有一天差役传报，说

寓意吉祥的传统物品

知县 也叫"知县事"，中国古代的一个官职，是一县的主官，主要管理一县的行政。如果所在县城驻有戍兵，也要兼管军事，兼任兵马都监或监押。元代时县的主官改称"县尹"，因为官衔在正七品，俗称"七品芝麻官"。

■ 《荆棘丛兰图》局部

是知府大人路过潍县，郑板桥却没有出城迎接。原来那知府是捐班出身，光买官的钱，就足够抬一轿子，肚里却没有一点真才实学，所以郑板桥瞧不起他。

后来，知府大人来到县衙门后堂，对郑板桥不出城迎接，心中十分不快。在酒宴上，知府越想越气。恰巧这时差役端上一盘河蟹。知府想："我何不让他以蟹为题，即席赋诗，如若作不出来，我再当众羞他一羞，也好出出我心中的闷气！"

于是，知府就用筷子指一指河蟹说："此物横行江河，目中无人，久闻郑大人才气过人，何不以此物为题，吟诗一首，以助酒兴？"

郑板桥已知其意，略一思忖，吟道：

八爪横行四野惊，双螯舞动威风凌。
孰知腹内空无物，蘸取姜醋伴酒吟。

郑板桥毫不掩饰地用螃蟹讽刺对方，令知府大人十分尴尬。

郑板桥画兰爱兰，为人也颇有君子之风。但他并不是屈原那种儒雅的君子，而是英气勃发的君子。

1746年，郑板桥在山东范县、潍县做七品知县时，潍县等地连年

与世无争

兰

郑燮《兰竹石图》局部

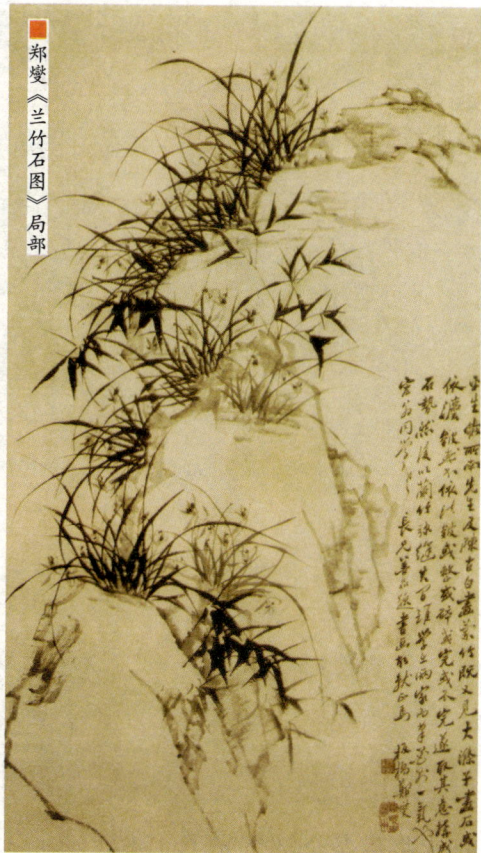

郑板桥画像

灾荒，发生了"人相食"的惨事。郑板桥目睹此状，痛心异常，决定开仓放粮。按理说，以他当时的官位，他是绝对没有权力那样做的，因此不少人试图阻止，或是劝他先呈报请示。

但是郑板桥哪是能被权势吓倒的人呢？他立即拨出一批谷子，叫百姓写条借粮，这样救活了万人的生命。这还不算，当年秋收后粮食颗粒无收，很多人因不知怎样还粮而心惊胆战，郑板桥知道后又一把火将借条全部烧光了。

此事过后不久，郑板桥就被罢官了。但他毫不在意，用一首《题画兰》隐喻了自己的心境：

身在千山顶上头，突岩深缝妙香稠。
非无脚下浮云闹，来不相知去不留。

兰花盛开在高山之上，狭窄陡峭的岩缝之间，生存环境本就不易，但是它依旧散发出美妙的香气。脚下虽有浮云滚滚，奔腾放荡，但兰花才没把它们当回事呢！根本就没有注意到浮云何时会飘来，也不知何时会飘走。

郑板桥简单几句话，赞美了兰花在艰苦恶劣的环境里卓尔独立的品行和淡泊的心态，也借此表白了自己坚持操守、淡薄自足、追求个性自由的情怀。皇上不高兴要罢官是吗？罢就罢吧，随便！

郑板桥爱兰，也敬兰。他在作画时喜欢画盆兰，也常画峭壁兰、棘刺丛兰。他的兰画中，数量最多、最耐人玩味的是兰竹石图，这固然是古代写兰的传统，但"八怪"的特色花卉画，也是他的创造和突出成就。

郑板桥在兰竹画中常添石，认为"一竹一兰一石，有节有香有骨"，也是"兰竹石，相继出，大君子，离不得"。在他眼中，兰竹石，最能代表人坚贞不屈、正直无私、坚韧不拔、心地光明和人格高洁等品格，因而他题画诗的字字句句，托物言志，意境深远。

纵观郑板桥笔下所画的兰竹石，细品题画诗，不难看出，他喜画兰竹石的缘由，正如他所云：四时不谢之兰，百节长青之竹，万古不败之石，千秋不变之人。兰花彻底融入了郑板桥的生命里，影响着他的方方面面。

郑板桥笔下的兰花没有一丝娇弱之态，却不失柔美，他还常常题诗作画，借兰花之态透露出做人胜不骄、败不馁

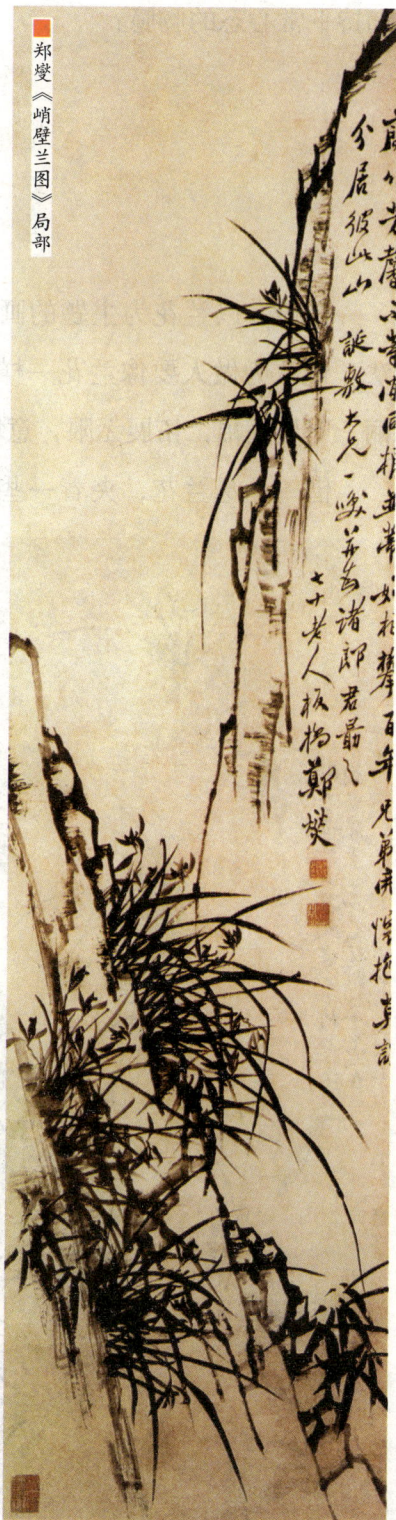

郑燮《峭壁兰图》局部

和持平常心态的胸臆：

兰花与竹本相关，总在青山绿水间。

霜雪不凋春不艳，笑人红紫作客顽。

在很多以兰花为主题的画里，郑板桥表达了对各种各样事物的看法。他认为做人要像兰花一样幽静、持久和清香，不浮不躁，不争艳丽。咫尺画幅，拓展无限，意境深邃。

借一丛丛兰花，夹着一些荆棘的自然现象，抒发君子能够宽容小人之大度气质，这历经磨炼，方成英雄的宽宏大量胸怀，令赏画者也受益匪浅，乐趣无穷。

郑板桥是个独特的人，他既有兰花的高洁傲骨，也有兰花内敛的君子气。他一生虽然我行我素，但收放有度，为人正直又懂得进退，还为后人留下了一句耐人寻味的"难得糊涂"。洞明世事，同时要忍耐包容，这就是郑板桥对"君子花"的诠释。

因为郑板桥与兰花的缘分实在不浅，他本人又是个传奇，民间对郑板桥与兰花的传说十分入迷，有人说郑

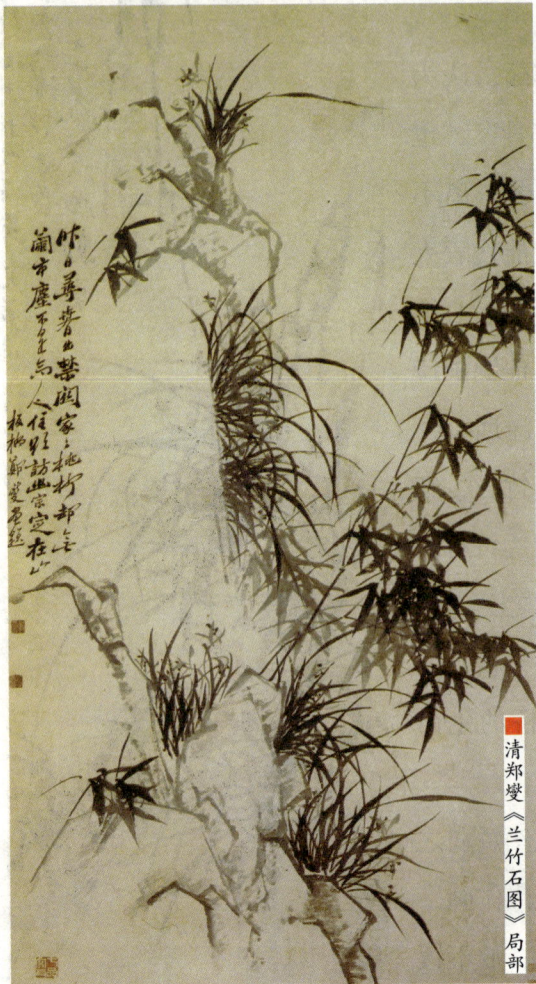

清郑燮《兰竹石图》局部

板桥曾在梦中巧遇兰花仙，也有人说兰花曾化为郑板桥的女儿。

不过这个传说的起源很可能是因为郑板桥曾在自己的一首咏兰诗中大大咧咧地表达了希望儿女"结如兰"的愿望：

风虽狂，叶不扬；

品既雅，花亦香。

问是谁与友，是我郑大郎。

友他在空谷，不喜见炎凉。

愿吾后嗣子，婚媾结如兰。

兰花张扬地开在陡峭的山谷间，不因狂风而动容，看似单薄的身躯却根深蒂固地扎在土里，兀自芳香。郑板桥在兰花威严张扬的王者光环下，读出了它儒雅坚忍的君子风范。

郑燮《悬崖兰竹图轴》局部

阅读链接

传说郑板桥有一天夜里梦见躺在兰花上，他醒来之后，兰花便在他的笔下栩栩如生了。还有传说他有一天走在山中，跟在一个窈窕少女的身后，他从少女美丽的背影感受到了兰花的婀娜多姿，少女浑身发出兰花香，四肢如兰叶，简直跟兰花开放差不多。原来，这少女便是兰花仙子，带给了郑板桥一身的兰花仙气。

儒释道与兰花的渊源

　　那是1805年，浙江天元余姚等地掀起了一股种植兰花、品赏兰花之风。先是天元道坛的道长道士，后继天元的文人雅士，再逐渐发展到名人及商家，进而成了一种民风。

■兰花图

兰花图

不生前棘中
昔耶居士

1819年，为了进一步宣扬崇道敬德，一位张姓道长广邀名人雅士，发起了"天元兰花盆景展现会"，简称为"兰盆会"。这个"兰盆会"每年举行两次，每次展期历时7天。

第一届"兰盆会"在1819年深秋的农历十月底举行，展出了各类兰花200余盆，观赏者近500人。到了1831年，"兰盆会"的规模进一步扩大，展会内容也从原观兰赏花，扩展到品兰、咏兰、画兰、赠兰内涵。一时间，天元名人雅士云集，热闹非凡，"兰盆会"名誉姚北。

无论是儒家思想还是道家思想，都是讲的人生道理。做人要以正为师，以守贞为本，言不激行，有兰心兰德的人必然心性不乱，言行不偏激，就是君子，就是正人。

道家坚守的是一种真元之气，和合之气，即不被恶俗所感染的正直之气。中国蒙学著作《三字经》里说，"人之初，性本善；性相

兰花画

近，习相远"。

古人认为，人在脱离母胎之初心性都是善良、真朴的，然而人心随着年岁的增长，习性就开始变化，渐渐被世俗中丑恶的东西所侵蚀，变得复杂和混沌起来，如一泓清泉被污染了。

道家的修道就是儒家讲的修身，那人为什么要修道呢？因为世界是一个大染缸，太混浊太肮脏太龌龊了，染上坏的习性就必须把它去掉，修道就是返璞归真，还原人性的初态。

兰花的特性使其任凭外界物性万变，也不离性淡守贞和香清高洁的品格，成为人们学习与修行的榜样。因此道家认为，兰花乃草中尤物，花中至宝，人若修到如兰的境界，则非圣即贤矣！

中国历史悠久，思想文化源远流长，兰花就是沉浸在优美文化中的一颗明珠，它完美地将中国各派传统文化的精髓和主旨串联在了一起。除了儒教和道教以外，兰花对佛教也有完美的诠释。

佛教信奉的是清静、禅定和出世，而兰花生于空谷幽林，环境清静，无街市的喧闹，"不以无人而不

道家 即后来的道教，玄学。道家是中国先秦时期的一个思想派别。代表人物有伏羲、女娲、神农、黄帝等。道家以道、无、自然、天性为核心理念，提出无为而治、以雌守雄、以柔克刚等政治、军事策略，留下了丰厚的文化遗产，对中国乃至世界的文化都产生了巨大的影响。

芳"，是一种淡泊，其特点在于"定"，也就是不为外物所染，保持禅定，与佛教中的"戒、定、慧"的"定"是同一含义。

一代高僧圆瑛法师有偈云："世间诸相皆常住，万象森罗见本真"，人和万物相同，都有各自的真实本性，要见本真就需修行，修到什么程度呢？佛家追求的是修到"真如"境界，也就是明心见性的高度。

佛家之云，禅者，静也，定也，悟也；静了，定了就得妙悟，就能生出人生的大智慧来。"贪嗔痴"是每个人身心上的蒙尘垢物，"戒定慧"乃是医治"贪嗔痴"最好的妙方。

因此，佛徒修行的第一要务就是"戒"，戒什么？戒贪念，戒嗔心，戒痴愚之性也。戒然后定之，戒了就清静了，就定了，心态就平和了，人生的智慧就长出来了。因此，几乎所有的佛家寺院都种植有禅兰，其目的就是用作僧尼入定悟禅与劝教世俗众生修行。

佛教认为，从养兰品赏之中也能养成兰花的遗世独立、安于淡泊、乐于恬静的品格，脱离世俗烦恼，获得

圆瑛法师 中国近代的一位佛教领袖，1929年与太虚共同发起成立中国佛教会，并连续数届当选主席，法师一生为团结全国佛教徒、促进和平做出了巨大贡献。1953年中国佛教协会成立，圆瑛法师被推选为第一任会长。

411

与世无争

■ 清代郎世宁《海棠玉兰图》局部

兰花图

清静无为的快乐。佛教中的"一花一世界，一兰一君子""见兰悟禅"之说是很有道理的。

普陀山戒忍方丈曾概括地说兰花和佛教的关系：

兰是禅花，非有禅缘，不结兰缘。兰是灵物，能卜凶吉。室浊则兰萎，屋凶则兰枯。兰有佛性，不论贵贱，平和同仁。

兰花文化与中国传统的儒释道都有很深渊源，正是由于兰花品质中的几大特点与这些宗教在精神上有很大的相通之处。

阅读链接

从前，有个老和尚对兰花情有独钟，在寺院里种了很多兰花。老和尚视这些兰花为最爱，对兰花呵护备至。有一天，老和尚要外出云游，因为路途较远，就嘱咐一小和尚看护兰花。小和尚畅快地答应下来，老和尚放心离开。

傍晚，天空乌云密布，紧接着电闪雷鸣。小和尚把看护兰花的事情忘得一干二净。雨越下越大，小和尚猛然想起，但可怜的兰花已被狂风暴雨摧残成了一摊花泥。第二天，小和尚忐忑不安地等待着老和尚大发雷霆，但老和尚捋了捋花白的胡须，淡淡地说："我不是为了生气而种兰花的。"

寓意吉祥的传统物品

竹

　　竹子四季常青，姿态优美，在中国源远流长的文化史上，松、竹、梅被誉为"岁寒三友"，而梅、兰、竹、菊被称为"四君子"，竹子均并列其中，可见竹子在中国人们心中占有重要的地位。

　　竹子的干挺拔秀丽，叶潇洒多姿，形千奇百态，它无牡丹之富丽，无松柏之伟岸，无桃李之娇艳，但它虚心文雅的特征，高风亮节的品格为人们所称颂。一丛丛一片片的翠竹既美化了人们的生活，又能陶冶和升华人们的高尚情操，可谓饱含寓意啊！

天宫的玉竹来到了人间

相传古时凡间是没有竹子的，竹子只生长在王母娘娘御花园中。每天承受仙霖甘露的竹子，长得俊秀挺拔，神仙们十分喜爱仙竹，特别是王母娘娘，更是对竹子宠爱有加，便派仙女每天悉心照料。

《竹禽图》

有一年的花朝节，花神下凡去找百花庆祝生日，王母娘娘也在蟠桃会上乘兴多喝了几杯百花露便醉了。这百花露喝上一杯，神仙也得醉三天，更何况多喝了好几杯呢？

平时侍候在王母娘娘身边的金童和玉女闲来无事，就想趁机溜到人间凑个热闹，也去给花神祝寿，好好游览一番人间美景。

为了给花神献上贺礼，玉女带上了一棵小小的、透明的玉竹，爱玩的金童则随手牵走了被王母娘娘因在笼中的九头鸟。

金童和玉女到了人间之后，看到了很多以前没有见过的东西，觉得十分开心。花神接过玉女递上的玉竹，十分喜欢，左看右看地看不够，就顺手将玉竹插在了坚硬的地上。

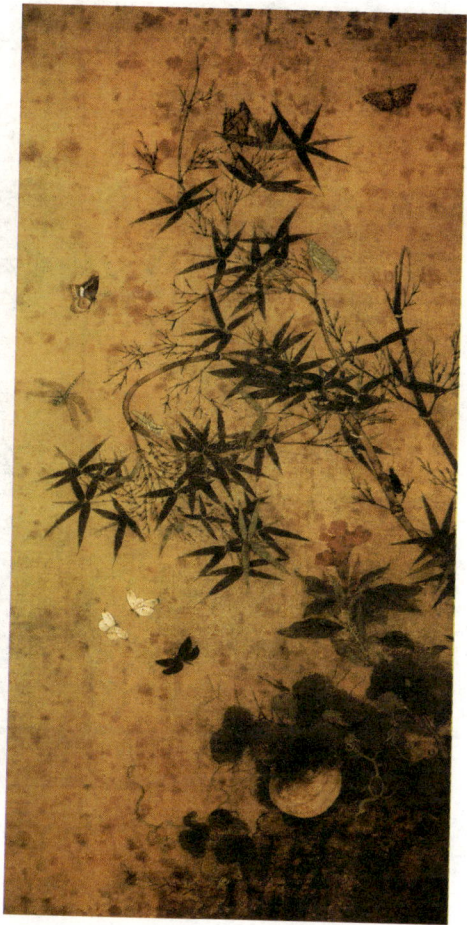

■ 《竹虫图》局部

小小的玉竹在安逸的沉睡中醒来，它东张西望，发现这里不是仙境，有些惊慌。但是由于年纪小又爱玩，它很快就适应了新环境，便沉浸在花神生日贺宴的欢乐气氛里。

由于玉竹从小受仙女照顾，又是喝仙露长大，因此是无色的。当它注意到身边的花朵各有颜色之后，很羡慕它们，就恳求花神赐给它一种新颜色。花神平日里就喜欢文雅不争风头的绿叶，就将竹子染成了青

金童 中国神话传说中侍候神仙的男性侍童，相传金童在天宫时负责调制仙酒，但后来因为犯下错误而被玉帝贬到凡间变成了虾。

葱的绿色。

　　竹子得到新颜色后眉开眼笑，为了多看看人间这个陌生的世界，它就拼命拉长自己的身体，一节一节地向上蹿去。它长得越高，视野就越开阔，颜色就越翠绿。

　　再说金童，因为一时贪玩，他将手中捧着的九头鸟弄丢了。九头鸟虽然曾经是只神鸟，但是因为它总和鸣蛇来往，因此渐渐染上了妖气，变成了妖兽，王母娘娘怕它祸害人间，才将它囚禁在笼中。

《墨竹图》局部

　　金童知道丢失九头鸟便闯了大祸，他虽然着急，却不敢告诉任何人，也没有找到逃脱的九头鸟。这时，天宫里传来王母娘娘呼唤侍女的声音，金童和玉女就急忙告别花神，匆匆地回天庭去了。

　　花神看着挺拔秀气的玉竹，怕它孤单，就又返回天庭向玉女要了几棵，也栽在地上和玉竹做伴，然后离开了。玉竹看到同伴以后，便急忙和它们凑在一起，叽叽喳喳地讨论人间的景色，并且对一切都新奇不已。

　　随着时间的流逝，到了尧和舜的时代。竹子越长越多，越长越茂盛，就渐渐出现了竹林。美丽清幽的

玉女　在天宫侍候神仙的女童，长得秀气机灵。相传玉女本来是只狐妖，常常在夜晚化成人形，后来被西王母收服，成为一个女孩。后人常以"金童玉女"以示祯祥。

竹林很快赢得了无数人的喜爱，它们笔直的躯干尤其引人注目。

而九头鸟则偷偷跑到了湖南的九嶷山上，为了隐藏踪迹，它变成了一条长着9个头的恶龙。这条恶龙经常到湘江来戏水玩乐，以致洪水暴涨，庄稼被冲毁，房屋被冲塌，人们叫苦不迭，怨声载道。

舜帝是位关心百姓疾苦的好首领，他得知恶龙祸害百姓的消息之后，饭吃不好，觉睡不安，一心想要到南方去帮助百姓除害解难，惩治恶龙，于是他就告别了自己的两个妻子——娥皇和女英，带着三齿耙走了。

娥皇和女英虽然出身皇家，又身为帝妃，但她们深受尧舜的影响和教诲，并不贪图享乐，而总是关心百姓的疾苦。她们对舜的这次外出，很是依依不舍。但是想到为了给湘江的百姓解除灾难和痛苦，她们还是强忍着内心的离愁别绪，欢欢喜喜地送舜上路了。

九头鸟 也叫"九凤"，九头鸟是身有九首的凤，是战国时代楚国先祖所崇拜的神鸟。九头鸟有9个头，色赤，像鸭子，人面鸟身。在汉代以后，九头鸟逐渐由神鸟沦落为收人魂气的妖鸟。

■ 竹石图

自从舜帝走后，娥皇和女英一直在家焦急等待着他征服恶龙后凯旋。可是，一年又一年过去了，燕子来去了几回，花开花落了几度，舜帝依然杳无音信，她们担心极了。

娥皇想："莫非他被恶龙所伤，还是病倒他乡了呢？"

女英想："莫非他途中遇险，还是山路遥远迷失方向了呢？"

她们两人思前想后，觉得与其待在家里久久盼不到音讯和见不到归人，还不如前去寻找。于是，娥皇和女英迎着风霜，跋山涉水，到南方湘江去寻找丈夫。

翻了一山又一山，涉了一水又一水，她们终于来到了九嶷山。她们沿着大紫荆河到了山顶，又沿着小紫荆河下来，找遍了九嶷山的每个山村，踏遍了九嶷山的每条小径。

这一天，娥皇和女英来到了一个名叫三峰石的地方，这里耸立着三块大石头，旁边有翠竹围绕，还有一座珍珠垒成的高大坟墓。她们感到十分惊异，便问附近的乡亲："是谁的坟墓如此壮观，三块大石为何险峻地耸立呢？"

乡亲们含着眼泪告诉她们："这便是舜帝的坟墓，他从遥远的北方来到这里，辛辛苦苦帮助我们斩除了九头恶龙，使我们过上了安乐

《雪中梅竹图》局部

吴逸庵为高金陵八家之一心水早长处宗有李篁古皮官独无金陵习气心工文敏陈子九亦不多得也陈练湘姬

乙巳八年青水高行超画竹以文敏为法

的生活，可是他却鞠躬尽瘁，流尽了汗水，淌干了心血，受苦受累病死在这里了。

"舜帝病逝之后，湘江的父老乡亲们为了感激舜帝的厚恩，特地为他修了这座坟墓。九嶷山上的一群仙鹤也为之感动，它们朝朝夕夕地去南海衔来一颗颗灿烂夺目的珍珠，撒在舜帝的坟墓上，便成了这座珍珠坟墓。这三块巨石，是舜帝除灭恶龙用的三齿耙插在地上变成的。"

娥皇和女英得知实情后，难过极了，两人抱头痛哭起来。她们悲痛万分，一直哭了九天九夜，把眼睛都哭肿了，嗓子也哭哑了，她们流出血泪来，最后死在了舜墓的旁边。

相传娥皇和女英的眼泪，洒在了九嶷山的竹子上，竹竿上便呈现出了点点泪斑，有紫色的，有雪白的，还有血红血红的，这便是"湘妃竹"。

湘妃竹的身上有的像印有指纹，传说是娥皇和女英擦眼泪之后摸竹子时印上的。有的竹子上鲜红鲜红

《墨竹图》扇面

高风亮节

竹

娥皇 又称"娥育""倪皇""后育""娥盲""娥姃"，姓伊祁氏，是上古时候部落酋长唐尧伊祁放勋的女儿，和妹妹女英同时嫁给了虞舜姚重华，娥皇无子。公元前2205年，帝舜死于苍梧，娥皇便跳下湘江自尽，人称"湘君"。

女英 又称"女莹""女匽"，姓伊祁氏，是上古时部落酋长唐尧伊祁放勋的女儿，和姐姐娥皇同时嫁给了虞舜姚重华。生一子，取名为商均。公元前2205年，帝舜死于苍梧，女英跳下湘江自尽，人称"湘君"。

的血斑，便是两位妃子眼中流出来的血泪染成的。后来的唐代诗人刘禹锡曾作诗词吟咏这个传说：

斑竹枝，斑竹枝，
泪痕点点寄相思。
楚客欲听瑶瑟怨，
潇潇深夜月明时。

从此，湘妃的斑竹泪使竹成了女子对于爱情忠贞不渝的写照。

《墨竹图》

寓意吉祥的传统物品

阅读链接

相传竹子曾生长在王母娘娘的御花园中，王母命侍女朝霞照料仙竹，她每天都悉心呵护。可是，朝霞却向往人间的幸福生活，有一天她趁王母喝醉了，便悄悄带着仙竹溜到人间，来到了安吉。

朝霞遇到一个少年，少年正挖山种树，但怎么也种不活。朝霞把竹种撒在山上，整座山很快就绿了。朝霞与少年结为了夫妻，守护着竹林。王母知道后，要对朝霞施刑。大家都求情，王母要朝霞在50天内种成竹子，并让竹梢触到天庭，否则就严惩朝霞。

朝霞于是精心照顾竹子，到了第四十九天晚上，竹梢已触到了天庭。可是，王母施法将竹子劈去了一大截。朝霞于是将血渗入土壤，竹子于是一阵猛长，天明时分竹梢便越过了天庭。朝霞却化为了一泓清泉，永远守卫着竹林。

竹的巨大文化传播贡献

中国是最早使用竹制品的国家，所以竹刻在中国由来已久。竹刻又称"竹雕"，是在竹制的器物上雕刻多种装饰图案和文字，或用竹根雕刻成各种陈设摆件，比如佛像、人物、蟹或蟾蜍之类的一种欣赏价值很高的工艺品。

中国先人们早在新石器时代早期就开始用竹子编织和雕刻各种赏心悦目的工艺美术作品了。到了春秋战国时期，竹编艺术就已达到了很高境地，尤以楚国最为发达，品种极为丰富，并以高超技艺和独特风格而著称。

排箫舞乐图

周公旦阅览简书制礼作乐

席 竹席一般以水竹、毛竹、油竹等竹子为原料，并将竹皮劈成篾丝，经蒸煮、浸泡等工艺后以手工经纬编织而成的。竹席按用料不同，又可分为青席、黄席、花席和染色篾花席。青席全部由青篾编织而成，黄席全部用黄篾编织，花席青黄相间，色泽鲜明，染色篾花席则将竹篾染成各种颜色，编出花纹图案，一般用于装饰。

竹子对中国文化的贡献，突出地表现在竹器的广泛使用上。据考古证明，在新石器时代，竹编在中国就已经开始出现了。随着文化的不断进步，竹器的种类也日益增多，成了广大人民生活中不可或缺的必需品。

如人们坐卧用的床、榻、席、椅、枕、几，盛食藏衣用的橱、箱、柜、匣、甑、桶、斛、盆、箪笥，口中吹奏的箫、笛、笙、簧，简直应有尽有。

还有人们手中把玩的团扇、手杖，装饰用的竹帘、屏风、花瓶、灯笼，打仗用的刀矛、箭矢、弩弓，捕鱼用的鱼簎、鱼罩、鱼笼、钓竿，农作用的箩、筐篓、连枷、筛子、簸箕，等等。

还有交通运输用的扁担、竹杠、竹轿、竹筏甚至竹船等，无不以竹为材料制成的。其中有不少器具既是日常用品，又是十分精美的艺术品，并在世界上享有盛誉。

在中国古代的神话传说中，早就反映出竹子的使用，确切记载源于仰韶文化。汉字起源于原始社会崩溃时的仰韶文化，而"竹"字的原始符号则应在此之前就已出现了。另外，在甲骨文、金文中都有"竹"的象形符号和与竹有关的文字。

在音乐方面，据中国的第一部纪传体通史《史记》所记载，竹是制作乐器的重要材料。中国传统的吹奏乐器基本上是用竹子制作的。古代音乐家十分注意材料的选用，对哪种竹子宜作何种乐器，古书记载得都很详细，如种龙竹宜作笛，慈母山竹、紫竹宜作箫，邹山篆竹宜作笙，等等。

中国音律的起源也与竹子具有重要关联，据中国第一部纪传体断代史《汉书·律历志》记载：

黄帝使伶伦自大夏之西、昆仑之阴，取竹之嶰谷，生其窍厚者，断其两节间而吹之，以为黄钟之宫，制十二筒以听凤之鸣，其雄鸣为六，雌鸣亦六，比黄钟之宫而皆可以生之，是为律本。

手执排箫独立凝思的女子

黄帝曾经指派一个叫伶伦的人定"音

《礼记》 中国古代一部重要典章制度书籍，儒家经典之一。《礼记》内容是由西汉戴圣对秦汉以前各种礼仪著作加以辑录，编纂而成，共49篇，是由西汉礼学家戴德的侄子戴圣所编著，从解说经文的著作逐渐成为经典，到唐代时被列为"九经"之一，全书共有1250个小故事，在宋代被列入"十三经"之中。

律"。伶伦便去大夏之西，从昆仑山南麓取来了竹子，断面节间，长六寸九分，吹之，恰似黄钟宫调，音律优美，从此便有了箫笛等乐器。

这个故事虽是传说，却充分说明了在古人的心中，竹子对音律的发展是举足轻重的。后来考古学家在湖北随州曾侯乙墓出土的文物中，发现了竹制的十三管古排箫实物，是考古文物中发现年代最早的排箫。

可以说，竹与中国的音乐文化有着重要的联系。古时称音乐为"丝竹"，有"丝不如竹"之说。在唐代时，人们都将乐器演奏者称为"竹人"。中国南方有一民间器乐曲，乐队以丝弦和竹宫乐器为主，人们直接称为"江南丝竹"。

中国传统乐器如笛、箫、笙、筝、鼓板、京胡、二胡、板胡等皆离不开竹。中国古代以竹子制成的乐器很多，单以笛子来说就有十几种，如只有一个孔的吐良，可以同时吹奏两个声音的双音笛，带拐弯的大低音笛，长达3.2米，重近5千克的巨笛，短的仅有4.6厘米的口笛，等等。

古人甚至还研究过一种低音乐器，名叫"相"，可惜已经失传千

古代艺人吹笙

年了。流传下来的少见的古代竹乐器还有用锤击打的竹板琴，拍击竹管发音的拍筒琴，根据民间渔鼓发展成的竹排鼓，用最粗的竹子制作的巨龙鼓，用高温烧成的竹炭做成的并能发出金属般声音的炭琴，等等。

可以说，中国的管音乐实际上就是竹管音乐。竹被列为中国古代的音乐分类"八音"之一，体现了中华民族对待自然的"天人合一"或"天人协调"的态度，也显示了中国传统音乐简明、灵活的特征。

中国商代的古人已知道竹子的各种用途，其中之一就是用作竹简，即把字写在竹片或木片上，再把它们用绳子串在一起就成了"书"，汉字"册"就是由此而来。

中国最早的历史文献《竹书纪年》以及重要著作《尚书》《礼记》和《论语》等都是写在竹简和木简上的。殷商时代用竹简写的书叫"竹书"，用竹简写的信叫"竹报"。

古人以竹片作为文字的载体，用牛皮绳串起来编结成书，就是所谓的"韦编"。大教育家孔子勤于读书，把牛皮绳多次磨断，被人们作为"韦编三绝"的佳话进行传颂。

■ 吹五月箫图

京胡 又称"胡琴"，是中国的传统拉弦乐器。京胡由琴杆、琴筒、弦轴、千斤钩、琴码、琴弦和弓子等部分构成，琴杆、琴筒都是竹制，琴杆置有千斤钩，筒口蒙蛇皮，用马尾弓拉奏京胡，京胡在18世纪末随着中国传统戏曲京剧而形成，是中国传统戏曲京剧的主要伴奏乐器。

■ 竹简

《天工开物》
初刊于1637年，是世界上第一部关于农业和手工业生产的综合性著作，也是中国古代一部综合性的科学技术著作，作者是明代科学家宋应星。宋应星在书中强调人类要和自然相协调，人力要与自然力相配合。《天工开物》是中国科技史料中保留最为丰富的一部，更多地着眼于手工业，反映了中国明代末年的生产力状况。

由于竹简的充分利用，使得中国文字记载的历史可上溯到殷商时代，这为中国文化的发展以及历史文献的传承立下了汗马功劳。以象形表意为特征的方块汉字也因竹简而被固定下来，逐渐形成了中国独特的书法艺术。

在春秋时期，竹简成为中华民族的主要书写材料。直至南朝时期，流行了约2000年的中华民族的主要书写载体才被纸所完全取代。由于竹纤维细腻而柔韧，所以竹又是造纸的上好材料。在公元9世纪，中国已开始用竹造纸，造纸术成为中国四大发明之一。

然而，竹与书写材料的密切联系并未中断。竹纸具有独特的耐磨性和渗透性，尤其在书法绘画领域很受文人墨客的钟爱，虽然不再作为直接的书写材料，但在唐朝中叶时，上品竹纸仍然是贵重的书写材料。

而用竹造纸，则标志着中国古代造纸技术的巨大发展和成就，极大地促进了中国文化的繁荣。关于用竹造纸，明代农业和手工业生产的综合性著作《天工开物》中作了详细记载，并附有竹纸制造图。

实际上在竹纸出现以前，制纸工具也离不开竹子。从竹简开始到竹纸出现，竹子在文化发展史上始终占有重要地位，对保存人类知识、形成中华民族源远流长、光辉灿烂的历史文化起到了重要作用。

中国的书写材料别具一格，书写工具也颇有特色并富创造性。竹笔是中华民族最早的书写工具，作为创作书法艺术和绘画艺术的工具，历久不衰，宣笔、湖笔、湘笔等名笔的笔杆均由竹制成。

"文房四宝"之一的毛笔，竹枝是上等材料。久负盛名的湖笔已发展成羊毫、兼毫、紫毫和狼毫四大类、几百个品种，既是人们得心应手的书写工具，又是赏心悦目的工艺品。

宣笔 "中国四大名笔"之一。宣笔制作的材料分两大类：一类为笔杆，普通的有木杆和竹管，较高级的有玉管、瓷管、雕漆管等，更有甚者在笔管上雕镂象征吉祥的龙凤图案，以示奢侈豪华；另一类是笔头，主要有紫毫、狼毫、羊毫、鼠须、鸡毛、鹅毛等兽毛禽羽，其中以紫毫为精。

■ 竹简

古人试用竹制弓箭

竹笔的发明在文化史上也具有开拓性的一页，在殷代文化遗迹出土的甲骨、玉片和陶器上都可以看出毛笔书写的朱墨字迹，湖北曾侯乙墓和汀鄂出土的春秋战国墓的文物中也有实物佐证。

竹子对中国古代兵器具有重要的影响。在相当长的历史时期里，竹子是制作箭矢、弓弩等兵器的主要材料之一。

相传河南淇园曾是专供商王制作箭矢的竹园，直到汉代，淇园之竹仍被大量砍伐，用来制作箭矢。此外，会稽的箭竹，荆、楚的箘簵、棘竹，等等，也因宜于制作箭矢而著名。

寓意吉祥的传统物品

历代文人墨客颂竹画竹

中国传统文化主干的儒家和道家，分别代表两种迥然相反的人生道路和人格理想，那就是建功立德与遁迹山林，刚正奋进与淡泊自适。这迥然相反的标准构成了中国传统的理想人格，竹却偏偏完美地包容了这两种观念。

《墨竹图》局部

同其他林木相比，竹子颇有一些独特之处，如虚心、有节、挺拔凌云、不畏霜雪、随处而安等。这些特点，很自然地与历史上某些审美趣味、伦理道德意识发生契合，成为君子贤人等理想人格的化身，并对中国传统文化的发展产生了深刻影响。

在古代，不仅春风得意的官场宠儿常常以竹来互相吹捧或以竹自诩，就是那些落魄荒野的书生和隐居山野、待价而沽的名士，也普遍寓情于竹，引竹自喻。

在这独特的文化氛围中，有关竹子的诗词歌赋层出不穷。最早赋予竹以人的品格，并把它引入社会伦理范畴的，恐怕要算中国古代重要的典章制度书籍、儒家经典著作之一的《礼记》了。《礼记·祀器》中说：

……其在人也，如竹箭之有筠也，如松柏之有心也。二者居天下之大端矣，故贯四时而不改柯易叶。

因此，古往今来，竹子令一代又一代的文人名士如醉如痴。许多人为了追求清风竹下"清、幽、寒、

■《双钩竹图》局部

书生 也就是儒生。起初，儒生在上古时代是专门职业人才，从事国家祭祀的礼仪，也就是祭司。到孔子的时候，集历代之大成，整理了易经、尚书、礼乐、诗经、春秋五大经典，也称"五经"。狭义儒生指信奉这些儒家经典的人，广义儒生指精通经典和知识渊博的读书人。

"静"的独特意境，常常置身于绿竹依依的幽雅环境中谈艺论道，以达到他们超凡脱俗的禅境和欣悦无比的审美情趣。

在魏晋时期，嵇康、阮籍等7位名士信奉道家朴素辩证法思想，崇尚自然，认为"天地与我并生，万物与我为一"，主张清静无为，反对斗争，他们这种藐视名利的主张引起了当时皇家的不满。

为了洁身自保，这7位名士经常隐身于竹林之中，弹琴吟诗，借酒佯狂。遁隐竹林之中的他们敬竹崇竹、寓情于竹、引竹自喻，被后人称为"竹林七贤"。这"竹林七贤"对后代文人的言行举止也产生了莫大的影响。

竹子清丽俊逸、挺拔凌云的资质令风流名士们沉醉痴迷，一时间，有为了看一眼秀丽挺拔的竹子而跋山涉水、不远万里的人，有种10顷竹林居住在其中的人，也有乐此不疲整日吟咏诗词赞美竹子的人。

王徽之 字子猷，是王羲之的第五个儿子。王徽之是东晋名士、书法家，其书法成就在王氏兄弟中仅次于其弟王献之。王徽之曾历任车骑参军、大司马及黄门侍郎，传世书帖中有《承嫂病不减帖》《新月帖》等。

■《竹林七贤图》

寓意吉祥的传统物品

《竹谱》又名《竹谱详录》，是中国画竹专论，全书共10卷，分为《竹谱》《墨竹谱》《竹态谱》《竹品谱》四谱，全书卷各有图。《竹谱》分言位置、描墨、承染、设色、笔套五法，《墨竹谱》分言画竿、画节、画枝、画叶四事，《竹态谱》详言竹之各种名目风态，《竹品谱》又分全德品、异形品、异色品、神异品、似是而非竹品、有名而非竹品六子目。

　　爱竹的诗人有很多，比如王徽之、张鷺、翟庄、袁粲等人。其中，王徽之的喜爱之情最溢于言表。据宋代类书《太平御览》记载：

　　暂寄人空宅住，使令种竹。或问暂住何烦尔？啸咏良久，直指竹曰：何可一日无此君！

　　王徽之将竹子视为家庭中的重要成员之一，连一日不见都觉得难以忍受。他平生爱竹，可算竹子的知音。

　　这一时期，文人雅士赋竹、赞竹，为竹作谱，蔚成风气。中国最早的一部植物专谱，南朝刘宋时期的戴凯之所著的《竹谱》，正是在这种风气下以韵文的形式诞生的。

《竹西草堂图》局部

但是，魏晋南北朝时期，文人士大夫所赋予竹的，是清风瘦骨、超然脱俗的魏晋风度，尽管对竹的高节、坚贞也偶有提及，但更多的是对竹的自然风采的礼赞，表现了这一时期文人士大夫对大自然的崇敬和向往。

在唐代时，竹刻技艺及作品与当时的金银镂錾、石刻线雕同样珍贵高雅，并已出现"留青"的刻法。后来宋代郭若虚所著画史著作《图画见闻志》记载唐代竹刻大师时说：

《竹林长夏图》局部

> 唐德州刺史王倚，家有笔一管……片间刻《从军行》一铺，人马毛发，亭台远水，无不精绝。

及至中唐以后，尽管竹子作为一种自然的灵物，其天姿秀色仍被普遍欣赏，但它某些特点如虚心、有节、根固、顶风傲雪、四时不改绿叶等开始被更多人注意，并逐渐演化成为文人士大夫们思想意识中有德行的君子贤人的化身。

唐代著名诗人白居易在《养竹记》一文里首次总结出竹的本固、性直、心空、节贞等高尚情操，将竹比作贤人君子。唐代诗人刘岩夫在《植竹记》里则更将文人士大夫所共同钦慕的刚、柔、忠、义、

墨竹图

寓意吉祥的传统物品

谦、贤、德等品格赋予了竹子。

唐朝著名诗人杜甫曾作诗《严郑公宅同咏竹》赞美竹子说：

绿竹半含箨，新梢才出墙。
色侵书帙晚，阴过酒樽凉。
雨洗娟娟净，风吹细细香。
但令无剪伐，会见拂云长。

嫩绿的新竹有一半还包着笋壳，新长出的竹梢才高出墙头。嫩绿的颜色映侵着书套，久久不退。当竹影移过，酒也顿时变得清凉。新雨过后，竹子更加美好洁净。微风吹来，可以闻到淡淡的清香。只要不被砍伐，新竹一定可以长到高耸云霄。

竹的自然天性、清雅风韵与独特品格，为历代诗家提供了丰富题材，留下了诸多脍炙人口的佳篇隽句。还有不少画家借物比兴，如有一首《晴竹图》的上面有题诗曰：

岁寒有贞志，孤竹劲而直。

虚心足以容，坚节不挠物。

可比君子人，穷年交不易。

哗哗桃李花，旦暮改颜色。

比兴 古代诗歌的常用技巧。对此，宋代朱熹有比较准确的解释，他认为"比"就是譬喻，是对人或物加以形象的比喻，使其特征更加鲜明突出。"兴"就是起兴，即借助其他事物作为诗歌发端，以引起所要歌咏的内容。"比"与"兴"常常连用。

在这些佳篇隽句中，竹的意象鲜明突出，内涵深远，给人以艺术的美感和哲理的启迪。可见，竹无论作为审美还是艺术表现，它在中国文学艺术的历史发展中都是功不可没的。

画竹起于何时，说法不一，有人说从三国时期的关羽就开始画竹，也有人说唐代的著名诗人、画家王维是画竹的始祖，难以定论。不过，在中晚唐时期，竹已成为专门的绘画题材，并涌现了一批画竹名家，与白居易同时代的萧悦就是其中之一。

萧悦曾将自己所作的十五竿竹的画作送给白居易，白居易为了酬谢他，回了一首《画竹歌》：

■ 文人雅士竹林抚琴赋诗

植物之中最难写，古今虽画无似者。

萧郎笔下独逼真，丹青以来唯一人。

人画竹身肥臃肿，萧画茎瘦节节竦。

人画竹梢死羸垂，萧画枝活叶叶动。

不根而生随意生，不笋而成由笔成。

在宋代的时候，竹刻名家辈出，有个名叫詹成的竹刻名家，中国古代工艺美术鉴赏著作《清秘藏》记载说，宋高宗时的竹刻大师詹成，能在竹片上刻成宫室、人物、花鸟等，纤毫具备，精妙绝伦。

总之，从五代以后，画竹渐成风气，历代画竹名家人才辈出，如五代的黄筌、徐熙、李颇，后来宋代的文同，元代的赵孟頫、倪瓒、李衎，明代的宋克、王绂、夏昶，清代的郑板桥，等等，都对画竹技法和理论的发展和完善做出了重要贡献。

阅读链接

北宋时候有一个著名画家叫文同，他是画竹高手。为了画好竹子，不管春夏秋冬，也不管刮风下雨，或是天晴天阴，他都常年不断地在竹林里头钻来钻去。

由于文同长年累月地对竹子进行细微观察和研究，包括竹子在春夏秋冬四季形状有什么变化；在阴晴雨雪天，竹子的颜色、姿势又有什么两样；在强烈阳光照耀下和在明净月光映照下，竹子又有什么不同；不同竹子，又有哪些不同样子，他都摸得一清二楚。所以画起竹子来，根本用不着画草图。

有个名叫晁补之的人，称赞文同说：文同画竹，早已胸有成竹了。后来，"胸有成竹"就成了一句成语。

江南竹刻艺术达到全盛

明代时的江南竹刻艺术达到了全盛时期，发展成了各具特色的两大流派，一派是以南京竹刻为代表的"金陵派"，一派是以上海嘉定竹刻为代表的"嘉定派"。

到了明清时期，嘉定已成为江南竹刻艺术的中心。嘉定派的创始人是明代的著名竹刻大师朱松邻，他是一位善于诗文书画的人，他在雕刻竹刻艺术品时，以笔法运刀法，勇于创新，为他人所不及。

除了竹刻，中国在竹画方面也取得了很大成就。明代大画家王绂在这方面可以说是一个代表人物，他把宋元时期

王绂《墨竹图》局部

■ 元代吴镇《墨竹谱（之十四）》

寓意吉祥的传统物品

草书 汉字的一种书体，特点是结构简省、笔画连绵。草书形成于汉代，有章草、今草、狂草之分。草书字字独立，是按一定规律将字的点画连写，结构简省，偏旁假借，并不是随心所欲地乱写。草书符号的主要特征之一是笔画带勾连，包括上下勾连和左右勾连。

墨竹艺术的传统和中国书法结合起来，创立了自己的独特风格。

王绂说，画竹竿要像篆书的笔画一样挺拔，画竹节要像隶书一样朴实，画竹枝要像草书一样流畅，画竹叶要像颜真卿的书法一样坚忍不拔。

而明代著名画家徐渭的"雪竹"也是为世人称道。从他的画上，能看到的只是几根竹枝或几片竹叶，而竹子的全貌则隐藏在积雪的后面，从而体现出雪竹的冰凉意境。

中国历朝历代文人名士颂竹、画竹，并不单单是歌颂竹子的形态美和意境美，最重要的是歌颂竹子"宁折不弯"的品格和"中通外直"的度量。

清朝著名画家郑板桥是当时著名的竹子学家，他画竹时很注重真实地反映竹子的客观实际形态，写诗兴寄。他为自己的一幅竹画题诗道：

咬定青山不放松，立根原在破岩中。
千磨万击还坚劲，任尔东西南北风。

郑板桥的诗和竹画不单纯是表现客观对象的天然特征，而是借竹表达自己的情怀和思想，以及他对当时社会的态度和自己的人格理想。

画竹在中国传统绘画艺术中具有相当的地位，与其说是画竹，不如说是画人。自唐宋以来，很多文人士大夫醉心于画竹和收藏竹画，其意义同以文学形式吟诵竹子和在园中栽竹养竹一样，是为了托物寄兴、抒发胸臆。

在清代中期，中国湖南邵阳、四川江安和浙江黄岩等地形成了翻簧竹雕，并成了竹雕刻艺术的主流。翻簧竹雕是竹刻的一种，也叫"贴簧""竹簧""反簧"或"文竹"。雕刻时，要将毛竹锯成竹筒，去节去青，留下一层竹簧，经煮、晒、压平，胶合成镶嵌在木胎、竹片上，然后磨光，再在上面雕刻纹样，内容有人物、山水、花鸟、书法等。

翻簧的雕刻，多在很薄的竹簧

兴寄 中国古代诗歌的重要特点之一，原是诗歌创作的要求，但"兴寄"的深浅有无，古人不仅常用于诗歌评论，并且注重"兴寄"的诗，作者往往有意让它的意味"使人思而得之"，或"以俟人之自得"，而不正言直述。了解兴寄对阅读或欣赏中国古典诗歌是很有必要的。

高风亮节

竹

■ 清郑板桥《墨竹图》局部

竹雕

寓意吉祥的传统物品

表面，因此以阴纹浅刻为主，也有施以薄雕的。翻簧的艺术品色泽光润，类似象牙，以茶叶罐、花瓶、首饰盒、笔筒和果盘为主。

竹刻是中国特有的专门艺术之一，由于不易保存的缘故，在考古发掘中发现甚少。有个清代竹刻笔筒，用一截天生椭圆扁竹刻就，很得自然造化之妙。

笔筒的正面是"渔翁夜泊"图，图中的渔夫与隐士神态逼真，水面微波粼粼，芦苇折腰；背景则是嵯峨大山，树木参天，依岩而立，花叶枝蔓，栩栩如生。

另一件竹刻珍品"牧牛图竹雕笔筒"也极为有名气，作者大约是清代时嘉定人。

这个牧牛图竹雕笔筒由一段两节的偏欹竹根雕作，方14厘米，其径弧曲不一，上下不等。这个笔筒的妙处就在于作者因势随形，运笔施刀，将竹面雕刻成了山坳"牧牛"的图景。由于竹节天生窄狭起伏，他就将竹节雕成了山壁如削，却又参差凹凸的山径。

山径上共有两头牛，其中大牛首出弯角，体魄强壮，小牛逍遥自在，似乎在窥视草间跳跃的昆虫，形象极为逼真。作者运用竹肌之筋，也很巧妙。刻雕的山体，显出竹筋的功能，犹如国画画山技法的斧劈皴，平添山势峻峭、地面苔点密铺，倍增旷野生趣。

在题材上，竹刻相当于诗词歌赋，无论山水人物、花鸟鱼虫，大多寄托了文人的情怀。文人讲究意境，所以竹雕的很多意境都跟国画非常相似。由于竹雕艺术的成功，深刻地影响到象牙、紫檀、黄杨这些贵重材料的雕刻，因此后世的其他艺术品都有仿竹器的倾向。

清代竹雕笔筒

阅读链接

历代的士人君子之所以醉心竹林，流连忘返，并非仅仅为了逃避现实社会，而是为了寻找一种精神寄托。绿竹静谧幽雅的环境，正是理想的去处。唐代诗人王维历经饱尝尘嚣烦恼之苦后，抛弃功名利禄之念，隐居蓝田乡下建竹里馆，潜心修行，彻悟佛法，静习禅定，使心境归于淡泊自然。

比王维稍晚的大诗人白居易，也是在"有竹千竿"的家园中，读佛书习禅定。他在《养竹记》中将竹比作"贤人君子"，高度赞美竹子的"本固""性直""心空""节贞"等品格和情操。

丰富多彩的竹风竹俗

中国的竹子分布范围广、种类多，可以称得上是"竹子王国"，这不仅是因为它的生态状况，更是因为竹子已渗透到了中国人民的生活当中了。湖北咸宁是中国著名的"楠竹之乡"，竹子与咸宁人们的生产、生活紧密相连，逐渐形成了独具特色的竹风、竹俗。

在中国菜肴中，竹笋是普遍受人喜爱的美味佳品。在先秦文献中就有关于食用竹笋的记载，如《周礼·天官·醢人》就记载"箈菹雁醢""笋菹鱼醢"。

清代虚谷《河鱼竹笋图》局部

箬、笋都是竹笋，可见远在两三千年前，竹笋就已成为席上珍馐。

其后，食用竹笋的记载越来越多，除了极少数有毒外，绝大多数竹笋都可食用。

据文献记载，竹笋依采集季节分，有春、夏、冬三种，以春笋为主。烹饪的方法多种多样，"蒸、煮、炰、酢，唯人所好"。

为了便于贮存和运销，古人很早就摸索出了一套笋干制作技术，在《本草经》《笋谱》等许多著作中都有记载。制成的笋干有淡干、咸干两类。

据《笋谱》《本草纲目拾遗》等书记载，在全国各地的笋干中，以浙江所产最负盛名，笋干不仅有黄色的，还有"色如鹦哥绿"的，有"尖上""尖球头""二尖"等名品。

在湖南，有人称熏煮的大竹笋为"素火腿"。除此而外，历史文献中很多地方记载了荒年饥民采竹实充饥的事。

在有些地方，竹实还被用于酿酒。另据《本草纲目》等书记载，某些竹子如淡竹、苦竹、慈竹等，其叶、根及加工提炼出的竹茹，常用以配药疗疾。

■ 《鲁公竹林写经图》局部

竹笋的美味并不只是民间的人们口耳相传，记录中国历代24个孝子事迹的古籍《二十四孝》里面也有和竹笋有关的故事：

> 晋孟宗，少丧父。母老，病笃，冬日思笋煮羹食。宗无计可得，乃往竹林中，抱竹而泣。孝感天地，须臾，地裂，出笋数茎，持归作羹奉母。食毕，病愈。
>
> 泪滴朔风寒，萧萧竹数竿。须臾冬笋出，天意报平安。

《二十四孝》全名"全相二十四孝诗选"，是元代郭居敬编录，内容由历代24个孝子从不同角度、不同环境、不同遭遇行孝的故事集合而成。由于后来的印本大都配以图画，也叫"二十四孝图"，是古代宣扬儒家思想及孝道的通俗读物。

相传在古时候，吴国里有个孝子，他姓孟，单名是一个宗字，表字就叫恭武，是江夏地方的人。他年纪小的时候，就没有了父亲，单剩下一个重病的母亲，年纪已经很大了。

冬至的一天，孟宗的母亲想要鲜笋煮羹吃。可是所谓"雨后春笋""清明一尺，谷雨一丈"，竹笋这时候还没有生出来呢！孟宗就跑到竹林中，双手抱着毛竹，想着重病的母亲想吃竹笋却不能如愿，不觉两行眼泪簌簌地落下来了。

孟宗这样的孝心感动了天地，冻得坚硬的土地突然裂开了，露出几枝竹笋出来。孟宗赶紧拿回家里来，做了笋羹，给母亲去吃。等到吃完，他母亲的病竟然完全好了，人家都说这是孟宗至孝感天所致。

从此之后，世间又多出了冬笋。人们都说这是因为上天感念孟宗的孝心而让竹笋也在冬天生长。后来，有些地方的山里人还一直保留着"挖冬笋孝母"这个习俗。

古时候，每逢女儿出嫁，母亲都会用一根一尺长的小竹签为女儿挑头发，将头顶的发路分开。山里人用竹子象征富贵，此举意为母亲挑通了女儿日后的富贵之路。

当新娘的花轿进门时，新娘下轿后要连撑三次竹伞才能进门。撑第一次时，预示新娘成为婆家一员，将得到婆家列祖列宗的保佑，叫作"一把竹伞遮一屋人"；撑第二次时，预示新娘将得到婆家所有人的认可关照；撑第三次时，预示着新娘今后也能创家立业，自立门户，寓意今后"有钱盖屋如撑伞"。

每逢除夕夜，人们必定会放爆竹庆祝。在火药发明之

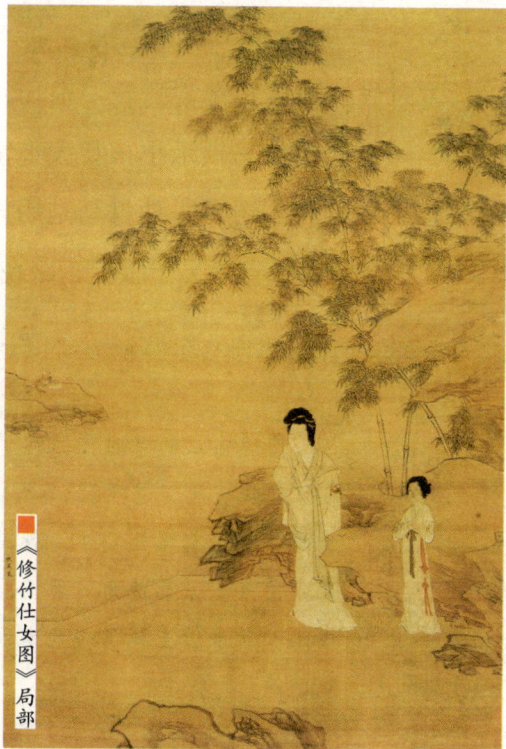

《修竹仕女图》局部

《松山竹马图》

前，古人们就把碗口粗的楠竹锯成一根根一丈多长的竹筒，然后堆起来用大火焚烧，以爆竹筒来庆贺新年，并以此驱恶鬼，为来年讨个吉祥。

　　古时候的小孩儿常常骑着一根长长的水竹棍跳跃奔跑，称为"骑竹马"。因为骑竹马预示小孩长大走富贵路，因此家长总是鼓励自己的小孩去骑竹马。还有一种竹马是用篾片扎成马状，前有马头，后有马尾，马身则系在青年男子腰上，跟在龙灯、莲船之后边跑边表演。

阅读链接

传说在汉武帝时代，在贵州有一个夜郎国，那里有一女子在水边洗衣服，忽然有3节大竹流到女子脚边，推也推不走，她听见竹节里有婴儿哭声，就拿回家破开，发现里面有一个男孩儿。后来大家称他为"竹王"。他曾经用竹剑打开岩石，引出泉水。后来竹王死了，西南人民都非常怀念他，就立了竹王祠纪念他。

菊

　　菊花是中国人民喜爱的传统名花，历代人们爱菊赏菊，留下了丰富的赞菊诗、词、歌、赋，不仅赞其实用和姿态优美，更喜爱其不畏寒霜的特性。

　　古人爱菊、画菊、咏菊，借菊抒发自己的思想感情，借物抒怀，借物言志，使菊花具有了人们情志的色彩。赋予菊花以崇高的象征意义，使菊花成为中华民族文化不可分割的一部分。

目有文章
当专色肯
将富贵傲
时人

王祥张兆

能驱除瘟魔的神奇菊花

那是很早以前，大运河边住着一个叫阿牛的人，家里很穷。阿牛7岁就没了父亲，靠母亲纺织度日。因为子幼丧夫，生活艰辛，阿牛的母亲经常哭泣，就把眼睛哭坏了。

在阿牛13岁的时候，他对母亲说："娘，你眼睛不好，今后不要

《兰竹菊图》

再日夜纺纱织布了，我已经长大，我能养活你！"

于是他就去张财主家做小长工，母子俩苦度光阴。可惜两年后，母亲的眼病越来越严重，不久双目失明了。阿牛想，母亲的眼睛是为我而盲，无论如何也要医好母亲的眼睛。于是，他一边给财主做工，一边起早摸黑开荒种菜，靠卖菜换些钱给母亲求名医买中药，但母亲的眼病仍不见好转。

有一天夜里，阿牛做了一个梦，梦见一个漂亮的姑娘来帮他种菜，并告诉他说："沿运河往西走十里，有个天花荡，荡中有一棵白色的菊花，能治眼病。这花要九月初九重阳节才开放，到时候你用这花煎汤给你母亲吃，定能治好她的眼病。"

重阳节前几天，阿牛带了干粮，去天花荡寻找白菊花。原来这是一个长满野草的荒荡，人称"天荒荡"。他在那里找了很久，只有黄菊花，就是不见白菊花。

一直找到下午，阿牛才在草荡中一个小土墩旁的草丛中找到一棵白色的野菊花。这棵白菊花长得很特别，一梗九分枝，当时只开一朵花，其余8朵含苞待放。阿牛将这棵白菊花连根带土挖了回来，移种在自家屋旁。

《菊石鸣禽图》

中药 在中医药理论指导下应用的药物，包括中药材、中药饮片和中成药等。中药主要由植物的根、茎、叶、果，动物的内脏、皮、骨、器官等和矿物药组成。因植物药占中药的大多数，所以中药也称"中草药"。

《花鸟图》

寓意吉祥的传统物品

经过阿牛精心护理，所有的花朵都陆续绽开了。于是，他每天采下一朵白菊煎汤给母亲服用。当吃完了第七朵白菊花之后，阿牛母亲的眼睛便开始复明了。

白菊花能治眼病的消息很快传了出去，村上人和有名的中医纷纷前来观看这棵不寻常的野菊花。

这一消息也传到了张财主那里。张财主十分贪心，就让阿牛将那棵白菊移栽到张家的花园里。

阿牛拒绝后，张财主便派了几个手下人赶到阿牛家强抢那棵白菊花。在双方争夺下，白菊花被折断了。看见神奇的白菊花已经被毁，张财主的人十分失望地离开了。

阿牛见这棵为母亲治好眼疾的白菊被折断了，十分伤心，坐在被折断的白菊旁哭到天黑，直至深夜仍不肯离开。半夜之后，他朦胧的泪眼前猛然一亮，上次梦见的那位漂亮姑娘突然又出现在他的身边。

姑娘劝他说："阿牛，你的孝心已经有了好报，不要伤心，回去睡吧！"

阿牛说："这棵菊花救过我的亲人，它被折死，叫我怎么活？"

姑娘说："这菊花梗虽然断了，但根还在，它没有死，你只要将根挖出来，移植到另一个地方，还会

中医 也称"汉医"，中国传统医学，是研究人体生理、病理以及疾病的诊断和防治等的一门学科。中医以阴阳五行作为理论基础，将人体看成是气、形、神的统一体，通过望、闻、问、切，四诊合参的方法，使用中药、针灸等多种治疗手段，使人体达到阴阳调和而康复。

长出白菊花。"

阿牛感觉到这个女孩不是一般人，问道："姑娘，你是何人，请告知，我要好好谢你！"

姑娘说："我是天上的菊花仙子，特来帮助你，不需要报答，你只要按照一首《种菊谣》去做，白菊花定会种活。"

紧接着，菊花仙子念道：

三分四平头，五月水淋头，六月甩料头，七八捂墩头，九月滚绣球。

念完，菊花仙子就不见了。后来，阿牛按照菊花仙子的口诀小心地种植并照顾着菊花，那些菊花果然都拔蕊怒放了。

菊花有的秀丽淡雅，有的鲜艳夺目，有的昂首挺胸，红的似火，白的似雪，粉的似霞，大的像团团彩球，小的像盏盏精巧花灯。这一团团、一

《竹石菊图》

簇簇的菊花，装点了阿牛的村庄。

后来，阿牛的家乡瘟魔为害，疫病流行，呻吟痛苦之声遍布。阿牛担心父老乡亲的安危，就告别母亲，历经艰险进到山中，寻找方士费长房学习消灾救人的法术。

费长房告诉阿牛说："九月初九瘟魔又要害人，你快回去搭救父老亲人！记住，那天要让人们登高，再把茱萸装入红布袋里，扎在胳膊上，还要喝菊花酒。做到这些事，就能挫败瘟魔，消除灾殃。"

阿牛回乡后，遍告乡亲，只有张财主一家不以为然。九月初九那天，汝河汹涌澎湃，云雾弥漫，瘟魔来到山前，因菊花酒气刺鼻、茱萸异香刺心，难以靠近，只缠住了没有饮用菊花酒且未在胳膊上扎茱萸的张财主一家。

傍晚，登高过后的村民们返回家园，张财主的家人和家中的鸡犬牛羊都染上了瘟疫，好在其他人都免受灾祸。从此，重阳登高避灾，以及饮用菊花酒的习俗，就世代相传了。

由于菊花具有驱赶瘟魔的神奇功效，人们都争相种植和观赏，从

寓意吉祥的传统物品

《菊花图》

此，菊花就开满了人间大地，给人们带来幸福和吉祥。

菊花一般株高20至200厘米，茎色嫩绿或为褐色，除悬崖菊外多为直立分枝，头状花序顶生或腋生，一朵或数朵簇生。舌状花为雌花，筒状花为两性花。

菊花舌状花色彩丰富，有红、黄、白、墨、紫、绿、橙、粉、棕、雪青、淡绿等。花序大小和形状各有不同，有单瓣和重瓣，有扁形和球形，有长絮和短絮，有平絮和卷絮，有空心和实心，有挺直的和下垂的，式样繁多，品种复杂。

菊花适应性很强，喜凉，较耐寒，只要是疏松肥沃而排水良好的沙壤土均能生长。菊花为短日照花卉，对有毒气体有一定抵抗性。

《洋菊图》

阅读链接

早在两千多年前的东汉，学者应劭在记录了大量神话逸闻的《风俗通义》里说，河南南阳郦县有个叫甘谷的村庄。谷中水甜美，山上长着许多很大的菊花。

一股山泉从山上菊花丛中流过，花瓣散落水中，使水含有菊花的清香。村上三十多户人家都饮用这山泉水，一般都能活到一百三十岁左右，最小的也有七八十岁。汉武帝时，皇宫中每到重阳节都要饮菊花酒，"云令人长寿"。

菊花和传统文化的结缘

《仙萼长春图》之菊花图

在中国传统文化中，菊花被看作具有丰富寓意的花。在中国最早的一部解释词义的专著《尔雅》中记有"菊，治蔷"。在光辉灿烂的中华文明史上，菊花与人们的生产、生活和文化结下了不解之缘。

远在西周时期，中国古代重要的典章制度书籍《礼记》一书中就有详细记载：

鸿雁来……菊有黄华。

■ 《秋菊图》

就以菊花的生态现象，反映气候变化的规律。其后，《礼记》记载"季秋之月，菊有黄华"是以菊花在最后一个月齐放来指示月令。

战国时期楚国著名诗人屈原的《离骚》中就有：

朝饮木兰之坠露兮，夕餐秋菊之落英。

其中歌颂了菊花的秉性高洁和不同凡响，这是菊花和民族文化的结缘之始。

菊花耐寒，大多数花朵枯败后不落枝飘零，成为忠贞节操的象征。所以，菊花也叫"贞花"。屈原在遭谗言被放逐后，作《离骚》以寄托理想，他写道：

春兰兮秋菊，长无绝兮终古。

月令 中国上古一种文章体裁，以四时为总纲、十二月为细目，以时记述天文历法、自然物候、物理时空，王者以此来安排祭祀礼仪、职务、法令、禁令，并把它们归纳在五行相生的系统中。月令主要采用"以时系事"，体现了古人遵循自然节律安排生产和生活的观念思想，反映出古人对自然社会的认识以及人与自然的关系。

屈原借菊花表明了自己洁身自好、不随流俗、不趋炎势、永不与恶势力同流合污的节操。后来这种崇高的思想，在国家和民族危亡之时，演变为可贵的民族气节与民族精神。很多诗人通过赞美菊花宁肯怀着芳香枯死枝头，决不让风吹落的忠贞形象，抒发自己决不屈膝的民族气节。

到了秦汉时代，人们已开始用菊花做饮食用。据古书记载，秦代咸阳曾有过较大规模的菊花交易市场。汉代《神农本草经》则强调了"菊服之轻身耐老"的药用功能。中国古代笔记小说集《西京杂记》中记载道：

《渊明醉归图》

菊花舒时，并采茎叶，杂黍米酿之，至来年九月九日始熟，就饮焉，故谓之菊花酒。

在当时，人们将这种菊花酒称为"长寿酒"，饮用长寿酒后来便成了一种习俗。

到了晋代，菊花渐渐地从饮食药用向田园栽培过渡，具有了半饮食半观赏的功用。陶渊明的著名诗句"采菊东篱下，悠然见南山"，证明菊花在晋代已经进行栽培了。

东晋时期的著名田园派诗人陶渊明和菊花就有不解之缘，他

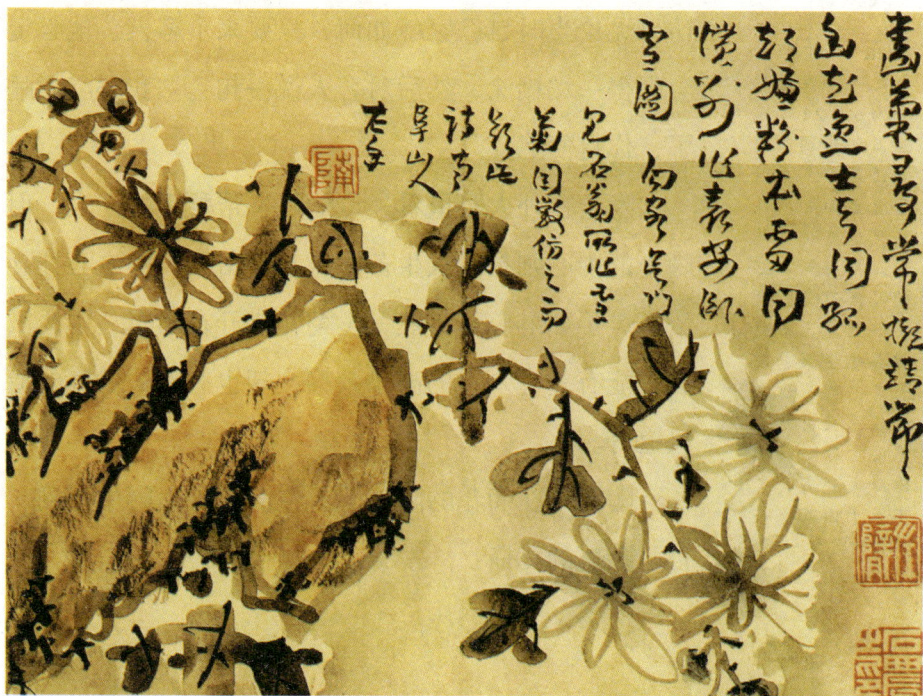

写了很多咏菊诗：

■ 《雪菊图》局部

芳菊开林曜，青松冠岩列。

怀此贞秀姿，卓为霜下杰。

　　菊花对于陶渊明，是一种人格的化身。诗人将菊花素雅、淡泊的形象与自己不同流俗的志趣十分自然地联系在一起，以至后人将菊花视为君子之节、逸士之操的象征。

　　陶渊明和历代的名人雅士一样，只要遇到值得自己驻足的景物，都是要喝着酒欣赏的。在一醉方休的豪迈和舒畅之下，抑郁不得志的苦闷便烟消云散了，对世事的担忧挂念也淡泊了。

　　陶渊明算是个无酒不欢的赏菊人。他无论谁来造

《西京杂记》
中国古代笔记小说集。"西京"指的是西汉的首都长安。《西京杂记》写的是西汉的历史和许多遗闻逸事。许多妙趣横生的故事皆首出此书，且为后人作典故。如有一句成语"凿壁借光"，即是从该书的匡衡的故事中流传出来的。

夏至 二十四节气之一，在每年公历6月21日或22日。中国有句俗语是"冬至饺子夏至面"，在夏至这天讲究吃面。按照老北京的风俗习惯，每年一到夏至节气就要吃生菜、凉面了，因为这个时候气候炎热，吃些生冷之物可以降火开胃，又不至于因寒凉而损害健康。

访，无论当时自己家境如何，只要来了客人，他必定会喝得一塌糊涂，然后对客人说一句："我喝醉想睡了，你自便吧！"

隐士在外人眼里看来可能是一帮颓废的怪人，但隐士的内心则是，人生苦短，与其留下苦闷之心挂念俗事，不如醉心于自然，学菊花盛开在山野之中，虽然不能有登堂入室的高雅荣耀，却也有不失仙气的清风道骨。

陶渊明在菊花的陪伴下，在静谧的山野中寻到了自己人生的真谛：

结庐在人境，而无车马喧。

问君何能尔？心远地自偏。

采菊东篱下，悠然见南山。

山气日夕佳，飞鸟相与还。

此中有真意，欲辨已忘言。

■《巢居老人观菊图》局部

自从陶渊明对菊花给予特别关爱后，历代文人便对菊花的高风亮节、高尚情操给予了更多的关注和赞誉。

在南北朝时期，每年的夏至，人们常把菊花和小麦研成粉，用来防治蠹虫。南朝梁简文帝在《采菊篇》中有这么两句诗：

相互提筐采菊珠，
朝起露湿沾罗襦。

这两句诗道出了当时菊花已经从更多方面为人们生活所用了。

在唐代，种植菊花的人越来越多，田园、庭院已到处可见，咏菊诗文大量出现。中国的第一部菊谱是在1104年宋代刘蒙泉所著的，也就是《刘氏菊谱》。

《刘氏菊谱》依据菊花的颜色分类，以黄为正，其次为白，再次为紫，而后为红，对后人影响很深。全书共记载菊花35个品种，另附闻而未见的4个品种，以及两个野生种。除形色之外，兼载产地。

继《刘氏菊谱》之后，又出现了不少菊谱、菊志、菊名篇等艺菊专

菊花枫叶图

《菊石图》

著。其中，1242年时史铸所著的《百菊集谱》汇辑了各家专谱，加上他自撰的新谱和许多书上所载的有关菊花故事。从书中的"芙蓉，墨菊其色如墨"这句描述，可以看出当时的古人已经培育出了绿菊和墨菊。

人们把菊花定位为一种不从流俗、不媚世好、卓然独立的高尚品格，也有人在咏菊诗里边根据个人不同的经历、不同的情操而有所发挥。比如唐代黄巢，他就赋予菊花一种叛逆抗争的精神，他在诗作《不第后赋菊》里写道：

待到秋来九月八，我花开后百花杀。
冲天香阵透长安，满城尽带黄金甲。

他将菊花喻为黄金甲，具有叱咤风云、气吞山河的英雄气概和改天换地、扭转乾坤的政治抱负，句句赋菊，又句句言志，菊花的特征与作者的壮志水乳交融。

南宋时期著名诗人陆游曾赞吟菊花，他在诗中写道：

纷纷零落中，见此数枝黄。
高情守幽贞，大节凛介刚。

寓意吉祥的传统物品

菊花千姿百态，风情万种，它在寒秋带给人春的享受。落叶飘零，风霜肃杀，菊携一身淡雅花香悄然绽放。因此，唐太宗李世民在他的《赋得残菊》诗中还以新颖的构思，对即将凋谢之菊，发出了别样感慨：

阶兰凝曙霜，岸菊照晨光。
露浓晞晚笑，风劲浅残香。
细叶凋轻翠，圆花飞碎黄。
还持今岁色，复结后年芳。

最后一句感慨，既赞扬了残菊风姿不减的生命力，又对来年复荣充满了信心，让菊花这淡然隐逸的君子风度又绽放出了别样的风采。

阅读链接

三国时代，曹操的儿子——魏文帝曹丕，曾经给他的好朋友著名书法家钟繇写了一封谈菊花的信，信上写道，派人送给他一束菊花，因为在秋天万木凋谢的时节，只有菊花绚丽多姿，茂盛地生长，可见它有些天地的真气，是使人可以延年益寿的好东西，因此送来供钟繇研究长生的道理。钟繇收到后倍加珍惜，悉心研究菊花的药理和寓意。

文人墨客赋予菊花深意

李清照画像

到了宋代，菊花寓含的深意更是被文人墨客所感悟，大家种菊、颂菊、画菊，同时又赋予菊花更多的人文精神，使得菊花的寓意更加丰富而深刻了。

宋代著名女词人李清照自幼就非常喜爱花朵，也许是受到家庭的影响，她常常手捧一本书，就能闻着花香，安静地在自家花园消磨一整个下午的时光。

不像其他人家的贵族小姐，李清照从来不对脂粉和花哨的衣衫襦裙感兴趣。她的目光总是集中在盛开的花朵、和暖的阳光与散发着淡淡墨香的书卷上。不仅如此，就连她随手写出的诗作，也时常透出与年龄不相称的成熟感。

茶已熟 菊正开
赏秋人 来不来
北堂

■《茶熟菊开图》
局部

李清照的父亲李格非从来都没有看轻过自己的女儿，他曾从师于苏轼，自然明白诗词歌赋对一个人性情的影响会是多么重要。别说女儿整天手不释卷，就连他自己作为一个进士出身，官至提点刑狱、礼部员外郎的官员，也是整天痴迷于收集藏书，乐此不疲。

要是按一般的人家，当母亲的恐怕要为丈夫的书卷气和女儿的太过安静而担忧了，但李清照的母亲是状元王拱宸的孙女，极有文学修养的她同样爱书如命。这样，一个学术气氛浓郁的家庭，造就了聪慧超群的才女李清照。

李清照并非不知玩乐的人，她和其他同龄人一样，年幼的李清照虽有种大家闺秀的风范，但天性顽皮的她也会时不时出去玩乐，做几件无伤大雅的小趣事。比如，她偷偷地与闺中密友小酌一番，头晕晕地

进士 意为可以进授爵位之人。中国古代科举制度中通过最后一级朝廷考试的人，就叫作进士，是古代科举殿试及第者之称。唐朝时以进士和明经两科最为主要，后来诗赋成为进士科的主要考试内容。元、明、清时，贡士经殿试后，及第者皆赐出身，称"进士"。

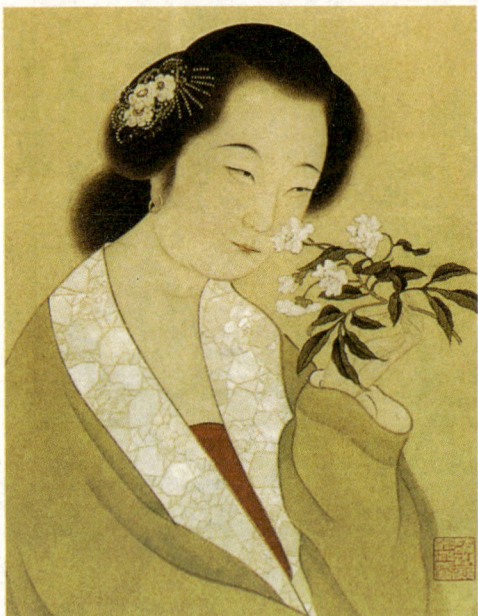
李清照嗅菊图

寓意吉祥的传统物品

龙脑香 中国古代常见的香料之一。宋代之后，不仅佛家、道家、儒家提倡用香，而且香更成为日常生活的一部分。在居室厅堂里有熏香，各式宴会庆典场合也要焚香助兴，而且还有专人负责焚香的事务；不仅有熏烧的香，还有各式各样精美的香囊香袋可以挂佩，制作点心、茶汤、墨锭等物品时也会调入香。

带着酒意睡去。这个懵懂少女所具有的小情趣直至她婚后也没有改变过。

有一天，李清照又带着淡淡的醉意从酣睡中醒来，微微的头痛感驱使她走到窗前，她想要呼吸一些新鲜空气。侍女悄然从屋外进来，轻手轻脚地开始收拾床铺，在这个静谧的早晨，一切都显得那么美好。

推开雕着古钱纹的格子窗，一阵微风夹带着凉气扑面而来，让李清照不由得哆嗦了一下。瞬间，屋里浓重的香气也被冲淡了一些，刚刚还带着倦意的李清照清醒了不少。

窗外的风景已经呈现出了秋天特有的景象，树叶被染成金黄，悠然而温柔地片片飘落。花园中不少娇艳的花朵已经收敛起了自己的媚态，一股雾气升腾在天空中，飞向浓密又阴沉的云层。与此同时，曙光从天边露出了一抹白色。

也许又要下秋雨了。李清照倚在窗边，心里惆怅地想。如今正是秋季，天气渐凉，也不知远在外地为官的丈夫赵明诚是否身体安康，着凉了没有。

凉意渐浓，李清照从思绪中惊醒，她关上了窗户。尽管经过了刚才的一阵秋风席卷，屋子里却仍然暖烘烘的，充斥着一股令人安心的香气，几乎要引人再次安睡过去。

雕成兽形的铜香炉里，龙脑香已经渐渐烧完了。床铺已经被侍女收拾好，轻纱笼罩之下，洁白的瓷枕闪着光芒。李清照抬手轻抚，果然，床铺也已经有了淡淡的寒气，秋风真是分外萧瑟。

披上一件外衣，李清照踱步走到庭院之中。虽然酒桌已经被收拾妥当，但零落满地的菊花花瓣使她仍然能忆起昨夜的情形。也许自己早已不再是那个挂念海棠的无忧少女了，但醉后看花的乐趣仍然不减当年，饮酒赏菊，更是如此。

捡起一片菊花的花瓣，李清照将它放在手心里轻轻抚摸。金黄灿烂的花瓣像是经过熨烫卷曲起来的黄金薄片，又像一匹触感略微粗糙的金色丝绸。

往年的时候，李清照都是和丈夫赵明诚两个人一起赏菊的。此时，她轻轻叹了口气，将手心里揉捏的花瓣抛落到地上。然后，她看着撒落一地花瓣的残菊，瞬间动了恻隐之心，想将花瓣细细地拾起来，让它不再这么的孤单落寞，补偿自己刚才丢弃花瓣时的粗鲁之举。

瞬间，李清照又改变了主意。有什么用呢？就算拾起这一整朵的零落花瓣，这卷曲的可爱的小小黄金片也是长不回花心上的啊！毕竟是秋天嘛！萧瑟和凋

香炉 古代焚香的器具。香炉既是佛寺中的佛门法物，又是华人家庭中必备的供具。古人历代使用的香器包括博山炉、手炉、香斗、卧炉、香筒等不同形状的香炉，以及熏球、香插、香盘、香盒、香夹、香铲、香匙、香筒及香囊等香器，使用的质料主要包括铜、陶瓷、金银、竹木器、珐琅及玉石等。

465

不趋炎势

菊

■ 李清照像

■ 花卉图

寓意吉祥的传统物品

落是免不了的，就像夫妻之间不可避免的分离一样。

李清照在晨色中驻足许久，然后突然从思绪中惊醒过来。本来是赏菊散心来的，怎么又把自己搞成个怨妇似的了。她在心里嘲笑着自己的痴相，回房找出文房四宝。

本来，在李清照提笔的前一瞬间，她还不知道自己要写什么。但当笔尖的墨水化开到宣纸上时，她发现，她要写的东西已经如行云流水一般跃然纸上了：

薄雾浓云愁永昼，瑞脑消金兽。
佳节又重阳，玉枕纱厨，半夜凉初透。
东篱把酒黄昏后，有暗香盈袖。
莫道不消魂，帘卷西风，人比黄花瘦。

清晨的薄雾席卷浓云，直至白昼露出一丝光亮。

眼看又要过重阳节了，难怪天气转凉，才开窗一小会工夫，屋内的香气已经要散尽，连床铺都有寒意了。

昨夜黄昏后我又在饮酒赏菊了。不过，只是小酌而已，并没有喝醉，因为菊香实在是清新扑鼻，似乎

文房四宝 中国独有的文书工具，即笔、墨、纸、砚。文房四宝之名起源于南北朝时期。历史上，"文房四宝"所指之物屡有变化。南唐时的"文房四宝"特指诸葛笔、徽州李廷圭墨、澄心堂纸、婺源龙尾砚。自宋朝以来"文房四宝"则特指湖笔、徽墨、宣纸、端砚和歙砚。

仍然留在我的衣袖间。

可是即使没喝醉，独酌仍然令人神伤啊！被西风吹起的珠帘，正如独自神伤，思念你的我，憔悴忧愁的样子比被吹落一地花瓣的金菊还要凄凉呢！

几句吟咏之间，李清照委婉又细致地将自己对丈夫的思念和独自过节的忧愁表达得淋漓尽致了。可叹李清照自幼家境优越，身为官吏女儿，她无忧无虑地在繁华的京都长大，却偏偏在长大后常常落得独自一人的境地。也许是因为能豪气地表达政见的温婉女子实在是不多，也可能是她已经有了太多过人的才华，老天总是赐给李清照无尽的愁绪。况且在她的愁绪里，总是离不开菊花。

1127年，宋徽宗、宋钦宗二帝被俘，北宋灭亡了。同年9月，李清照心爱的15车藏书和赵明诚家中的10多屋书册，都在战乱之中被人烧尽。这对从小嗜书如命的李清照来说，不亚于被人夺走了故国那样心痛。

失去了藏书的李清照恍惚地明白，那些童年无忧无虑的时光，那些和父亲吟咏诗词的瞬间，以及手捧书卷，静嗅花香的悠然都会一去不复返了。但这还远远不是她承受到的最大打击。

1129年8月，赵明诚因病去

宋徽宗 名赵佶，是宋神宗的第十一个儿子，宋朝的第八位皇帝。赵佶先后被封为遂宁王、端王，于1100年农历正月为帝，第二年改年号为"建中靖国"。他在位25年，终年54岁，葬于永佑陵。他自创了一种书法字体，被后人称之为"瘦金书"。

467

不趋炎势

菊

《菊花图》

世，当时的李清照才46岁，没有子女，无依无靠，孤家寡人的她，也许还算不上最凄惨，因为当时金兵攻占浙东、浙西，很多家破人亡，亲人流离失散，至少李清照没有别的亲人可以失去了。

在战乱之中，饱尝颠沛流离之苦的李清照为了避难而四处奔走。1132年，李清照再嫁张汝舟，但这个家庭随后也破裂了。亡国之恨，丧夫之哀，孀居之苦，凝集心头，无法排遣，李清照和着血泪写下了千古绝唱的《声声慢·寻寻觅觅》：

《菊石图》

寻寻觅觅，冷冷清清，凄凄惨惨戚戚。乍暖还寒时候，最难将息。

三杯两盏淡酒，怎敌他、晚来风急？雁过也，正伤心，却是旧时相识。

满地黄花堆积，憔悴损，如今有谁堪摘？守着窗儿，独自怎生得黑？

梧桐更兼细雨，到黄昏、点点滴滴。这次第，怎一个愁字了得？

李清照像个盲女，又像个不识趣的孩童，还像个失去双手双脚的残疾人，从而跌跌撞撞地到处寻找，寻到的却只有冷冷清清，凄凄惨惨。

寓意吉祥的传统物品

又是个乍暖还寒的季节。往事如风云涌进李清照的心间，那些熟悉的记忆如今想来却分外的陌生。物是人非，这样的折磨实在令她难以忍受。

李清照想如昔日时光一般用两杯淡酒冲淡愁绪，但她心中明白，如今她的思虑和忧伤，又岂是淡酒就能冲淡压住的呢？天上一只大雁飞过，李清照正在伤心间，却发现它正是在故乡认识的那只。大雁匆匆离开，毫无眷恋之情，和她一点旧日的情分都没有啊！

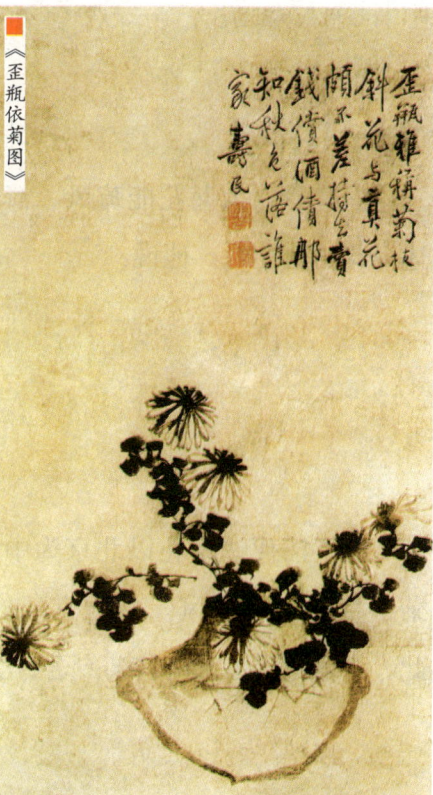

《歪瓶依菊图》

满地菊花的花瓣堆积着，十分憔悴，有谁忍心去摘呢？李清照守着窗，独自一人。时光如此漫长，痛苦就如秋风一般浓浓地涌入心间。这样的生活，她都不知怎样能熬到天黑！

细雨敲打着梧桐，又是黄昏，一点一滴落着。之前的千万个黄昏，李清照的国家仍在，双亲仍健在，她的丈夫也在一起相守，可是转眼就分开了，她怎么写信告诉相思的人呢？可是如今，秋风仍然凄凉，但旧日如秋菊，散落的花瓣是绝不可能长回去了。这样的场景，这样的苦闷，又怎是一个"愁"字就能说得清呢？

在文人墨客的推波助澜下，菊花更是得到人们的喜爱。到了明代，菊花的栽培技艺进一步得到提高，品种也进一步得到发展，同时有很多学术价值高的专著问世。明代著名医学家、药物学家李时珍在《本草纲目》中指出：

469

不趋炎势

菊

菊之品几百种，宿根自生茎叶，花色品品不同。

李时珍认为菊花能疏风、清热、明目、解毒，治疗高血压，在论述菊花的药性时，他说：

菊备受气，他经霜露，叶枯不落，花槁不零，味兼甘苦，性秉中和。

到了清代，菊花以北京为中心，从宫廷府第风靡到城乡民间，养菊、赏菊蔚然成风。由于宫廷提倡，各地纷纷向宫廷奉献名菊。因此，清代流传下来的艺菊专著，少说也有20部。

寓意吉祥的传统物品

阅读链接

在宋代，王安石任宰相时，苏东坡因得罪了王安石，由翰林学士贬为湖州刺史。苏东坡三年任满，回京朝见，前去拜见王安石，恰巧王安石外出未归。苏东坡坐在王安石书房，见砚石下压一首诗，其中有两句："西风昨夜过园林，吹落黄花满地金。"东坡见诗大笑说：黄花是指菊花，开于深秋，其性坚强，敢与秋霜相抗，最能耐久，即使老而枯干，终究不会落瓣。王安石简直是乱说。一时诗兴大发，苏东坡续写两句："秋花不比春花落，说与诗人仔细吟。"

晚上王安石回来看见续诗，就把苏东坡贬为黄州团练副使。秋天到了，黄菊盛开，苏东坡去花园赏菊，见黄花纷纷落地，真似铺金一样，他顿时大惊失色，这才知道王安石是特意把他贬到黄州让他看"吹落黄花满地金"的。